北海道博物館協会学芸職員部会 編

北の学芸員 とっておきの《お宝ばなし》

北海道で残したいモノ 伝えたいコト

寿郎社

はじめに

北海道の学芸員たちが明かす〈とっておきのお宝ばなし〉の世界へようこそ

北海道の〈お宝〉と言ったらどんなものを想像しますか？　〈お宝〉と言うと、テレビ番組の『なんでも鑑定団』のように、すぐにお金になるものばかり想像してはいませんか？〈お宝〉は、お金になる「物」ばかりとは限りません。地域の歴史や文化・風習だったり、地域の人だったり、地域の生物や自然だったり……と、お金という価値観だけでは測り得ない様々なものが多く含まれています。本書で取り上げた様々な「お宝」は、その地域の人々にとっては身近にある見慣れたものにすぎないかもしれません。しかし普通にそこにあって他の地域にないものこそ実はその地域の〝遺産〟であり〝ダイヤ〟なのです。気がつかない人にとってはそんなダイヤもただの石ころ、猫に小判でしょう。

借り物ではないその地域だけの貴重な〈お宝〉を大切に保存し、それがどれだけ価値あるものかを多くの人々に訴え、さらに未来の人々へ手渡していく手助けをする――それこそが博物館の学芸員の役割です。本書は、北海道の学芸員たちが「北海道博物館協会学芸職員部会」のウェブサイト「集まれ！ 北海道の学芸員」に一般向けにわかりやすく(面白く)書いた二〇一三～二〇一四年のコラム五一編を集成したものです。かけがえのない地域の宝を道内各地の学芸員が掘り起こし、その魅力をできるだけやさしいことばで伝えています。

さて、北海道に住んでいる人も、そうでない人も、いくつ知っている〈お宝ばなし〉があるでしょう。

本書の発刊にあたっては、私たち北海道の学芸員の先輩であり、元小樽市総合博物館の館長を務められた土屋周三さんより、学芸職員部会の発展と我々の成長を期待しての多大なご支援をいただきました。学芸職員部会員一同、深く感謝を申し上げます。

フリーランスキュレーター・ざりがに探偵団主宰　斎藤和範

もくじ

はじめに
北海道の学芸員たちが明かす〈とっておきのお宝ばなし〉の世界へようこそ
フリーランスキュレーター・ざりがに探偵団主宰　斎藤和範　2

第1章　謎を秘めた北海道の生き物たち

01 イトウ　巨大魚伝説の誕生秘話!?
釧路市立博物館　野本和宏　20

02 サケが遡上できる川を復活させたい
みんなで作る魚道
美幌博物館　町田善康　26

03 打ち上げられたクジラの死体はその後どうなる?
根室市歴史と自然の資料館　外山雅大　31

04
石狩砂堤列の融雪プールとキタホウネンエビ
いしかり砂丘の風資料館　志賀健司　35

05
ニホンザリガニが大変だ！
外来生物拡散による影響
フリーランスキュレーター・ざりがに探偵団主宰　斎藤和範　40

06
宮部金吾とコンブ漁業
新ひだか町博物館　小野寺聡　46
❖コラム——こんなところにも宮部金吾の遺産が！（斎藤和範）

07
在来タンポポを探して
エゾタンポポとシコタンタンポポ
苫小牧市美術博物館　小玉愛子　51

08
地域に眠る標本を掘り起こす！
浦幌町立博物館　持田誠　56

09
身近な自然の調査がめざすもの
富良野市博物館　泉団　63
❖コラム——富良野市鳥沼公園

10 海辺にすむカメムシの謎
小樽市総合博物館 山本亜生 69

11 『ファーブル昆虫記』に登場する〈葬儀屋さん〉
帯広百年記念館 伊藤彩子 72

第2章 プレート衝突が生み出した大地に眠るもの

12 驚きの日高山脈、世界から注目される四つの魅力！
ジオラボ「アポイ岳」様似町アポイ岳地質研究所 新井田清信 80

13 縄文人も愛した？ 日高の「ヒスイ」
日高山脈博物館 東豊土 87

14 むかわ町で道内初の恐竜化石発掘！
むかわ町立穂別博物館 櫻井和彦 95

15 なぜアンモナイトは世界中から産出するのか？ 北海道博物館 栗原憲一 100

第3章 天空に広がる星と月

16 礼文島の「金環日食」観測隊 礼文町教育委員会 藤澤隆史 110

17 光害のない星空を！ 市立小樽美術館 旭司益 115

第4章 ワイズユース・自然と人間の関わり

18 漁業とトッカリ 人間とゼニガタアザラシの付き合い方 えりも町郷土資料館 中岡利泰 122

19 天災か人災か？ 開発によって引き起こされる災害 新冠町郷土資料館 新川剛生 127
20 オオノガイ漁から見た湿地の文化的価値 ❖コラム——ラムサール条約とは？ 根室市歴史と自然の資料館 猪熊樹人 134
21 海は温暖化しているのか？ 漂着貝類から海洋環境を探る 北海道博物館 圓谷昂史 139
コーヒーブレイク 読んでみませんか？ 博物館の本 ❖コラム——大英博物館は図書館だった！（斎藤和範） 北海道博物館 櫻井万里子 145

第5章 大地が育む人のおおらかさ・あたたかさ

22 カニ族と様似町のおもてなし ❖コラム——終着駅「様似」／アポイ岳 様似町アポイ岳ジオパークビジターセンター 加藤聡美 152

23 離島の魅力があふれる奥尻島　奥尻町教育委員会　稲垣森太　156

第6章 北の大地で活躍した人々

24 「マルセイバタ」を東京へ売り込め！　帯広百年記念館　大和田努　164

25 北の大地に移り住んだ開拓結社「赤心社」　浦河町立郷土博物館　伊藤昭和　172

26 徳川農場と八雲発祥の木彫り熊　八雲町郷土資料館　大谷茂之　177
❖コラム――徳川農場（徳川家開墾試験場）

27 馬産地日高 発展の功労者・西忠義　浦河町教育委員会　吉田正明　185

28 〈流氷画家〉村瀬真治
紋別の海を眺めて
紋別市立博物館 春日里奈 191

29 「刷り師」赤川勲の仕事と遺産
今金町教育委員会 宮本雅通 196

30 名ジャンパーを輩出した余市の〈笠谷・竹鶴シャンツェ〉
よいち水産博物館 小川康和 201

31 斎藤茂吉と守谷富太郎
兄弟医者の〈北見〉物語
北網圏北見文化センター 柳谷卓彦 208

コーヒーブレイク 船に記された記号〈マーク〉の意味
小樽市総合博物館 伊藤公裕 212

第7章 北海道の戦争の記憶

32 厚真町の戦争遺跡「トーチカ」が伝えるもの 厚真町教育委員会 乾哲也 218
33 室蘭の戦争遺跡が伝えるもの 室蘭市教育委員会 谷中聖治 226
34 樺太航路と稚内港北防波堤ドーム 稚内市教育委員会 斉藤譲一 231
35 戦争に翻弄された幻の鉄路「戸井線」 小樽市総合博物館 佐藤卓司 236

第8章 地域に残る先祖伝来の風習

36 お乳の出がよくなる「玉之江の乳母杉」 知内町郷土資料館 竹田聡 244

37 開拓地でお葬式はどう行なわれたか？ 元三笠市立博物館 高橋史弥 249
38 〈シシ踊り〉をめぐる冒険 厚沢部川流域のヒノキ山開発 厚沢部町教育委員会 石井淳平 255

第9章 アイヌ語地名とアイヌ文化の伝承

39 「北海道」の由来とアイヌ語地名 沙流川歴史館 森岡健治 264
40 蝦夷地に渡った源義経の伝説 各地に残された絵馬から 北海道博物館 春木晶子 272
41 アイヌ工芸技術の継承 二風谷における〈イタ制作〉の取り組み 平取町二風谷アイヌ文化博物館 長田佳宏 280

第10章 遺跡から見えてくる古代の文化・風習

42 〈シカ塚〉と〈鹿肉缶詰〉が語る人とエゾシカの関係
厚真町教育委員会 奈良智法 286

43 北海道のちょっと変わった縄文土器
押型文土器
士別市立博物館 森久大 292

44 縄文時代の〈木の器〉
石狩紅葉山49号遺跡から
いしかり砂丘の風資料館 荒山千恵 299

第11章 まちの記憶と文化を刻む古い建物や資料

45 古い写真から見えてくる「町のその時」
写真を読み解く
元帯広百年記念館 内田祐一 304

46 「ニシン釜」はどこで作られていた？ 北海道博物館 会田理人 310

47 「移住」してきた〈古文書〉は語る 北海道博物館 三浦泰之 315
❖コラム――北海道の開拓に縁の深い仙台藩伊達家（斎藤和範）

48 〈遺跡〉は地域の大先輩 湧別町ふるさと館・郷土館 林勇介 321

49 町の記憶と文化を刻む古い建物たち 富良野市博物館 澤田健 327

あとがきに代えて
〈過去〉が〈未来〉を指し示す 北海道博物館 栗原憲一 340

北の学芸員とっておきの《お宝ばなし》

博物館・教育委員会などの市町村別索引

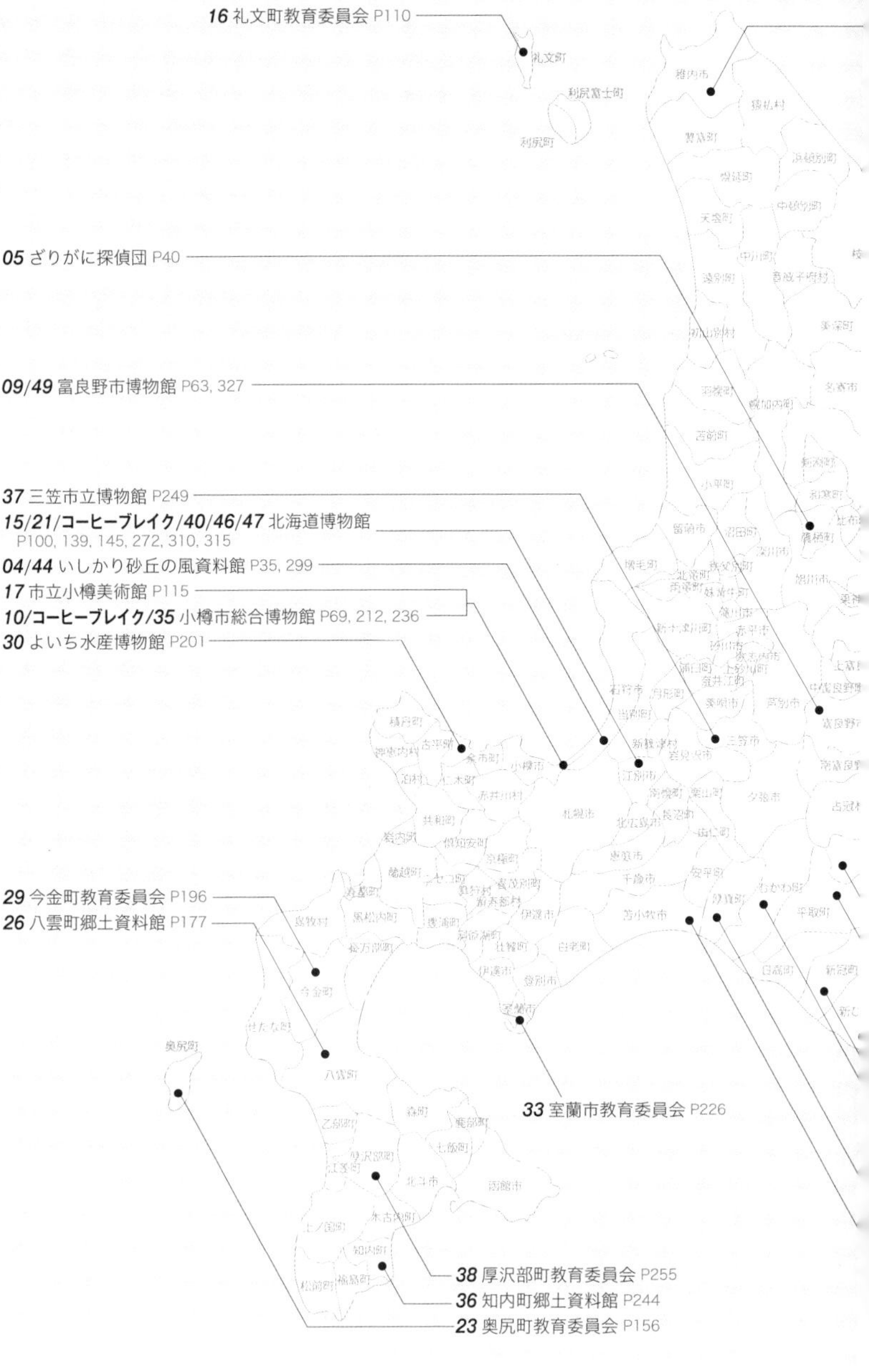
16 礼文町教育委員会 P110
05 ざりがに探偵団 P40
09/49 富良野市博物館 P63, 327
37 三笠市立博物館 P249
15/21/コーヒーブレイク/40/46/47 北海道博物館 P100, 139, 145, 272, 310, 315
04/44 いしかり砂丘の風資料館 P35, 299
17 市立小樽美術館 P115
10/コーヒーブレイク/35 小樽市総合博物館 P69, 212, 236
30 よいち水産博物館 P201
29 今金町教育委員会 P196
26 八雲町郷土資料館 P177
33 室蘭市教育委員会 P226
38 厚沢部町教育委員会 P255
36 知内町郷土資料館 P244
23 奥尻町教育委員会 P156

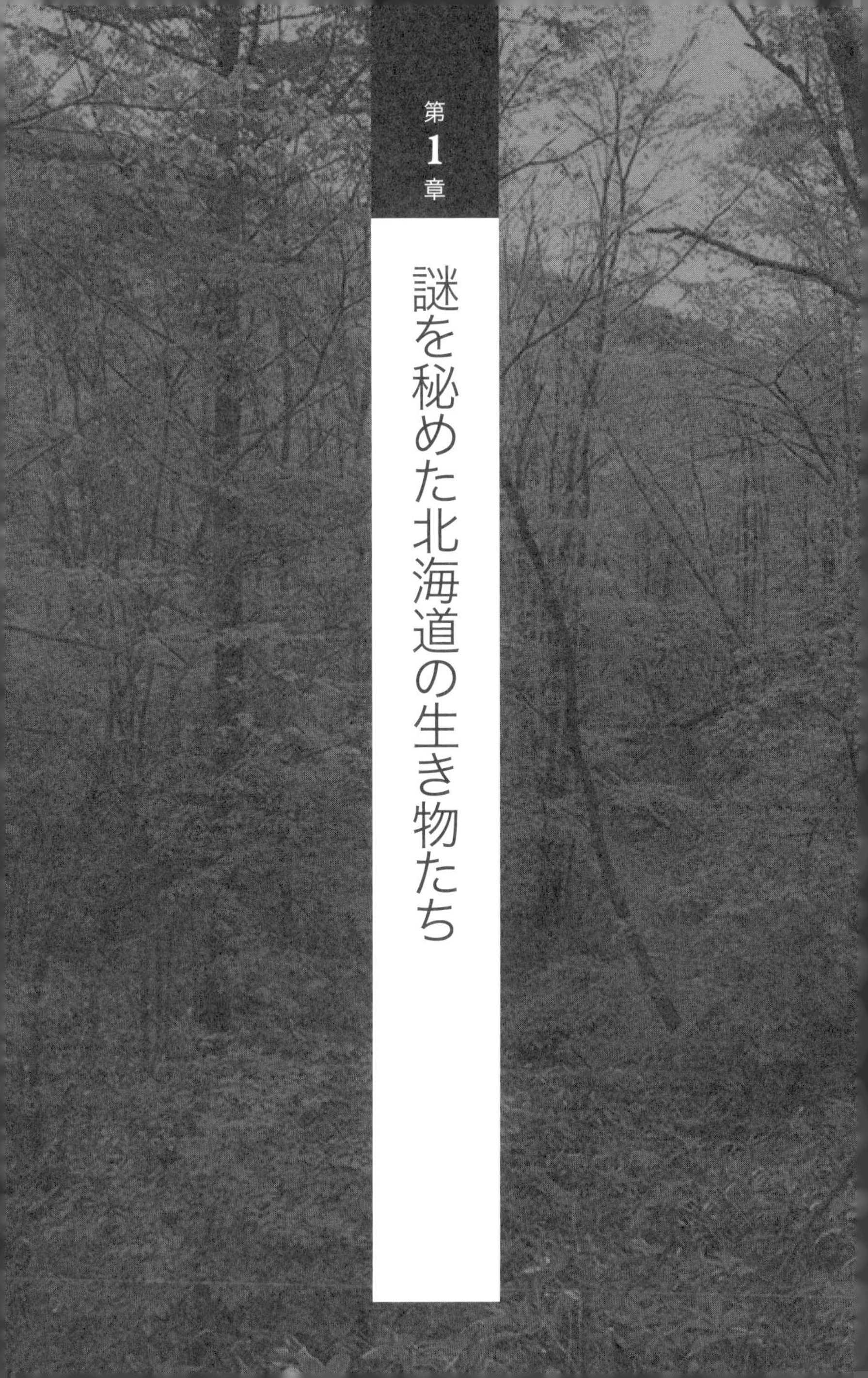

第1章
謎を秘めた北海道の生き物たち

01

イトウ　巨大魚伝説の誕生秘話!?

釧路市立博物館の学芸員より

国内最大の淡水魚

・イトウ　学名：Parahucho perryi（パラフーチョ・ペリー）、英名：Sakhalin taimen（サハリン・タイメン）。イトウは北海道、択捉島《えとろふ》、国後島《くなしり》、ロシア連邦サハリン島や沿海州などの河川や湖沼に生息する日本国内最大の淡水魚です。また、野ねずみやヘビ、カエルなども呑み込んで食べてしまうという悪食な魚としても有名です（写真1-1）。

二〇〇五年以前は、イトウの学名はHucho perryi（フーチョ・ペリー）でほぼ統一されていましたが、近年、急速に進歩したＤＮＡ分析の結果、他のイトウ属（Hucho フーチョ）の魚類とは属レベルで明らかに異なることが示されました。その結果、最近ではイトウ一種のみで構成する独立したParahucho（パラフーチョ）属であると考えられるようになりつつあります。

畳一枚分の魚が網に

「朝、アミ、見に行ったら、タタミ一枚くらいの、でっかいイトウがかかっててよう～」

二〇〇八年、学生時代の私がイトウの分布調査（聞き取り調査）をしていた時、道東のある湖で六〇年前から漁業をやっている八〇代になろうかという年配の漁師さんが語ってくれた話です。（結局その魚は網のかかりが悪く、発見した直後にそのまま尾びれをくゆらせて逃げてしまったということでしたが……。）

この手の巨大イトウにまつわる目撃情報は北海道だけにとどまらず、ロシア連邦のサハリンにおいても何度か耳にしました。

サハリン島は近年急速に開発が進んでいるものの、現在もなお原始の色濃い自然が多く残されています。地元漁師によれば、特に北東海岸を流れる河川の多くは広大な汽水湖に流入する地形となっていて、その汽水湖の環境が巨大イトウを育んでいて、現在もなお全長一・八メートルほどのイトウが生息しているというのです。

写真1-1　1979年 道東の湖で釣獲された全長128cmのイトウ

釣り師の憧れ

概して世の多くの釣り師は小魚よりも大きな魚を好み、いつかは自分も大きな魚を釣ってみたいと願っているものです。そんな大物狙いの釣り師にとって国内最大の淡水魚・イトウは唾涎のターゲットといえます。それはロシア人も例外ではなく、河川生態系の頂点に君臨するイトウは川の王者というイメージが強く、北海道同様に大物釣りの対象魚としてとても人気があるようです。

そんな大物釣り師たちの一番の興味といえば当然「どれくらいの大きさの魚を釣ったか」ということで、釣った魚のサイズにこだわります。そしてそのこだわりは酒の席にそのまま持ち込まれ、格好の酒（ウオッカ）の肴となるのです。

数年前、北サハリンのあるロシア人釣り師の家に泊まらせていただき、ロシア料理やウオッカをごちそうになりました（写真1－2）。例によってウオッカを酌み交わし、大物イトウ談義に花が咲きました。宴もたけなわとなった頃、ロシア人釣り師が以前こんな大きなイトウを釣ったと両手を広げて得意気に示したその大きさは一メートル弱くらいでした。しかし、三〇分後に再び同じ話になった時、不思議なことにその大きさは一・五メートル（小柄な成人女性なみ）ほどでした。その時、ふと、昔聞いたある言葉が脳裏をよぎりました。「釣

写真1-2 巨大魚を生み出すロシアの秘薬（?）ウオッカ

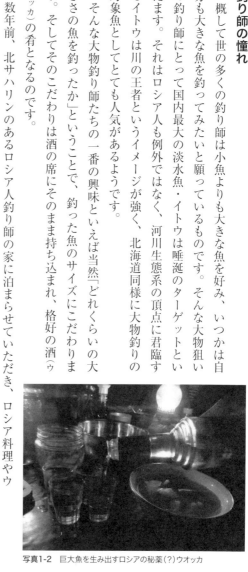

りの話をするときは両手を縛っておけ」。ロシアの有名なことわざです。なぜ両手を縛る必要があるのか。釣り師のホラ話には際限がなく、実際はそれほど大きくない魚でも、ウオッカを飲み、身振り手振りで大きさを伝えるにつれ、次第に誇張され、いつしか魚が大きく成長してしまうというたとえです。

二メートル一五センチの記録あり

日本国内最大の淡水魚といわれるイトウですが、記録として残る最大のものはなんといっても、一九三七年に十勝川千代田堰堤《えんてい》で捕獲された全長二・一五メートルの個体でしょう。ただし、いささか気になる点もあります。というのは、この個体の体重は七貫目(約二六キログラム)と記載されており、全長二メートルを超えるイトウであれば体重一〇〇キログラム近くはあるはずなのですが、記録として残っている体重はあまりにも小さく、ほとんど日干し同然と言っていいほど痩せた不自然な魚なのです。さらに、とびぬけて大きなその個体以外には二メートルはおろか、それに近い確かな記録はほとんど見当たらず、一・五メートルという個体の記録も写真や魚拓、はく製といったその証拠となるものがしっかりとあるわけではないのです。はく製や写真といった証拠が揃っているのはせいぜい一・三メートル台あたりからです(写真1―3)。

このように考えると、現在の北海道で実際に生息しているのはせいぜい全長一・三メートル台までで、飛びぬけて大きい個体であっても全長一・四メートル台あたりが上限ではないかという気がしてきます。

しかし一方で、イトウの分布情報を調べる中で、私はこれまで何度か一・五メートル以上のイトウを目撃したことがあるという人物に出会ってきました。彼らの話は実に真に迫っており、とてもホラ話と一言でかたずけられない内容のものが確かにあり、その存在を私に信じ込ませるだけの説得力をもっているのです。短い生涯（三〜八年）で一生を終えるサケ（シロザケ）とは異なり、イトウは同じサケ科でありながら、サケを大幅に上回る二〇年余りもの長い生涯の中でゆっくりと成長を続け、次第に巨大化します。この種の生理的・生態的な特性を考えると全長一・五〜一・七メートルの巨大魚が存在しても不思議ではないと思えてきます。もしかしたら、まだ広大な原始の自然が残されているサハリンやロシア沿海州あたりには、そんな巨大魚が人知れずいるのかもしれません。

写真1-3　国内の川で釣りあげたイトウ

アイヌ民族の伝承にも

巨大魚伝説の極め付きとしてはアイヌの民間伝承が挙げられます。イトウにまつわるものはいくつかありますが、そのひとつを紹介します。

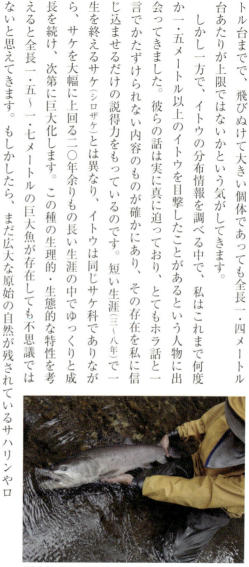

昔、狩人が大熊を見つけて跡を追ったところ、熊は然別湖に飛び込んで泳ぎだした。ところが、湖の中腹まで行くとぶくぶくと沈んで見えなくなってしまったので、舟を漕ぎ出して行ってみると、体の長さが四、五十メートルもあるイワン・オンネチェップ・カムイ（六倍の老大魚神の意）というイトウの主が大熊を呑み込んで咽頭につまらせ、熊はイトウの口から前脚を少しのぞかせて死んでいた。

（更科源蔵／更科光著『コタン生物記Ⅱ野獣・海獣・魚族篇』より）

さすがに、全長四〇〜五〇メートルまでとなると、いかに巨大魚の魅力に憑りつかれた私でも、生物学的にありえないと冷静に判断することができます。しかしまた一方で、その巨大魚伝説が生まれた背景に想像をめぐらすと、とても親近感を覚えるのです。なぜなら、おそらくその伝説の始まりは我々の酒の席の釣り談義とそう変わらないものであったと思うから……。

（釧路市立博物館　野本和宏）

02

サケが遡上できる川を復活させたい　みんなで作る魚道

美幌博物館の学芸員より

このままではサケがかわいそう

「サケが、土手をのぼった！」

なんだか、よくわからない状況に驚く私に、その人はさらに大きな声で言いました。

「サケが、段差を越えられず、土手から川の上流を目指していったんだ！」

やっぱり、よくわからない。

詳しく話を聞いてみると、状況はこうです。ご存知の方も多いと思いますが、サケは産卵のため、海から故郷の川に戻ってきます。そして川の上流を目指して遡上し、途中に段差などがあればジャンプをして乗り越えていきます。ところが今回教えていただいた場所には、人工の大きな段差がありました。この段差のせいでサケが上流へ遡上できなくなっていました。何度も何度もジャンプしているうちにサケは土手に上がってしまい、そして今度は土手を飛び跳ねながら段差を越えようと必死にもがいていたというわけです。

「このままではサケがかわいそうだ」

その最後の一言に、多くの方が共感して、魚道づくりが始まりました。

生き物が棲めない川

近年、様々な場所で治水や農地開発が行なわれ、川は直線化されコンクリートで固められてしまいました。また、直線化にともなって川が急こう配になるのを防ぐため、落差工と言われる構造物が

写真2-1　魚道設置前

写真2-2　落差工を測量する

次々と造られました（写真2-1・2）。こうして、自然豊かだった川は、生き物の生息に適さない寂しい場所となってしまったのです。私の住む美幌《びほろ》町でも多くの川が直線化され、たくさんの落差工が設置されました。

ところが、宅地を抜け、畑を横切り、川を遡っていくと、上流域にはうっそうとした森が残っていることがあります。この森の中では、川が自由に蛇行して流れ、水は飲めそうなぐらい透きとおっています（写真2-3・4）。本来であれば、こうした場所にはたくさんのヤマメやアメマスなどのサケ科魚類を見ることができるはずですが、多数の落差工が設置された川の上流ではそれらの魚は姿を消し、魚類相が極端に乏しくなります。

魚類相が乏しくなる理由には、北海道の淡水魚がもつ特有の生態が影響してい

写真2-3　自由に蛇行する上流域の川

写真2-4　本来の川の姿

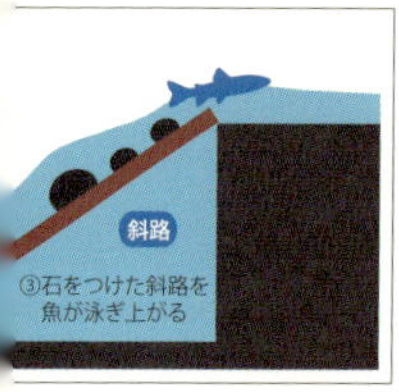

ます。一般に淡水魚は、川で一生を過ごすものと、川と海を定期的に往復するものがいます。水温の低い北海道の川では、一生を淡水中で過ごすよりも、一次生産量の高い海で成長した方が個体の適応度が高まると言われています。そのため北海道の淡水魚の多くは海とのつながりを持ちます。しかし川の中に移動を妨げるものができてしまうと、減少の一途をたどることになります。

魚たちにとって一メートル以上ある落差工は越えることの難しい壁です。そのため落差工に魚道を設置することが喫緊《きっきん》の課題でした。しかし魚道は設置に莫大な費用がかかるうえに、魚がジャンプして落差を越えるという構造上の欠点がありました。（魚が水面からジャンプするためには、たくさんのエネルギーを使います。また、着地点が悪ければ、魚体が傷つく危険があります。そのため魚がやたらと跳びはねる魚道は改善が必要です。）

そこで、私たちが作った魚道にはいくつかの工夫を施しました。

地域にある材料を使って

まず丸太や畑から取り除かれた石など、地域にある材料を利用して落差を軽減させました（図2-1）。次に、石をつけた斜路を設置し、多様な流れを生み出すことでフクドジョウやハナカジカなどの泳ぎの下手な魚でも落差工を遡上できるようにしました（写真2-5）。すると魚たちは次々と落差工を泳ぎ上っていったのです。

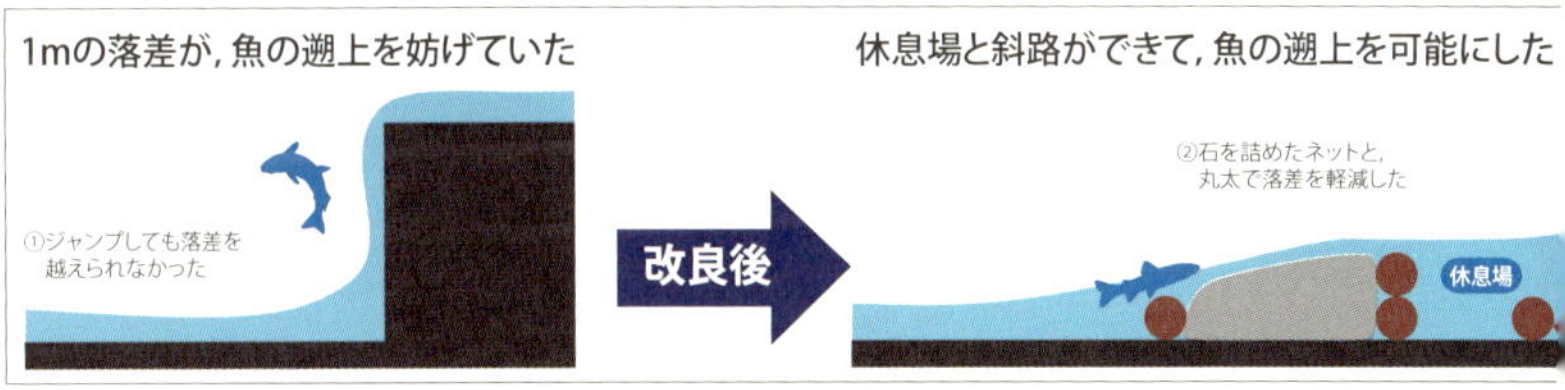

図2-1　手作りの魚道の原理

多くの方の協力で一度は排水路と化した川が、再び自然の姿を取り戻しつつあります。今後は設置した魚道の耐久性や魚の生息数などを調査し、魚道の効果を詳しく検証していきます。そして必要に応じて修復や改良を施し、より良い魚道を目指していきます。それと同時に、身近な自然を守る取り組みについてより多くの方に知っていただけるような活動を行なっていきます。

地域に根差したこうした活動もまた、博物館が果たす大きな役割だと思います。この活動をとおして、地域の未来をつくるために博物館にできる可能性の大きさを痛感しました。なにより、この活動に賛同し協力してくれた多くの方の笑顔が、今でも忘れられません。

（美幌博物館　町田善康）

写真2-5　手作りの魚道設置後

03 打ち上げられたクジラの死体はその後どうなる？

根室市歴史と自然の資料館の学芸員より

食べられて骨になったクジラ

先日、あるものを探しに根室の春国岱《しゅんくにたい》の砂浜を歩きました。歩くこと四〇分。砂浜の上に目的のものを見つけました。砂浜に打ち上げられ、クマやキツネ、カモメに食べられ、骨になったミンククジラです。風化した全長六メートル程もある背骨、まるでオブジェのように砂浜にたたずんでいました（写真3-1）。写真を見てもらえばわかる通り、クジラは骨になってもすごい存在感です。長年、海を旅してきたクジラが砂浜に打ち上げられ、陸に暮らす生き物たちの餌となって海で蓄えた養分を陸に伝える、食物連鎖を通じたダイナミックな繋がりに思いを馳せてしまいました。

子どもたちにクジラの大きさをイメージしてもらうための展示資料にしようと、持ってきたノコギリで骨を一つ一つ分解し、そのうち二つを両手に抱え、汗だくになりながら持ち帰りました。今回、骨を回収したミンククジラは民家から離れた砂浜に打ち上げられていたため、そのまま放置され、多くの生き物たちに餌として利用されるといった運命をたどりました。しかし、民家から近い場所に打ち上げられたクジラたちは自治体などに回収され、埋められてしまうことがほとんどです。これはヒグマが寄り付くことを避けるための、そしてクジラが腐敗する時の強烈なにおいを避けるための処置です。

写真3-1　砂浜にたたずむミンククジラの背骨

打ち上がったクジラをどうするのか

根室市歴史と自然の資料館の記録を見ると、二〇一二年には六頭のクジラの死体が根室に漂着しています。その内訳はミンククジラ四頭、マッコウクジラ一頭、種類がわからないナガスクジラの仲間が一頭です。二〇一三年も八月に入ってからマッコウクジラが一頭、九月一〇日にもミンククジラが打ち上がっています。

調査のためにそのミンククジラの回収に立ち会ってきました。計測をすると体長八・五メートル、釣り上げる際にクレーンの計器で図った重さは五トン。その大きさにはやは

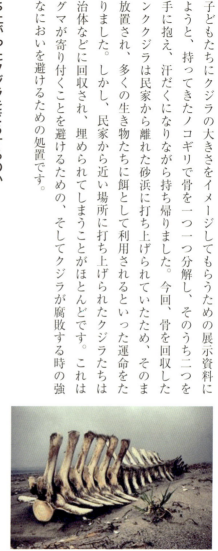

り圧倒されます。DNA分析用のサンプルを得るためにクジラから筋肉を回収するのですが、その筋肉の上についている脂肪の厚さにもびっくりしました。クジラの油がかつて蝋燭《ろうそく》や灯火用の燃料として使われたことに頷けます。さて調査が終わると同時に、ミンククジラの回収作業が始まりました。ミンククジラはクレーンで持ち上げられ（写真3-2）、トラックに積まれ（写真3-3）、あらかじめ穴が掘られていた砂浜に埋められました。

クジラの埋められた場所はGPSで記録し、何年後かに掘り出して骨格標本を作ろうと画策しています。温暖な本州などでは埋められたクジラは数年で骨になり骨格標本の作製が可能らしいのですが、冷涼な根室では一〇年以上経って掘り出してもまだ肉が付いた状態だと前任の学芸員が言っていました。退職するまでに一つくらいはクジラの骨格標本を作ってみたいものです。

漂着したクジラを分析

根室市歴史と自然の資料館では〈ストランディングネットワーク北海道〉（漂着したクジラ・イルカの情報収集をする研究機関）に協力し、根室に

写真3-2　ミンククジラの回収風景

写真3-3　トラックで運ばれていくミンククジラ

漂着したクジラに関するデータの収集、提供を行なっています。今回漂着したミンククジラから回収したサンプルもそこに送られＤＮＡ分析されます。

漂着したクジラからは、そのクジラがどの海域に分布しているのか、どの時期にどのような海域を回遊しているのかを知るうえで重要な情報が得られます。その情報の蓄積は希少なクジラの発見や漁業との競合実態の解明などにも貢献しています。漂着しているクジラがいましたらぜひ〈ストランディングネットワーク北海道〉まで連絡してみてください。あなたが見つけた漂着クジラから新しい発見があるかもしれません。

死体になって打ち上げられたクジラたちは、打ち上がった場所によって異なった運命をたどっていくこと、そして彼らの死体からは生態に関わる多くの情報や展示資料の材料となる貴重な骨格標本を得ることができることがおわかりいただけたかと思います。

人の生活から離れたところに打ち上がり、そこに暮らす多くの生き物の糧となって、最後は骨になり風化していく、そんなクジラの姿がたまらなく好きなのです。機会があれば、打ち上がり、動物たちに利用され、骨になっていく過程を記録し、それを元に展示を作成したいと考えています。そんな漂着クジラの死体に出会えるのを夢見て。

（根室市歴史と自然の資料館　外山雅大）

04 石狩砂堤列の融雪プールとキタホウネンエビ

いしかり砂丘の風資料館の学芸員より

毎年海岸林にできる不思議なプール

このプール、長さは五〇メートル以上。幅およそ二〇メートル、水深も一・四メートルあり、競泳用として基準を満たしています。ただ水質はちょっと問題あり。腐植質を含んだ茶色い水の中にはミジンコがたくさん泳いでいるし、水温は低く四度くらいしかありません(写真4-1・2)。

石狩湾の最も奥まったところにある石狩浜。ここには、カシワを主体とした帯状の海岸林が拡がっています。石狩川河口から小樽市銭函《ぜにばこ》までは長さ約一五キロメートルで幅五〇〇メートル前後、面積六五〇ヘクタール。カシワの天然林としては日本最大級とされています。江戸時代から伐採が禁止され、現在でも強風と飛砂《ひさ》を防ぐ重要な役目を果たしています。

その海岸林の中に例年、四月になると細長い水たまりが無数に、平行に並んで出現します。一気に進む雪解け水が作るため「融雪プール」と呼ばれています。例年、水が干上がるまで平均一～二カ月の間、プールを見ることができます(写真4-3)。しかし年によってはまったく水が溜まらない春もあるし、前の冬に雪が多かった年にはプールの水量も多く、夏や秋になっても水が残っていることもあります。

二〇一二年と二〇一三年の春は積雪量が多かったせいで水量も多く、まさに無数のプールが出現しました。大規模なものでは水深が一・三～一・四メートルにも達し、長さは何百メートルにもなりました。本当にクロールで泳げます。途中で力尽きるくらいです(写真4-4)。

毎年干上がってしまう融雪プールなので、魚はいません。しかし水中をよく見ていると、体長およそ二センチ、エビのような形をした生物が一一対の脚を上に向けて背泳ぎのように泳いでいるのを見ることがあります。キタホウネンエビです(写真4-5)。

写真4-1　石狩海岸林、冬

写真4-2　春になると融雪プールが無数に形成される

なぜプールに生き物が発生するか

キタホウネンエビは、世界でもここ石狩の海岸林と、青森県下北《しもきた》地方の融雪プールでしか生息が確認されていません。青森県では「最重要希少野生生物」に指定されています。甲殻類の仲間で「エビ」という名も付いてますが、硬い殻も持っていません。エビよりはミジンコに近い生物です。本州には「キタ」の付かないホウネンエビという仲間が分布していますが、こちらは水田に発生します。これが大量発生する年は豊年(ホウネン)になると言われています。

海岸林の春、融雪プールができると間もなくキタホウネンエビは発生します。プールに

写真4-3　例年、夏までに干上がる

写真4-4　調査中の筆者。水深は胴長の限界を越える

写真4-5　キタホウネンエビ、オス(右)とメス(左)

水がある数週間の間に産卵し、干上がると同時に、あるいはその前に、成体は短い一生を終えます。産み落とされた直径〇・四ミリほどの卵は、プールが干上がってしまっても何年も乾燥や凍結に耐えられます。冬になって雪が積もり、春にまた融雪プールができたとき孵化《ふか》するのです。しかし、たくさんある融雪プールも、キタホウネンエビが発生するプールと、まったく見られないプールとに分かれています。プールは細長い形をしていて、それぞれが平行に並んでいるためにプール同士の水がつながることはほとんどなく、キタホウネンエビも移住する機会がないためです。では石狩海岸林の融雪プールは、なぜこんな細長い形になるのでしょう?

トタン屋根のような地形

海岸林内を歩き回ってみると、外からはわからないのですが、予想外に起伏があることに気づきます。ちょっと進むと一~二メートルほど上がって、また下がって……。こんな上り下りが二〇~三〇メートルごとに繰り返されるのです。どうやらトタン屋根のような波状の地形になっているようです。実はこれは、花畔砂堤列《ばんなぐろさていれつ》と呼ばれる地形です。春の雪解け水はこの波状の凹凸の低い部分にたまるため、細長い融雪プールが平行に並ぶのです。

この波状地形、現在は海岸林内でしか見ることはできませんが、かつては海岸から内陸五キロメートルまで、石狩平野北部の広範囲に拡がっていました。現在の海岸林の約一〇倍の規模です。しかし農地や宅地の開発のために高い部分は削られ、低い部分は埋められて、すっかりならされてしまったのです。幸い海岸林だけは防風保安林として保護されていたために、その中の砂堤列地形も意図せずして残ったのです。林外も、今でも航空写真を見ると縞模様として無数の砂堤列の痕跡を見ることができます（写真4-6）。地質の違いが地面の色の違いとして現れるためです。開拓の手が入るまでは、春の石狩平野北部は延々と林の中に融雪プールが拡がり、キタホウネンエビもいたる所で泳ぎ回っていたに違いありません。今の海岸林で見られるのは、この一〇〇年ほどの間に生息地を圧縮され、細々と生き残っている姿なのでしょう。

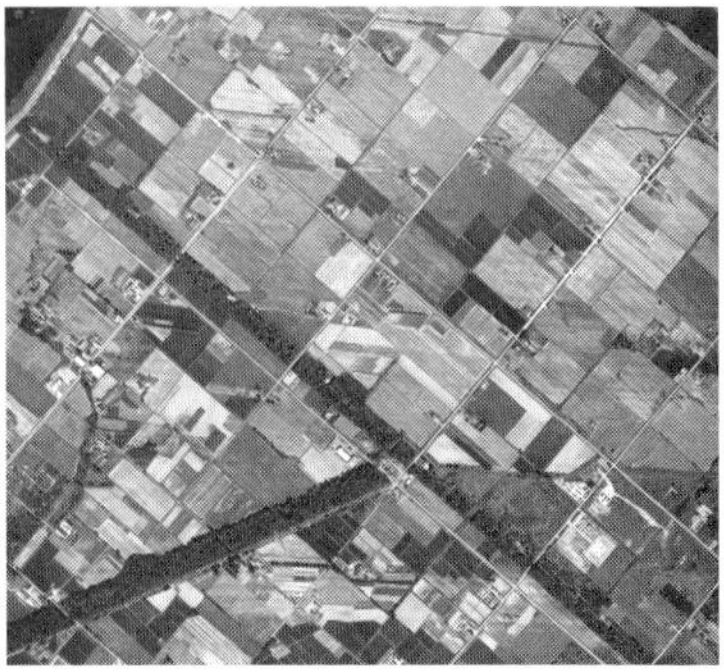

写真4-6　航空写真で見られる砂堤列の痕跡

　花畔砂堤列の凹凸の数は一〇〇列とも二〇〇列とも言われていますが、正確な数はわかっていません。また、この一帯は今から六〇〇〇年前以降、内陸にあった海岸線が沖へ徐々に伸びていった（海退）ために陸地になっていったことがわかっていますが、なぜトタン板のような波状の凹凸ができたのかはまだ解明されていません。気候変動の繰り返しが関係しているのだろうと考えられています。石狩海岸林の融雪プールは、希少な生物の避難所であり、地球の歴史の記録でもあるのです。

（いしかり砂丘の風資料館　志賀健司）

05 ニホンザリガニが大変だ！ 外来生物拡散による影響

ざりがに探偵団のキュレーターより

北海道と北東北にしかいないニホンザリガニ

北海道には、日本固有種のニホンザリガニ（絶滅危惧種Ⅱ類〔ＶＵ〕）が生息しています（写真5-1）。世界中探しても、北海道と、青森県とその県境にしか生息していない希少な生物です。かつては私たちの身近な森や林で普通に見られ、アイヌの人たちはテクンペコルカムイ（手甲を持つ神様）と呼び、なじみの生き物でもありました。

ざりがに探偵団が調べたところ、このニホンザリガニの棲息には広葉樹林の中の冷たいきれいな沢や、わき水があるような場所が欠かせないことがわかってきました。しかし、針葉樹の植林や住宅開発などによって生息地が破壊されたことで、現在では希少種になってしまいました。

アイヌの人たちはざりがにを食用としたり、漆《うるし》かぶれの薬として使っていたようですが、外国でもざりがにを食用としている地域があります。スウェーデンでは毎年夏、クレフトフィーヴァというざりがにを食べるお祭りがあり、当別町にあるスウェーデン交流センターでも、毎年そのお祭りが行なわれています。ざりがに探偵団としては、クレフトフィーヴァで食べられているざりがににお目にかかりたい食べてみたいと思い参加してみました(写真5-2)。

ざりがにを食べるお祭り

会場に着くと、パーティーを盛り上げる「月の男」のランタンやざりがにの切り紙細工などの飾り付けがされています。受付で参加費五〇〇〇円を払うと、ざりがに帽子、前掛け、ナプキンの三点セットが渡されました。すべてざりがにの絵柄が描かれています。ザリガニパーティーには必須のアイテムとのこと。

写真5-1　ニホンザリガニ

写真5-2　当別町のスウェーデン交流センターでのクレフトフィーヴァ

どんなざりがにが出てくるのかと楽しみにしていたところ、出てきたのはなんとアメリカザリガニ……（写真5-3）。本場アメリカからの直輸入とのこと。食べるのは初めてです。そのほか当別で採れた野菜やスイカ、飲み物もたくさんあります。これに北欧の地酒アクアビットがあれば言うことなしですが、車で来たのでアルコールっ気はなし。ちょっと残念です。

本場スウェーデンでは本来ノーブルクローフィッシュ（学名：アスタクス・アスタクス）という在来ざりがにを食べるらしいのですが、在来種が減少してしまったらしく、最近は中国・アメリカ・トルコからのアメリカザリガニやウチダザリガニ（写真5-4）の冷凍物の輸入が多いようです。減少の原因は、アメリカから養殖用にもたらされたウチダザリガニです。このざりがににくっついて一緒に持ち込まれた伝染病ザリガニペスト（アファノマイケス症）（写真5-5）に在来種のノーブルクローフィッシュが感染し減少したらしいのです。

実はこの現象は、スウェーデンのみならずヨーロッパの各国においても見られる現象

写真5-3　茹でたアメリカザリガニ

写真5-4　旭川市江丹別《えたんべつ》で捕獲された巨大ウチダザリガニ

で、在来ざりがにの減少や絶滅という大きな問題を引き起こしました（写真5-6）。スウェーデンの生物学者のアケフォルス氏によれば、ザリガニペストは一八六〇年にアメリカより輸入されたウチダザリガニと一緒にイタリアにもたらされたのが最初と言います。その後、ヨーロッパ各国にウチダザリガニが輸入されることによって、次々に在来ざりがにがザリガニペストに感染していきました。

日本では、ニホンザリガニの生息環境が悪化する中、この病気の分布拡大が追い討ちをかけました。ニホンザリガニはこの病気にまったく抵抗力がなく、ウチダザリガニが分布拡大することで各地にこの病気がもたらされ、絶滅に追い込まれているらしいのです。例えば屈斜路湖《くっしゃろこ》では、一九八九年以降ニホンザリガニの生息が確認されず、ウチダザリガニが繁殖しています。

特定外来生物ウチダザリガニ

ウチダザリガニと近縁種

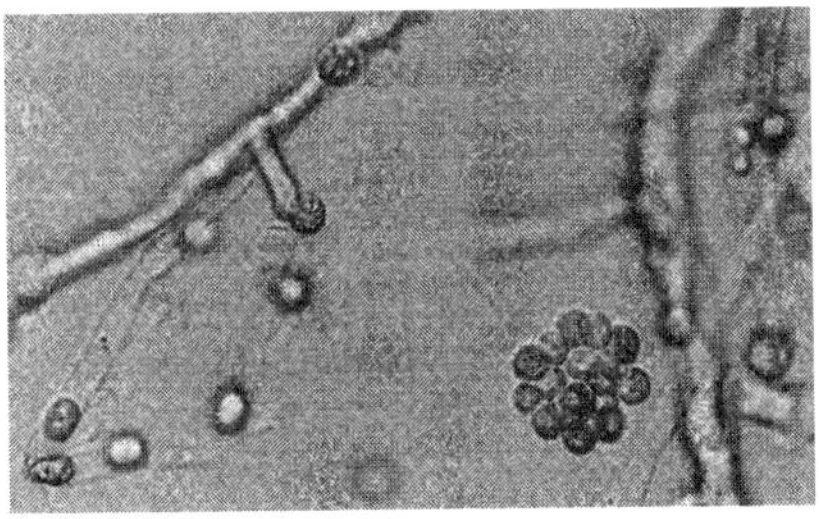

写真5-5　ウチダザリガニが保有するミズカビ菌（アファノマイケス アスタキー）顕微鏡写真
（写真：蛭田眞一・斎藤和範・神山塁2004より転記）

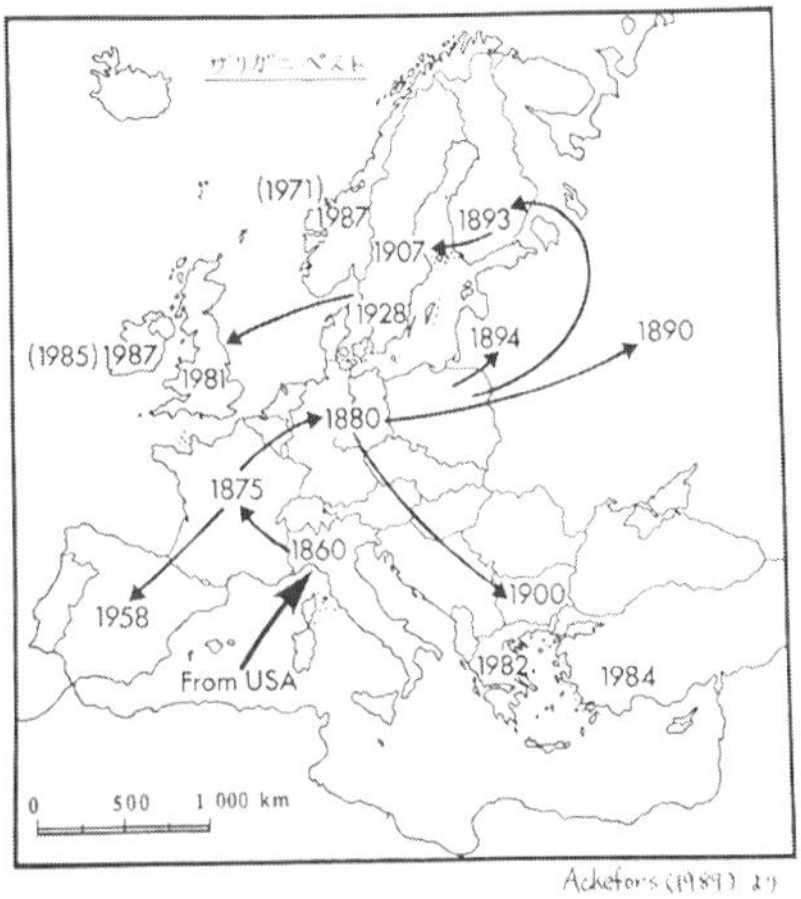

写真5-6　ザリガニペストの伝播（Ackefors1989より）

のタンカイザリガニは、大正末から昭和初期に農林省水産局（当時）によって北アメリカのコロンビア川から食用のために各県の水産試験場に導入されました。しかし暖地での増殖は失敗したところが多く、滋賀県高島市（淡海池）、石川県志賀《しか》町（個人の養殖池）と北海道（摩周湖《ましゅうこ》）の三カ所で成功しました。摩周湖には四七六尾が放流されましたが、その後あちこちに持ち出され、現在、北海道東部・北部・中央部にも生息地が拡散してしまいました（図5-1）。さらには再び本州にも持ち出され、福島県磐梯《ばんだい》朝日国立公園の湖沼とその下流の阿賀野《あがの》川水系、福井県九頭竜《くずりゅう》ダム、長野県明科《あかしな》、南信の片桐ダムと他一カ所のダム、東信の河川などに拡散しています。

北海道の冷涼な気候は原産地コロンビア川とよく似ていて、ウチダザリガニの生息に適しています。北海道の河川や湖沼には、エゾサンショウウオやエゾアカガエルなどの両生類、エゾホトケドジョウ、トミヨ類やヤチウグイ等の魚類、マルタニシ、モノアラガイやヒラマキガイ等の貝類、多くの水生昆虫、水生植物など、北海道独自の在来生物相があります。ウチダザリガニはたくさんの餌を必要とし、これらを捕食することで淡水生態系の食物連鎖に大きな影響を与えることから、外来生物法によって〈特定外来生物〉に指定されました。特定外来生物に指定された生物は、飼養、栽培、保管、運搬、輸入などが規制され、

図5-1　ウチダザリガニの分布図（2007年現在）

違反すると罰金や禁固刑が科せられるようになっています。

身近な生物はその土地の生き証人

私たちの身近な自然には、ニホンザリガニをはじめ、その土地固有の生物が生息しています。それらは、北海道や日本列島が形成される何万年～何百万年という長い年月の中で、生物自身の力でその分布を拡げ、生息地を拡大し、定着してきました。その土地固有の生物相というのは、私たちの大地がどのように形成され、生物がどのように進化してきたのかを示す重要な生き証人でもあります。

しかし私たち人間が、私たちの都合でその生息環境を破壊してきました。外来生物を導入することで、ニホンザリガニをはじめとするその土地固有の生物の生存が脅かされています。非常に長い年月がかかって形成されてきたその地域固有の生物多様性を、単に人間の欲得という都合だけで破壊してしまってよいはずがありません。

（フリーランスキュレーター・ざりがに探偵団主宰　斎藤和範）

06 宮部金吾とコンブ漁業

新ひだか町博物館の学芸員より

北海道の基幹産業コンブ漁

日本人の食文化には欠かせない伝統的な食材として、今も昔も変わらず大切に扱われている昆布。「よろこぶ（慶ぶ）」に通じる縁起物であり、神事や仏事では大切なお供えものとして昆布が登場する光景もよく目にします。

現在、日本国内で採れるコンブの約九五パーセントが北海道沿岸で採れており、北海道のコンブ漁業が日本の食文化、伝統文化の一端を支えていると言えます。また、道内漁業者の半数以上がコンブ漁業に従事しており、漁獲金額においてもコンブ漁は、ホタテ漁・サケ漁に次いで多く、それらは合わせて北海道の三大基幹漁業と呼ばれています（写真6-

1）。このように北海道の漁業の中で重要な位置を占めるコンブ漁業ですが、現在の姿に至る背景には、明治期の宮部金吾《みやべきんご》博士による調査研究があります。

宮部博士は札幌農学校二期生として内村鑑三や新渡戸稲造とともに学び、一八八三年（明治一六年）に農学校の助教となって以来、一貫して植物学の教育・研究に専念しました（写真6-2）。その学問的領域は菌学、植物病理学、植物分類学、植物地理学、樹木学、アイヌ植物学など、実に幅広い分野にわたり、研究対象も陸上の植物にとどまらず、海藻類にも及びました。

明治二六年から本格的な研究始まる

宮部博士の北海道産コンブ類の本格的な研究は、一八九三年（明治二六年）に北海道庁から「海藻種類鑑定」を嘱託された時に始まります。

このころ国では、国内の漁業生産の振興、水産業の発

写真6-1　日高の昆布浜（新ひだか町三石《みついし》地区）

写真6-2　宮部金吾博士（北海道大学植物園 宮部金吾記念館所蔵）

展のために農商務省水産局が全国的に水産調査を実施しており、北海道においては北海道庁内務部水産課により一八八九年（明治二二年）～一八九四年（明治二七年）にかけて調査が行なわれました。

これらの調査では、調査項目が海岸の地勢、海底の地形、潮流、漁獲対象となる魚種、漁場、漁獲方法などに及び、宮部博士はこれらの調査の一環としてコンブ類の調査を任されました。とりわけコンブについては、北海道の重要な海藻資源でありながら、それまで詳細な調査研究が行なわれていなかったため、北海道の沿岸各地に実際に足を運び、コンブを採取して観察を行なうという実地調査が必要でした。

宮部博士は、一八九四年（明治二七年）七月九日から八月二九日まで、五二日間に及ぶ道内コンブ調査旅行を敢行します。今から一二〇年も前の開拓途上の北海道です。現在のような快適な交通手段も宿泊施設もありません。当時の日記には、宿で毎晩ノミに悩まされたといった記述もあります。今では想像がつかないような困難な旅だったようです。

北海道庁による調査は、一八九二年（明治二五年）に「北海道水産予察調査報告」が刊行され、続く本調査報告として一八九五年（明治二八年）に「北海道水産調査報告巻之一　鱈《たら》漁業」が、翌年には「巻之二　鰮《いわし》漁業」が、そして一九〇二年（明治三五年）には「巻之三　昆布採取業」が刊行されます。

この「北海道水産調査報告巻之三　昆布採取業」において、宮部博士はこれまでの調査研究の成果を「第一編 昆布科」として発表します。この報告の中で、北海道（千島の一部を含む）沿岸のコンブ科植物の外部形態や内部構造の特徴、分布などが一種ごとに詳しく記載され、その分類の集大成となりました。そして、この分類は植物学上の性質とともに、水産利用上の特徴にも配慮したものであったため、学問上の大きな成果であったばかりでなく、現在に通じる北海道のコンブ漁業にも大きく貢献することとなりました。

混乱していたコンブの名前などを整理

当時のコンブ漁業では、本来同じ種類のコンブでありながら採れる場所によって呼び名が異なっていたり、反対に、違う種類のコンブでありながら採れる場所によって呼び名が同じであったりと、混乱した状況が生じていたのですが、道内沿岸各地で行なった実地調査に基づき、コンブの特徴に従って名前と分布域（生産地）を整理していくことで、この問題が解決されたのでした。これにより、北海道の開拓が進むにつれて次第に混乱してきたコンブ漁業が再編成され、あわせて、昆布の製品名と品質の統一が図られることで、流通の改善に繋がっていきました。

なお、「巻之三 昆布採取業」では、宮部博士が担当した分類の他に、第二編で昆布漁場と漁業について、第三編では昆布製品の成分分析についてまとめられています。このうち、特に第二編では、漁場である昆布礁《こんぶしょう》の様子、コンブ採取に用いる器具類、採取方法、生産量、昆布製品の製造などについて生産地ごとに詳細な記述があり、「コンブ浜」と呼ばれる現在の昆布生産地の一二〇年前の姿を知ることができます。

（新ひだか町博物館　小野寺聡）

コラム

こんなところにも宮部金吾の遺産が！

宮部記念緑地
札幌市中央区北6条西13丁目

宮部博士の住んでいた札幌市の桑園《そうえん》地区は、教授陣が多く住んでいたことから「博士村」と呼ばれていました。旧邸跡地は札幌市が買い上げ、1992年（平成4年）3月31日に宮部記念緑地となっています。

宮部金吾記念館
札幌市中央区北3条西8丁目

宮部博士が教鞭をとった札幌農学校植物学教室の建物は、現在北海道大学植物園に移築され「宮部金吾記念館」となり、御遺族から寄贈を受けた博士の遺品を展示しています。展示室では、宮部博士の家族・友人・学生から贈られた資料や、植物園設立計画書、研究ノート、宮部の師であるA・グレーやマキシモヴィッチに関連する資料なども見られます。植物園に行った際にはぜひ立ち寄ってみてください。

宮部金吾先生像

択捉《えとろふ》島とウルップ島間にある、亜寒帯と温帯との植物相の違いを現わす生物境界のことを宮部線と呼びます。イワナの仲間のミヤベイワナも宮部の名前を冠したものです。様々な分野で活躍した偉大な研究者でした。北海道大学農学部の正面玄関から二階に上ると、階段ホールの右側に初代植物園長宮部金吾先生像があります（石像制作者・堀義二）。北大構内散策の際にぜひ！

（斎藤和範）

07

在来タンポポを探して
エゾタンポポとシコタンタンポポ

苫小牧市美術博物館の学芸員より

苫小牧に在来タンポポの群生地

二〇〇九年(平成二一年)、苫小牧市博物館友の会のMさんから、「苫小牧の海辺に在来種のタンポポが群生している」という情報が寄せられました。翌年、Mさんと一緒に北海道野生植物研究所の五十嵐博氏を現場を案内したところ、すべてシコタンタンポポだということがわかりました。「外来種のセイヨウタンポポは繁殖スピードが速く、そのため在来種は駆逐され、急激に減少している」と以前から言われていましたが、苫小牧も同様で、在来種のタンポポが群生していることは非常に珍しいケースです。その後、Mさんや友の会のタンポポ調査グループの方々と共に調べてみると、市内にはまだ在来種のタンポポであるシコタンタンポポとエゾタンポポがねばり強く生きていることがわかりました（写真7-1）。

日本には、約一八種類の在来種のタンポポがあると言われています。これらはさらに「モウコタンポポ節」と「ミヤマタンポポ節」の二つのグループに分けられ、北海道に生育する在来種のタンポポは後者に属します。

一方、外国のタンポポは、マイクロスピーシーズ（微小種）レベルで細かく分類すると一六〇〇種以上が存在するとされています（これらを完全に分類することは難しいため、以下、外国のタンポポをまとめて「セイヨウタンポポ」と記載します）。

タンポポの見分け方、花期など

さて、タンポポを葉の形態などで分類するのは難しく、一番の決め手になるのは花の「総苞外片《そうほうがいへん》」と呼ばれる外側の「がく」の形です。セイヨウタンポポは総苞外片が「タコの足」のように下を向き、在来種のタンポポは総苞外片が上を向くのが大きな特徴です。ＤＮＡレベルでは純粋な在来種または外来種は少ないとされていますが、屋外で観察をするときは、これが大きな見分け方になります（写真7-2）。

写真7-1　苫小牧市有明《ありあけ》海岸のシコタンタンポポの群落（2011年6月撮影）

日本では、札幌農学校に食糧として導入されたセイヨウタンポポが逃げ出して、外来種として広く生育するようになったという記録があります。市街地や公園を見回してみると、目につくのはセイヨウタンポポばかりです。それでは本当に在来のタンポポはセイヨウタンポポに負けて消えてしまったのでしょうか?

セイヨウタンポポは、明るい場所であればどこでも見られます。在来種のタンポポに比べると暗い場所は苦手なようです。花期は三~一一月までと、とても長く、雪が積もるまで咲き続けている様子を見ることができます。

一方、苫小牧で目撃される在来種のタンポポ、エゾタンポポとシコタンタンポポの花期は、四~六月中旬。そして、セイヨウタンポポに比べると、生育場所が限られているということがわかってきました(写真7-3)。

エゾタンポポは、明るい(暗くなりすぎない)森の中、草刈が適度に行なわれている森林公園、校庭の緑地帯

写真7-2　エゾタンポポ(2013年6月 苫小牧市内金太郎の池 林縁部で撮影)

写真7-3　シコタンタンポポ。苫小牧市内の国道36号線沿いで発見したもの(2013年6月撮影)

などに多く見つかりました。タチツボスミレ、ベニバナイチヤクソウ、フデリンドウと一緒に見つかることが多く、単立して生息することも多かったです（写真7－4）。

一方、シコタンタンポポは、海岸沿いの明るい場所で見つかりました。エゾタンポポとは逆に群生していることが多く、単立して生育することは少ないようです。市民の方からも情報が寄せられ、ウトナイ周辺の造成地などでも、ウンランやシロヨモギと一緒に生育していることがわかってきました。春期に気をつけて観察すれば、もっといろいろな場所で生育していることがわかると考えられます。

写真7-4　市民文化公園内のエゾタンポポの群落。タチツボスミレ、ツボスミレと一緒に生育（2013年6月撮影）

在来種のタンポポの外来種からの影響

苫小牧では、在来種のタンポポがひっそりと、しかし元気に生育していたことがわかりました。「苫小牧の在来種のタンポポは消えた」と言われてきたのは「花期の短さ」、そして「生育に適した環境（明るい天然林や砂浜）の減少」という背景があったからではないでしょうか。

それでは、これらの在来種のタンポポはセイヨウタンポポの影響をまったく受けていないのでしょうか？　それについてはまだ結論を出すことができません。本州では、カンサイタンポポがセイヨウタンポポから受粉の段階で繁殖干渉を受けていることが報告されており、苫小牧でも、セイヨウタンポポとシコタンタンポポ、エゾタンポポが混在している環境では何らかの干渉を受けている可能性があります。シコタンタンポポの生育地については、Mさんが発見した群生地を二〇一〇年度から継続調査をしています。

エゾタンポポの生育地についても、目撃地やその周辺のエゾタンポポ・セイヨウタンポポの花数などの情報を集積していきます。タンポポという身近な植物を通じて、植物の好む場所とその環境や外来種から受けている影響の有無について、わかることがあると思います。

（苫小牧市美術博物館　小玉愛子）

08

地域に眠る標本を掘り起こす！

浦幌町立博物館の学芸員より

もし地域に学芸員がいなかったら？

「博物館法第三条第二項　博物館はその事業を行うに当つては、土地の事情を考慮し、国民の実生活の向上に資し、更に学校教育を援助し得るようにも留意しなければならない」

ここでいう「土地の事情を考慮し」とは、何を意味しているのでしょうか？　私は学芸員のいない地域のことを考慮しろということだと考えています。

学芸員がいない場合、資料が存在しても活用されず、どこかの片隅で放置された挙げ句、改築などの際に人知れず廃棄されるケースも多いのです。特に近年は少子化の影響で、地域資料の収集拠点であった小中学校の統廃合が相次ぎ、その際に理科室の標本類が廃棄されてしまうケースが後を絶ちません。そんな地域に眠る標本を探し出し、保存のための措置をとること、目録を整備して活用の後押しをすること、そして地域の大切な学術資源であることを地域の皆さんに知ってもらうことは、博物館の専門職員である学芸員がいなくては難しいでしょう。そこで、帯広百年記念館に勤務していた私（当時）は、少しでも地域に眠る標本を掘り起こそうと、十勝管内の各町村を訪ね歩き、様々な標本を集めました。

本別町の植物標本と資料の来歴

利別《としべつ》川の中流に、豆どころとして有名な本別《ほんべつ》町があります。この町の歴史民俗資料館は、学芸員こそ配置されていませんが、郷土資料の収集保存や教育事業が活発な施設です。この資料館に、白糠《しらぬか》丘陵沿いの「本別公園」で採集した植物標本があります（写真8-1）。数年前に「本別サイエンスクラブ」という市民グループが公園の植物を調査して採集した標本です。かつて一度展示したことがある以外は、今は活用されず、標本目録も作られていないとのことです。そこで帯広百年記念館の移動展（巡回展）の一環で標本を展示させてもらうと共に、ひととおり中身を検討させてもらい、誤同定の修正や標本目録の整備を行ないました。

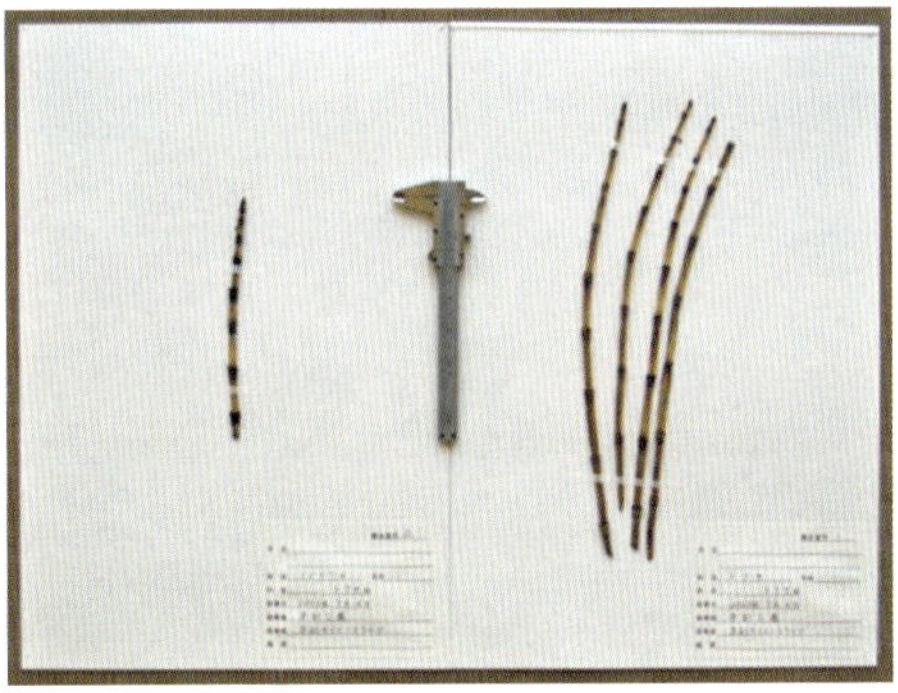

写真8-1　本別サイエンスクラブの植物標本（本別町歴史民俗資料館所蔵）

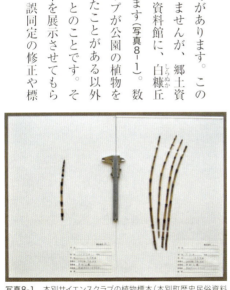

本別公園ではかつて別の植物調査が行なわれたことがあり、その調査結果とも照合することで、より正確な植物相を知ることにつながります。白糠丘陵は道東の植物地理を考える上でも興味深い地域であり、今後の研究課題を考える上でも有益です。実際、従来の記録にない植物も標本に含まれていました。本別町では、これをきっかけに再び植物採集を実施する予定です。

ところで本別町にはもう一つ、標本ではありませんが、植物資料がありました。それは本別空襲を伝える押し葉です（写真8-2）。一九四五年（昭和二〇年）七月一五日、当初帯広市を攻撃目標としていた米軍機は、天候の関係から目標を変更（異説もあります）、雲間から確認できた本別町を空襲します。その際、火の手から逃れるために本別沢へ飛び込んだ町の人が、無意識につかみ取った川岸の植物で、今日まで本に挟んで残されてきたものです。ここには、サイエンスクラブの標本や従来の調査結果にもない植物が含まれています。空襲の記憶を伝える歴史資料であると共に、植物研究の上でも興味深い資料と言えます。

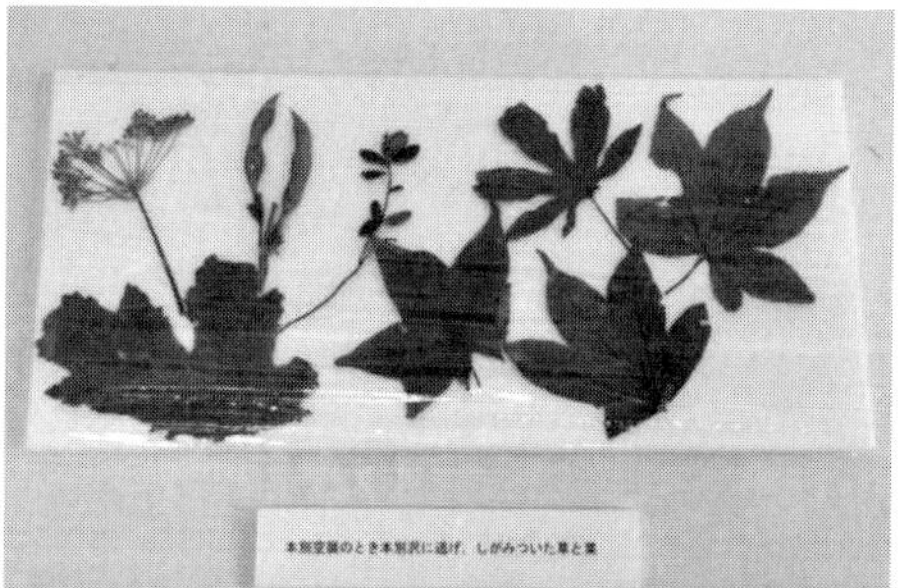
写真8-2　本別空襲を伝える押し葉（本別町歴史民俗資料館所蔵）

浦幌町の植物標本を作った牧師さん

本別町の南東に接する浦幌《うらほろ》町に、浦幌町立博物館があります。この町にも植物標本があると言います。訪れてみると、ここには大別して三種類の標本がありました。一つは小学校が昔購入した教材用標本。もう一つは学校の教員をされていた方が収集した標本。もう一つが隣の池田《いけだ》町に住む人から寄贈された標本です。特に池田町の方の標本は丁寧に作られており、同定や学名なども正確です。町内の他、大雪山《たいせつざん》や本州で採集されたものもあります。いったいこの採集者はどんな人物なのでしょうか？　そこで、標本自体の検討と共に、採集者についても調査してみました。

すると、この採集者は植物好きの牧師さんだったことがわかりました。吉田康登さんという方です（写真8－3・4）。吉田さんは九州の生まれで横浜や東京の教会で牧師をしていましたが、戦争によって牧師職を失い、集団帰農者として浦幌町へ移住。慣れない農業に従事しつつ信仰の種を播き続け、池田町に教会を設立する際に請われて転出した人でした。もともと植物への関心が強く、地元の営林局から依頼されて地域の植物調査をしたり、教会堂を新築する資金を得

写真8-3　標本を残した吉田康登牧師（右端の人物）
（日本福音ルーテル池田教会所蔵）

写真8-4　「胴乱」をかついで野外礼拝へ向かう吉田牧師
（日本福音ルーテル池田教会所蔵）

るために、押し花色紙を作って販売していたと言います。調査の過程で、集団帰農者のことや浦幌、池田の宗教史の一端、また池田に建てられた教会の建物と浦幌炭鉱との関係など、地域史における様々な事実も浮かび上がりました。

当時の佐藤芳雄浦幌町立博物館長の配慮により、クリスマスの日に標本を借りて、池田町の礼拝堂に標本を展示し、教会の方々に見ていただくことができました。偶然にも、この日は吉田牧師の帰天日(命日)でした。二つの町の歴史を標本でつなぐことができたのです。このように植物標本がきっかけで、人の縁が生まれたり、関連する様々なことがわかることは少なくありません。

わら半紙にガリ版刷りの標本

実は帯広市にも、長年、陽の目を見ずに眠り続けている標本があります。帯広百年記念館の隣に建つ帯広市児童会館は青少年科学館の機能を持ち、かつては郷土資料室も運営しており、様々な歴史資料と共に植物標本の寄贈も受けていました。標本は、明治・大正期の十勝や、昭和初期のカムチャツカ半島で、ある兄弟によって採られた標本です(写真8-5)。これは教育者で研究熱心な兄と、兄想いの水産技師である弟の協力で生み出されたコレクションでした。わら半紙にガリ版刷りの標本目録と共に今は児童会館の理科室に保存されていますが、その存在を知る人は少ないのです。そこで、この標本の経緯が記されたガリ版刷りの標本目録をまずは活字化し、雑誌へ公表しました。今後、標本本体の検討を行ない、破損部分の修復と同定、新たな目録づくりを進める予定です。

廃棄寸前の標本を救い、人とモノをつなぐ

現在、分類学連合が中心となって、全国の植物標本の実態調査が進行しています。そこでこの機会に、十勝に限らず、北海道内でまだあまり存在が知られずに眠っている植物標本に光を当てるべく、全道の学芸員に呼びかけて情報を集めており、すでに、予想しなかった博物館から「実は植物標本がある」と連絡をいただいています。また、帯広百年記念館の事業を通じて、廃棄寸前だった標本を届けに来てくれた中学校もあります。

私たちが勤務する博物館は大学や国立の博物館とは異なり、予算規模も学術基盤も弱い地域博物館です。ローカルな資料が多く、グローバルな学問研究を精力的に進める力も弱いかもしれません。しかし、地域博物館には地域の歴史を記録する「ローカルな仕事」がある一方で、ローカルな資料に光を当て、よりグローバルな学術資源へと昇華させる「橋渡し」の役割もあります。人とモノをつなぐ、資料と研究者をつなぐ、また地方と中央をつなぐ働きとも言えます。

写真8-5　昭和初期のカムチャツカ半島で採集された標本
（帯広市児童会館所蔵）

そのためにも、私たち地域博物館の学芸員は地域に眠る様々な資料へ常に目を光らせ、歩き回っているのです。

（浦幌町立博物館　持田誠）

09 身近な自然の調査がめざすもの

富良野市博物館の学芸員より

開拓時代に思いを寄せる

富良野地域に初めて人々が入植したとき、ひたすら拡がる原野を前にして彼らは自然に対する大きな怖れを感じたでしょう。そして気持ちを奮い立たせ、鍬《くわ》を握り開墾を始めたでしょう。これからこの未開の地に家を建て、農場を作って食糧を生産し、生活していかなければならない、と。

それから約一二〇年。いつ終わるともしれなかった開拓も、不断の努力によって飛躍的に進みました(写真9-1)。現在、富良野市域の七割は森林ですが、その森林地帯の多くは東大演習林や国有林の敷地として林業利用がなされています。また低地は、そのほとんどが市街地や田畑、牧畜業に使われており、人の手が入らない場所はありません。今日、人々が自然に対する怖れを抱くことは少なくなり、残された自然は憩いの場や自然観察の場として親しまれることが多くなりました。自然はかつての圧倒的な存在から近しい存在になりました。「身近な自然を大切にしよう」という機運は、ここ数十年の「地球温暖化」をはじめとする地球規模の環境保全への取り組みと共に高まったようです。富良野市博物館が鳥沼《とりぬま》公園で行なっている自然調査の講座「鳥沼・生き物調査隊」を紹介したいと思います。

鳥沼公園の自然を調べてみる

鳥沼公園は富良野市街地から車で一〇分ほどの鳥沼地区にある湿地、林、池などの自然豊かなエリアです。公園整備や自動車道の開通といった工事はあったものの、開拓以前の沼沢地《しょうたくち》に近い自然環境が残されています。

富良野市博物館では「鳥沼・生き物調査隊」という、鳥沼公園の自然を様々な角度から調査し記録する市民参加の自然調査の講座を行なってきました。目的は、鳥沼公園の自然環境を記録することを通じて地元の自然に親しんでもらい、その上で公園の自然を保全していくことです。

写真9-1　富良野市・東山地域の開拓地

まず、初年度に行った春夏各回の調査結果や講座の様子を振り返ります。年輩の方から子どもたちまで広い世代にわたり二〇名近くの方が参加し、二〇一三年(平成二五年)五月一九日、六月一六日の二回にわたって、草花の開花調査、小型哺乳類相の調査を行ないました(写真9-2)。

春や初夏に花を咲かせる植物や、夏中(もしくは一年中)花を咲かせている植物など、開花時期についていろいろな傾向の植物が確認できました。特に春先に開花結実して、盛夏になる前に枯れてしまう(ただし根は残る)「春植物」が目につきましたが、これはミズナラ、アサダなどの落葉広葉樹林が広くあるためです。落葉樹は秋に葉を落とし、五月頃から葉を茂らせていくので、夏の間林床は薄暗くなりますが、落葉する晩秋から初夏にかけては明るい環境になります。そのため、雪融け後の四~五月は丈の低い植物が日光を利用しやすくなるのです。

小型哺乳類相の調査(落とし穴や箱わなを用いたトガリネズミ類、ネズミ類の生物相調査)で見つかったのは、トガリネズミ類ではオオアシトガリネズミがほとんどでした。それらは湿地林にはほとんど出現しませんでした。トガリネズミ類はモグラに近い仲間で、生息環境である積もった落ち葉が湿地林では少ないためのようです。ネズミ類は個体数は少ないもののエゾアカネズミ、エゾヤチネズミ(写真9-3)、カラフトアカネズミの三種類が確認できました。

写真9-2　道沿いの植物を観察する参加者

開花調査は、草花のほぼ全てを調べる植物相調査と並行して行ないましたが、一般的な自然観察会では植物の種類を片っ端から調べるということはしないので、「草花って同じように見えていたけどこんなに違うんですね」と圧倒されたような顔をされる参加者もいました。

一方、トガリネズミ類やネズミ類の捕獲は、草花や虫と違い、間近で見ることの少ない小動物に親しむことができる貴重な機会を提供できたようでした。こちらでは「身近にこんな動物がいたのに、知らなかった」「すばやい！」「どんくさい！」といった感想が聞かれました。また、このときは自然に関する知識が豊富な参加者も多く、互いに知っていることを教え合う場面が見られ、「スタッフが教える場」ではなく「参加者がこの場を利用して互いに自然について学ぶ場」となっていました。

写真9-3　箱わなに入っていたエゾヤチネズミ

冬の調査も

冬には公園内の湿地林で樹種や直径を調べる樹木調査を行ないました（写真9-4）。樹木相は森林の特徴を決めるとても大きな要素です。これについては、一九九五年に富良野高校科学部が行なった樹木調査の記録があり、過去と現在の樹木相の比較ができました。その結果、湿地林の主要樹種であるハンノキの本数が八九本（一九九五年）から五二一本（二〇一三年）と大きく減少したこと、六〇センチ以上の大木を除けば、様々な直径段階で減少していました。約二〇年前に遊歩道や排水路が設置され、日射量の増加や風の吹き込みなどによって乾燥化が進行したのではないかと考えられます。

この調査では継続的な調査の重要性を強く感じました。二〇年前の調査結果があるからこそ、樹木相が明らかに変化していることがわかったのです。今回の様々な生物相調査も、将来的に非常に意味のある調査になると思います。

目的は記録と保全、そして楽しむこと

「鳥沼・生き物調査隊」という市民参加の自然調査の講座の目的は「鳥沼公園の自然の記録と保全」「参加者が自然に親しむ」こと。それがこの講座の二大要素です。しかし、それはあくまで博物館としての目的です。参加者は、自然に触れて楽しいから参加してくれるのでしょう。「身近な自然を大切にしよう」という気持ちのもとには地域愛（地元愛）があるのかもしれません。子どもの頃にあった地元の商店やお祭りが、大人になってなくなっていることに気づくとさびしい気持ちになります。自然もそういうものではないでしょうか？

この講座に参加者することによって、富良野地域の自然環境につい

写真9-4　木の直径を測るちびっ子参加者

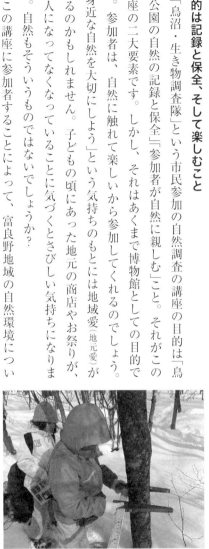

コラム

富良野市鳥沼公園（富良野市字東鳥沼）

道道298号上富良野旭中富良野線を挟んであり、山手側にある湧水の湧く鳥沼周辺の山地林と下手側にあるヘイケボタルが生息する湿地からなっています。特に下手側の湿性林は、今では富良野盆地で見られなくなった開拓時代の風景を彷彿させる、ヤチダモやハンノキなどからなる原生林に近い唯一の林です。

て知り、その自然を守り残していきたいという気持ちが生まれ、それがまた次代に引き継がれていく、そんなふうになっていってほしいと思います。

（富良野市博物館　泉団）

10

海辺にすむカメムシの謎

小樽市総合博物館の学芸員より

小樽市総合博物館のすぐ近くの海岸で

　昆虫は地球上で最も繁栄している生物の一つだと考えられていますが、海洋の環境では極端に種類が少ないことが知られています。しかし、海と陸の境界に拡がる海岸には、環境に適応した特殊な昆虫が生息しています。

　ウミミズカメムシはその名のとおり、海岸にすむカメムシの一種です(写真10－1)。体長は四ミリメートルほどで、翅《はね》のない目立たない姿をしています。カメムシ類の中には海岸に生息する種がかなりいますが、その中でも最も海に近い、波しぶきがかかり、時に海面下に沈むような場所で見られるのがウミミズカメムシです。

ウミミズカメムシは一九二九年（昭和四年）に和歌山県で発見されて以来、北海道から沖縄までの十数カ所から見つかっていますが（図10－1）、道内で発見されたのはつい最近のことです。最初に発見されたのは小樽市総合博物館のすぐ近くにある豊井浜《とよいはま》という海岸です。豊井浜はかつて海水浴場として親しまれた場所で、街のすぐ近くですが、良好な磯の環境が残されています。

ウミミズカメムシは自然がよく残された海岸でしか見つかっておらず、海岸環境の豊かさを測る「指標種」であると考えられています。一方で、具体的な生息環境については未だに不明な点が多く、海蝕洞《かいしょくどう》に多いとされたり、淡水が流入するような場所に多いと言われますが、テトラポッドのような人工物の上に現れる場合もあり、その生態は謎に包まれています（写真10－2）。

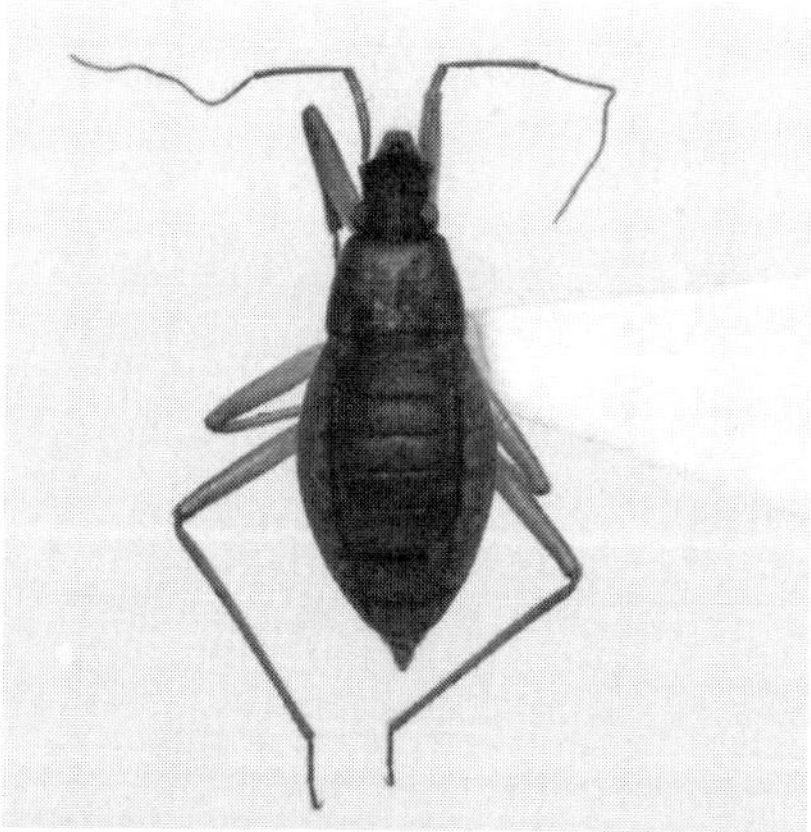

写真10-1　ウミミズカメムシ

未知の海岸における昆虫の生態

小樽での発見以来、小樽近郊の海岸を調べ歩いていますが、今のところ豊井浜でしかウミミズカメムシは確認できていません。海岸の昆虫はあまり調査が行なわれていないので、調べればたくさんの生息地が見つかると考えていましたが、予想を裏切られる結果でした。見た目上、豊井浜と似た環境は北海道の海岸に珍しくはないのですが、ウミミズカメムシの生息には何か決め手となる条件が必要なのだと思われます。

その後、函館市でもウミミズカメムシの生息が報告されています。分布自体は広いようなので、全道各地で発見される可能性は高いでしょう。海岸の環境が急速に失われている昨今、その現状を知る上でも、この小さな昆虫の生態や分布は興味深い研究テーマになると思われます。

(小樽市総合博物館　山本亜生)

図10-1　ウミミズカメムシ分布

写真10-2　ウミミズカメムシ生息環境(小樽市豊井浜)

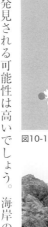

11

『ファーブル昆虫記』に登場する〈葬儀屋さん〉

帯広百年記念館の学芸員より

嫌われものだけど……

私たちの身の回りにはたくさんの昆虫がいます。害虫なら駆除され、そうでなくても見た目で判断されて不快なものとして嫌われがちですが、日本には昆虫との生活を楽しむ文化がありました。スズムシなど虫の音を心地よいと感じるのは日本人だけとも言われています。蚊取り線香の香りを夏の風物詩として懐かしく感じる方も多いでしょう。

帯広百年記念館のある緑ケ丘《みどりがおか》公園では、子どもたちや、

写真11-1　ヨツボシモンシデムシ（帯広市大山緑地採集）

虫好きの大人たちが昆虫採集を楽しむ姿をよく見かけます。好みは様々ですが、昆虫は身近な存在で、私たちの生活と切っても切りはなせない関係にあります。そして、物語の中にもたくさんの昆虫が登場しています。

写真11－1は帯広市大山緑地《おおやまりょくち》で採集されたヨツボシモンシデムシです。動物の死体に集まる昆虫で、それらを土へ返す役割を担い、「子育て」をする昆虫としても知られています。変わった生態を持つことから、フランスの博物学者ジャン＝アンリ・ファーブルも注目しています。

彼の著書『ファーブル昆虫記』は、みなさんが一度は手にしたことのある本だと思います。ファーブル昆虫記はこれまでに多数発行されていますが、今回は、帯広市内の方から寄贈していただいた一九七一年（昭和四六年）偕成社発行の『少年少女ファーブル昆虫記』に注目してみます。私が初めて読んだのもこの昆虫記でした。この中から「シデムシ」という章を見ていきます。

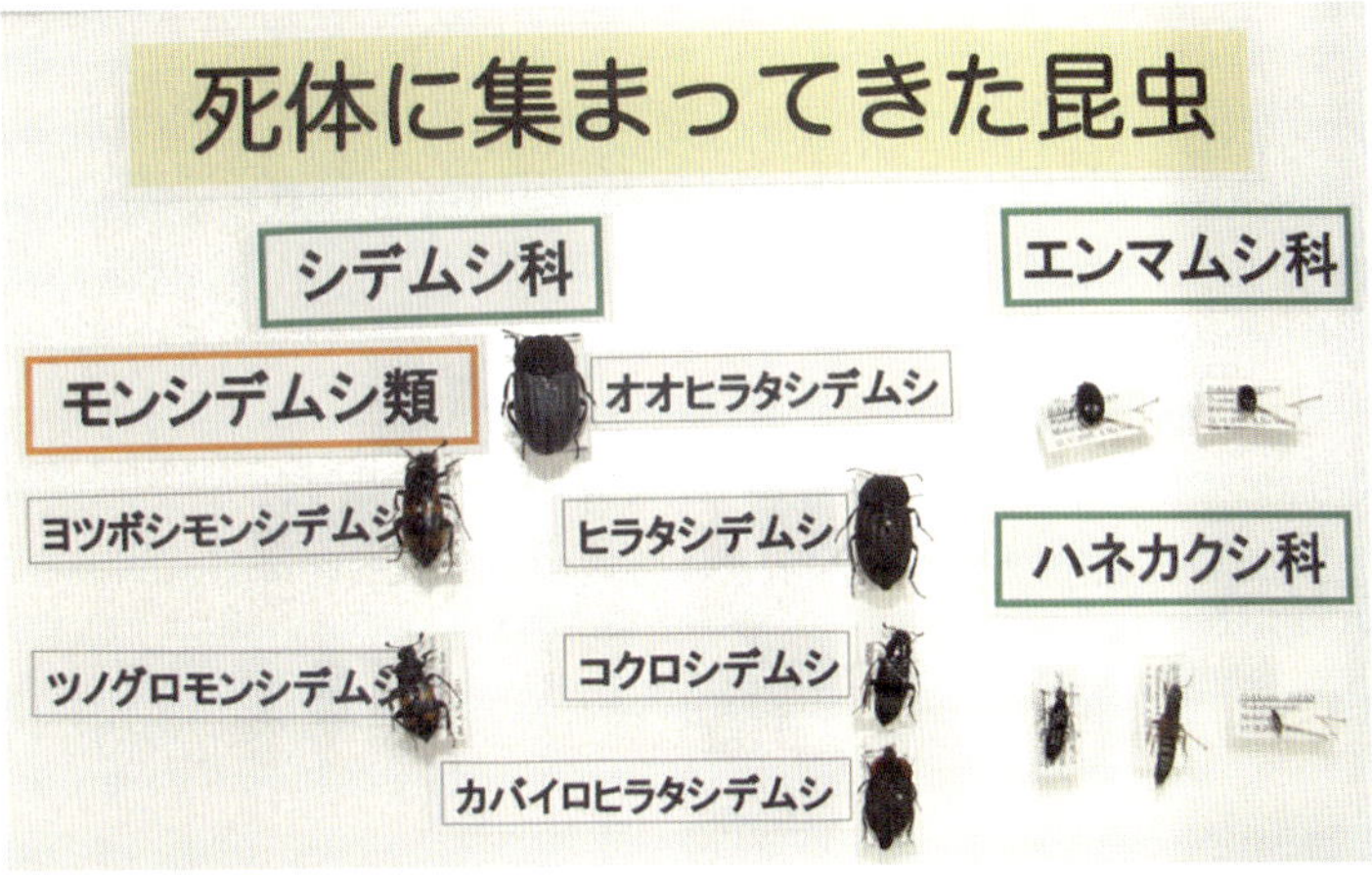

写真11-2　死体に集まってきた昆虫

死体をかたづける虫たち

おひゃくしょうのすきでおなかをさかれたモグラがころがっていることが、よくあります。（略）生きものの死がいは、いったい、どうなってしまうのでしょうか。（略）ときがたつにつれて、見るのもいやなほどきたらしくなり、くさって、気味のわるいにおいがしはじめます。だが、気にかけることはありません。そんなに長いあいだ、くさった死がいになやまされることはないからです。

それはなぜでしょうか。じつは、野原には、こういうきたない死がいをかたづけてくれる葬儀屋さんのような虫たちが、たくさんすんでいるからです。

（『少年少女ファーブル昆虫記』より）

死体や糞など、腐ったものを食べる昆虫を腐食性《ふしょくせい》昆虫といい、ファーブルは「葬儀屋さん」と呼んでいます（写真11－2）。モグラの死体にはこのような虫が集まり、にぎやかになっていきます。しかし、どの時代どの国でも死体に一番最初にやってくるのはやはりハエのようです。

ところで、モグラの死がいの下では、いったい、どんなことがおこっているのでしょうか。

これは、見たところ、ひじょうにいやな仕事です。しかし、ものごとをちゃんと観察できる目をもった人や、観察したことをもとにして、考えをまとめあげることができる人（略）そういう人にとっては、たいへんたのしい場所でもあります。

自然の、ありのままのすがたを見ようとするときに、「きみがわるいから、いやだ」などというのはやめましょう。さあ、ひとつ、モグラの死がいをひっくりかえしてみましょう。

（『少年少女ファーブル昆虫記』より）


ファーブルは、ぞっとするような死体の下で行なわれる作業も、すばらしい研究対象であり、気味が悪いという気持ちを抑えて挑んでみなさい、ということを言っています。こういった、ファーブルの格言（私はそう呼んでいます）が、昆虫記の中には随所に見られます。私は、昆虫採集の際、腐肉の下でうごめくウジの球を見たとしても、ファーブルが、「気味が悪いから嫌だ、などというのはやめましょう」と言っていたことを思い出し、観察を続けることにしています。

ファーブルも勇気を出してモグラをひっくり返してみました。虫たちは逃げ出し、片隅でうずくまります。虫たちが行なっていたことを、奥本大三郎訳『完訳ファーブル昆虫記』（集英社、二〇〇五年〜）では、「彼らは生のために死を切り開いていたのだ」と崇高な表現をしています。

これらの死がいをかたづける虫たちのなかで、いちばん元気で、いちばん有名なのは、ムナゲシデムシです。

このシデムシを、死がいにたかるほかの虫たちとくらべてみると、からだの長さや、身なりや、習性などが、たいへんちがっています。

（『少年少女ファーブル昆虫記』より）

ムナゲシデムシは、新しい昆虫記では、モンシデムシに統一されています。帯広市大山緑地では、ヨツボシモンシデムシやツノグロモンシデムシが採集されています。死体に集まる虫は黒いものが多い中で、モンシデムシは背中にオレンジ色の帯や斑紋があり、少し華やかです。

また、ファーブルは、シデムシは死体にたかる他の虫とはその習性がたいへん異なると言っています。小型の動物死体を土中に埋めるモンシデムシ特有の習性のことで、モンシデムシは「埋葬虫」とも言われています。シデムシは、ネズミくらいの大きさであれば、なんでも土中に埋めてしまいます。その後、毛や羽を取り除きながら肉団子のように丸め、そのそばに産卵します。肉団子にした小動物の死体が幼虫の餌となるのです。

ファーブルの時代、シデムシが死体を土中に埋める虫だということはすでに知られていましたが、実際にそれを観察するためファーブルはモンシデムシを採集し飼育します。採集するためにはまず庭先に死んだモグラを転がしておきます。それが腐ってくると、そのにおいを嗅ぎつけてモンシデムシが寄ってくるだろうと考えたのです。これはベイトトラップ法と呼ばれるもので、腐食性昆虫の採集に用いる方法です。このトラップでファーブルはモンシデムシを採集、モンシデムシがモグラの死体を埋葬し、将来幼虫の餌となる肉団子を作ることを確認します。じつはモンシデムシは幼虫に餌を与えるなど、子育ても行ないます。ファーブルは餌となる肉団子を作るのを確認した後も実験を続けますが、シデムシが子育てをするということについては、最後までわからなかったようです。幼虫の生態については、成虫ほど興味深いものではないとして、手短に述べられているにすぎません。

環境の変化を受けやすい腐食性昆虫

モンシデムシ以外にもファーブル昆虫記には身近な昆虫が登場します。そして、ファーブル独特の表現によって、ただの観察記録ではなく、物語としても楽しむことができるように書かれています。また、訳者の訳し方や発行された時代による違いなどを比べながら読むと、子どもの頃とはまた異なるおもしろさがあると思います。

写真11-3　死体に集まる昆虫たち

ファーブルも注目していたモンシデムシを含む腐食性昆虫は、餌となる動物の死骸や糞に依存して生息しているため、環境変化の影響を受けやすい昆虫です。自然豊かな環境に生息する種類、都市化すると多く生息する種類などがあり、腐食性昆虫相を調べることで、その地域の環境状態を知ることができます。あまり目立たず、人気者ではありませんが、ファーブルの時代にも〈葬儀屋さん〉として活躍していた昆虫に注目です（写真11－3）。

（帯広百年記念館　伊藤彩子）

第2章 プレート衝突が生み出した大地に眠るもの

12 驚きの日高山脈、世界から注目される四つの魅力！

ジオラボ「アポイ岳」様似町アポイ岳地質研究所の学芸員より

世界的に有名な日高山脈、四つの魅力

〔その1〕日高山脈は、活発に活動する島弧《とうこ》のリソスフェア深部を代表する地質と岩石からできている！

〔その2〕その地質と岩石は、上部マントルから地殻浅所の岩石まで規則正しく成層し、連続的に観察することができる！

〔その3〕このような地質と岩石が地表に露出している地域は、世界的に珍しい！

〔その4〕その形成年代は新生代（五五〇〇～一七〇〇万年前）で、極めて新しい（若い！）。そのために、日高山脈のすべての岩石が、島弧リソスフェア深部でできた時の貴重な学術情報をほぼそのままの形で残している！

「高温高圧」の「島弧深部」の地質とは

えりも町郷土資料館・水産の館の展示パネルには、日高山脈の地質の成り立ちを示す東西断面図があります（写真12－1）。えりも町は日高山脈の南に位置しており、この東西断面図はちょうど北側に連なる山脈の地質を透視的に見た形になっています。そのため山脈の地質の全体像を容易に理解できます。

この展示が企画された当時の背景には、二つの重要な地質研究の進展がありました。一つは「日高山脈が島弧深部の地質でできている」というもの、もう一つは、岩石鉱物の形成温度圧力についての研究です。その頃、地質学関係者の間では、日高山脈のように高温高圧の島弧深部でできた地殻下部～上部の岩石が、途中欠落なく連続的に分布する地域は世界的にも珍しく、たいへん貴重だと理解されるようになってきたのです。

北海道大学総合博物館三階学術資料展示「北の大地が大洋と出会うところ『アイランド・アーク』」に、日高山脈の代表的な岩石である変成岩と深成岩が展示されています（写真12－2）。この展示では、特に

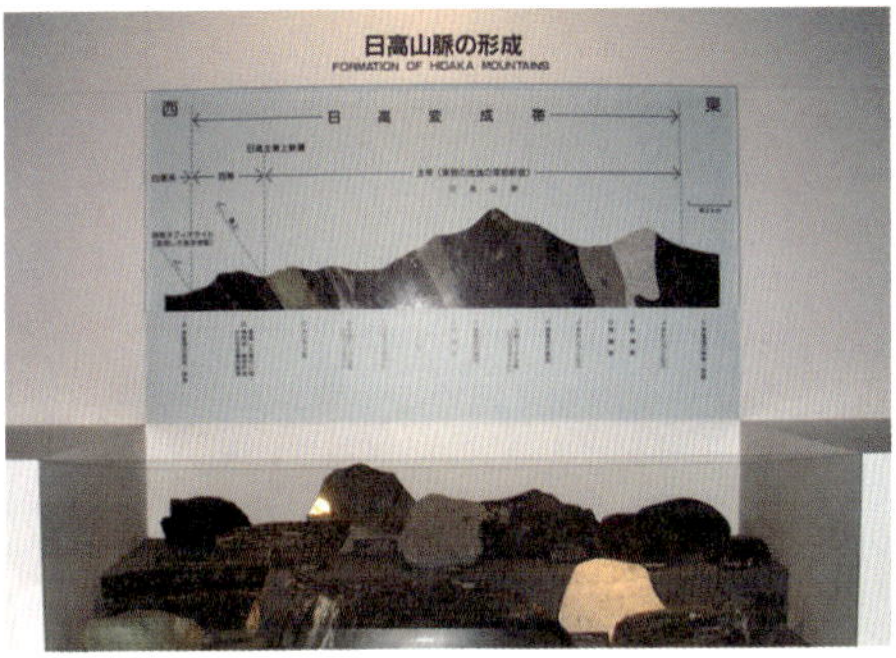

写真12-1　日高山脈の地質の成り立ちを示す東西断面図（えりも町郷土資料館・水産の館の展示パネル）

「高温の島弧深部でいかに活発なマグマ活動が起こっていたか」が主題となっています。以下、解説パンフレットの日高山脈「島弧深部でできた岩石」から、その主題部分について紹介します。

地下深部で起こる変成作用やマグマ活動の理解のために、温度-圧力図がわかりやすいでしょう(図12-1)。この図は、日高山脈の変成岩の平衡温度・圧力の見積り結果をプロットしたもので、かつて日高山脈の地下で変成作用が進行し、大量にマグマが発生した時の地温勾配が描かれています。その時、地温勾配は最大で約34℃/kmに達し、活発に火山活動が起こる日本列島のような島弧脊梁《せきりょう》部の地下の温度勾配に匹敵していました。これこそが、日高山脈の地質と岩石から「日高島弧」の高温の地下深部を思い描く最大の理由です。

(日高山脈「島弧深部でできた岩石」より)

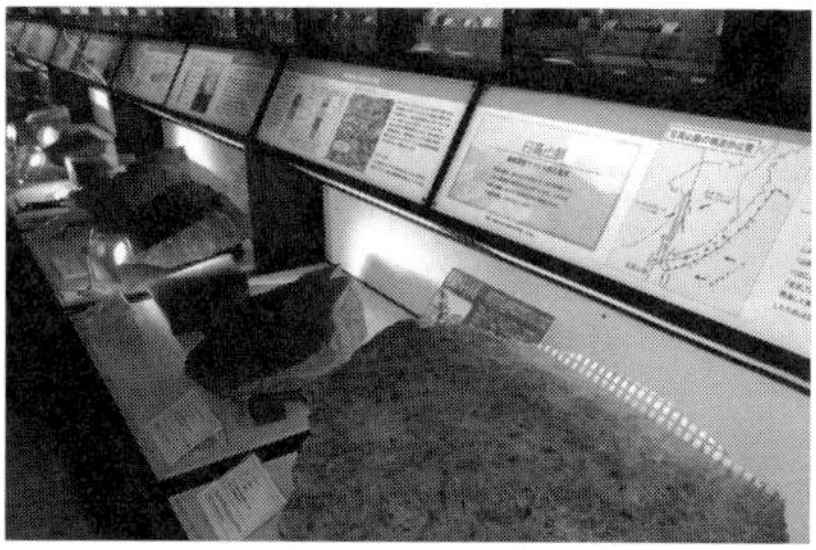

写真12-2　日高山脈の代表的な岩石である変成岩と深成岩の展示(北海道大学総合博物館3階学術資料展示「北の大地が大洋と出会うところ『アイランド・アーク』」)

図12-1の「日高島弧の地温勾配グラフ」によると、地下の温度が約八五〇℃を越えたところで、地殻最下部のグラニュライトや角閃岩《かくせんがん》は部分融解を起こし、トーナル岩質の珪長《けいちょう》質マグマができました。同時に、さらに深部の上部マントルで、かんらん岩が部分融解を起こして玄武岩《げんぶがん》質マグマが発生しました。このように、高温の地温勾配を持つ島弧深部で

は、地殻最下部と上部マントルで、それぞれタイプの異なる二種類のマグマが発生し、活発なマグマ活動が起こっているのです。

図12－2は、「日高島弧」の地下深部の温度と空間的な配置関係を考慮して描いたモデル図です。この図の縦軸（深さ）に沿った地下の温度見積りは精度が高く、代表的な岩石の空間配置については日高山脈の東西地質断面図（写真12－1）に対応します。現在の地質断面を反時計まわりに回転させて、西側を地下深く沈めてみると、図12－2のように復元された配置関係になっています。

なぜ、ここに日高山脈ができたのでしょうか？　日高山脈のように島弧深部の上部マントル～地殻の岩石が地表まで上昇して山脈ができる大地の変動は、とても大規模な地球変動の一つです。ここで日高山脈の位置を地球儀スケールで見てみます。

日高山脈を地球儀スケールで眺めると

北海道は、太平洋と大陸の狭間に位置する日本列島北端の大きな島で、南東側に太平洋が広がり、北西側には極東シホテ・アリンからシベリアの大陸が続いています（図12－3）。北海道の東半部から千島列島の太平洋海域には千島－カムチャツカ海溝

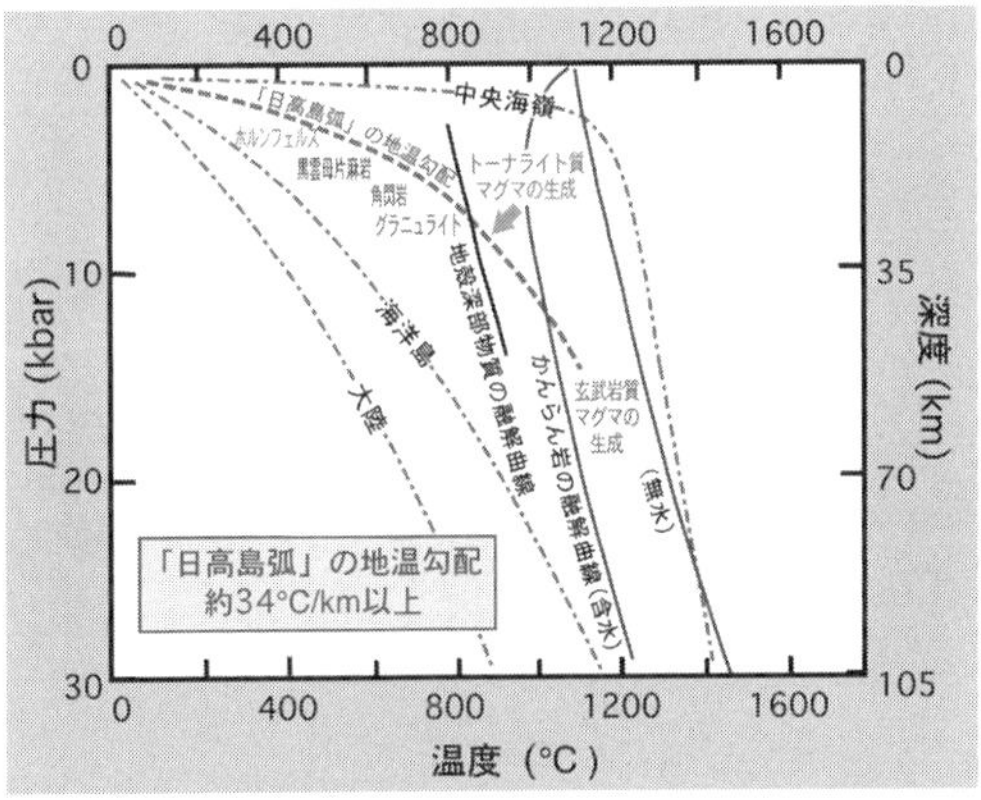

図12-1　日高島弧の地温勾配グラフ

があり、北海道襟裳《えりも》岬沖でその方向を東北日本の本州弧沿いに屈曲させて日本海溝に連続します。北海道中央部に南北に連なる日高山脈は、大雪山系と共に北海道の脊梁《せきりょう》を形づくっており、北海道を東西に二分しています。その南端は、襟裳岬で太平洋に突き出し、千島－カムチャツカ海溝と日本海溝の屈曲部まで続いています。

次に、北海道と日高山脈の位置を、地球の北半球を覆う三つの巨大プレートの配置関係から確かめてみます(図12－4)。北海道は、一年に約一〇センチの速さで北西方に沈み込む太平洋プレートの「沈み込みスラブ」の上に載っており、ちょうど北米プレートとユーラシアプレートの境界部に位置しています。そのプレート境界は、現在、日本海東縁(図12－4実線)にあると考えられます。しかし、約一三〇〇万年前(新生代中新世後期)に始まった日高山脈の上昇ステージには、この境界は北海道の中軸部(図12－4破線)に位置しており、ここで日高山脈は東側の北米プレートが西側のユーラシアプレートの上に押し被せられるように衝上《しょうじょう》してできたと考えられます。

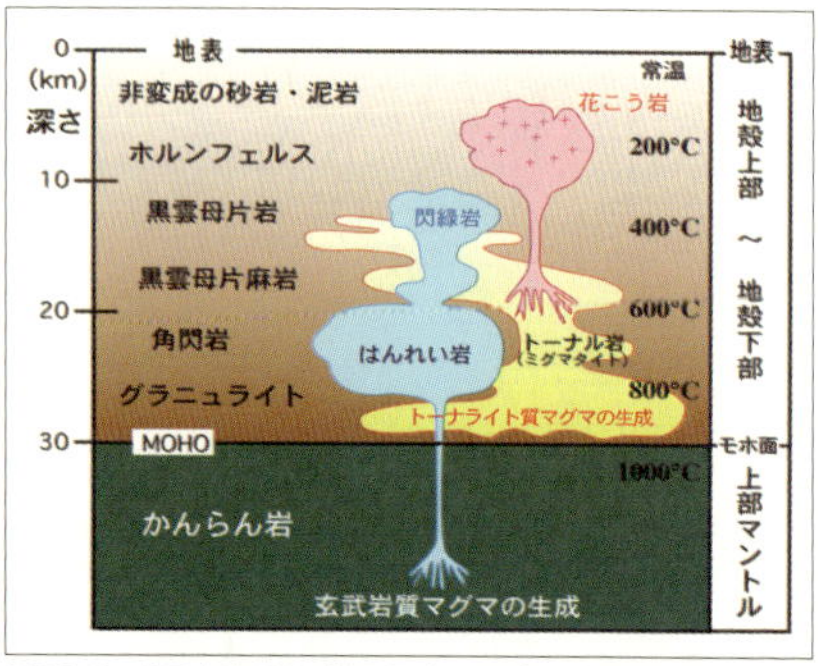

図12-2　「日高島弧」の地下深部の温度と空間的な配置関係を考慮して描いたモデル図

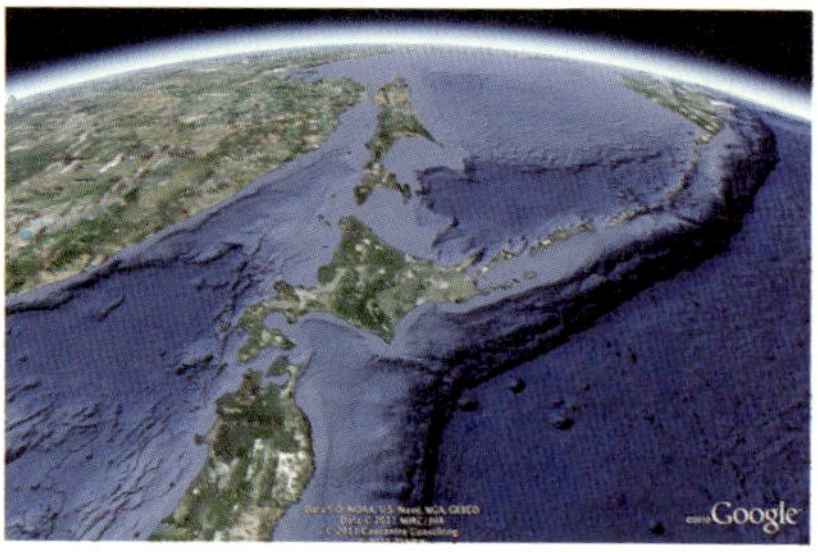

図12-3　北半球における北海道の位置関係

図12-4の実線に付記されている矢印を見てください。地球儀スケールで北海道の裏側を見てみると、そこにはジュラ紀末期から持続的に低速拡大を続ける大西洋があり、その拡大境界は北極周辺から北海道側で衝突境界に転換します。日高山脈が形成される前舞台のステージ(白亜紀)には、二つのプレートの間に海洋プレート(古太平洋)が広がっていました。これが、北海道周辺海域では、新生代初頭には消滅して二つのプレートが接合し、その後衝突境界に転じたのです。

地球変動帯でできた山脈

このような地球規模の変動帯としては、アルプス山脈からギリシャ～トルコ～イラン～オマーン～パキスタン～インダススーチャ～アンダマン～グレートスンダに続くテーチス海のオフィオライト帯が第一級の規模です。そこにはアフリカ大陸とユーラシア大陸の衝突帯でできたアルプス山脈や、インド大陸とアジア

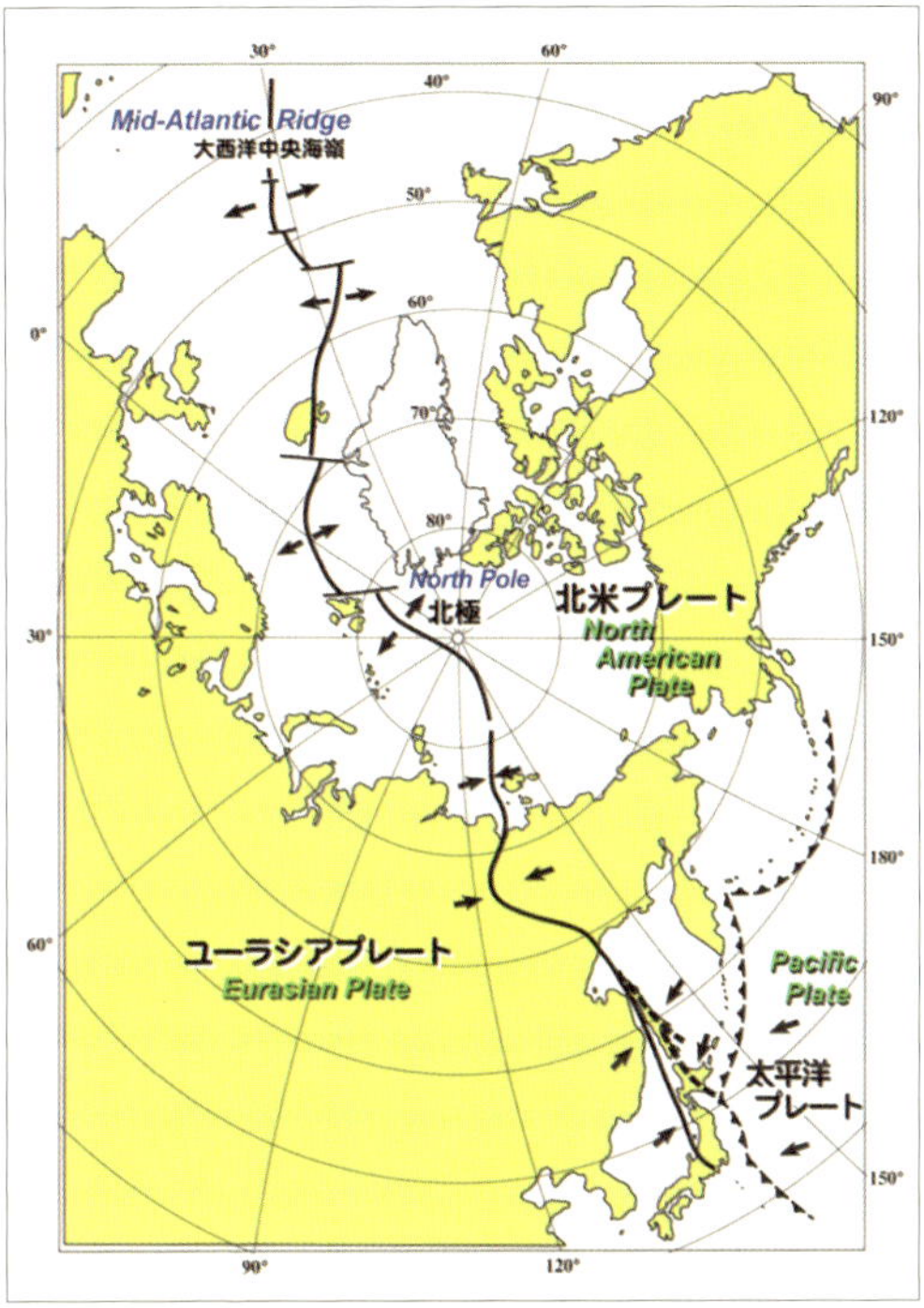

図12-4　北半球を覆う3つの巨大プレートの配置関係

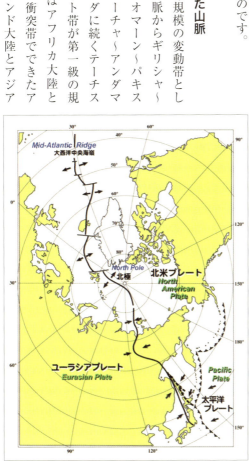

大陸の衝突帯でできたヒマラヤ山脈が形成されました。北海道の日高山脈も、北半球をほぼ縦割りにした地球変動帯でできた山脈であり、北アメリカプレートとユーラシアプレートの二つの巨大プレート境界で起こった地球規模の地質イベントとして、もう少し大きな声で魅力を伝える必要がありそうです。

（ジオラボ「アポイ岳」様似町アポイ岳地質研究所　新井田清信）

13 縄文人も愛した？ 日高の「ヒスイ」

日高山脈博物館の学芸員より

新潟県糸魚川だけではなかった？

ヒスイ（翡翠）といえば、透明感がある緑色のきれいな石、勾玉《まがたま》などの材料となった石、産地として有名な新潟県糸魚川《いといがわ》から運ばれてきた石……など、人によって様々なイメージがあると思います。そんなヒスイですが、実はヒスイは北海道の日高地方にもあったのです。では、日高で発見された「日高ヒスイ」（写真13－1）とはどんなものなのでしょう。

そもそもヒスイとは？　ヒスイは「硬玉《こうぎょく》」「軟玉《なんぎょく》」の二種類に分けられます。硬玉は、鉱物としては「ヒスイ輝石《きせき》」で、輝石の一種です。軟玉は、鉱物としては「ネフライト」という角閃石《かくせんせき》の一種で、硬玉に比べるとやや地味な緑色をしています。新潟県糸魚川地方のヒスイなど、宝石としてのヒスイは硬玉です。ただ、ヒスイ輝石は元来無色透明で、純粋なヒスイは、ヒスイ輝石の細かい結晶が緻密な構造(綾織り構造)をしているため白色に見えます。ヒスイは緑色のイメージがあると思いますが、それはヒスイ輝石とコスモクロア輝石やオンファス輝石などの緑色の鉱物とが緻密な構造をしているためです。他の色のヒスイも、不純物や他の鉱物が混在していますす。正確に言えば、ヒスイは、ヒスイ輝石を五〇パーセント以上含む「ヒスイ輝石岩」です。

写真13-1　日高ヒスイ原石(日高山脈博物館蔵)

「日高ヒスイ」の発見と採掘

「日高ヒスイ」発見の契機は、およそ五〇年前の一九六四年(昭和三九年)に、当時函館在住の久保内寛一氏が日高町の村上晃氏にヒスイの探索を依頼したことでした。そして二年後の一九六六年、久保内氏、村上氏、高野玲子氏の三人が、日高町千栄《ちさか》でついにヒスイのような石を発見しました。北海道大学の八木健三博士と、ちょうど来日していたアメリカのコールマン博士が観察し、ヒスイと認定しました。これは新聞でも写真入りで取り上げられ、「日高でヒスイが採れた」と一躍有名になります（写真13－2）。
発見された日高ヒスイは盛んに採掘され、装飾品用に加工するなどして昭和四〇～五〇年代に広く販売されました。しかし、日高ヒスイは、発見から三年ほどで採掘し尽くされたようで、そのブームは幕を閉じました。

ただ、その頃には日高ヒスイの研究がなされ、日高ヒスイは鉱物としてはクロムを一パーセント程度含んだ「クロム透輝石《とうきせき》」であることが判明しました。すなわち、日高ヒスイは厳密には硬玉でも軟玉

ヒスイ原石 日高山中で発見
指折りの良質品
八木北大教授ら鑑定 大量埋蔵の可能性も
原石の鑑定に当たった八木教授（左）とコールマン博士、手前の石は三百㌦の値打ちがあるという＝北大で

写真13-2　日高でのヒスイ発見を報じる当時の新聞記事（北海道新聞1966年9月24日夕刊）

でもありませんでした。ヒスイの定義に収まらない石なのです。

しかし、ヒスイのように織物状の構造をしていること、透明感や脂感のある緑の美しさがヒスイと遜色ないことを考慮し、番場猛夫博士（当時地質調査所）が、宝石学会誌に宝石としての論文を発表しました。こうして「日高ヒスイ」も国際的に宝石として認定され、「第三のヒスイ」として世界に誇れるようになりました。

「日高ヒスイ」の構造とその生成

ところで、装飾品用に円磨加工され世に広がった宝石としての日高ヒスイを観察すると、クロム透輝石以外にも、ウヴァロバイト（灰クロムざくろ石）や、ペクトライト、緑泥石《りょくでいせき》、透閃石などの角閃石類を観察できます。宝石としての日高ヒスイは、クロム透輝石《とうせんせき》を主体とし、種々の鉱物が緻密な構造を成すクロム透輝石岩と言えるでしょう（写真13－3）。

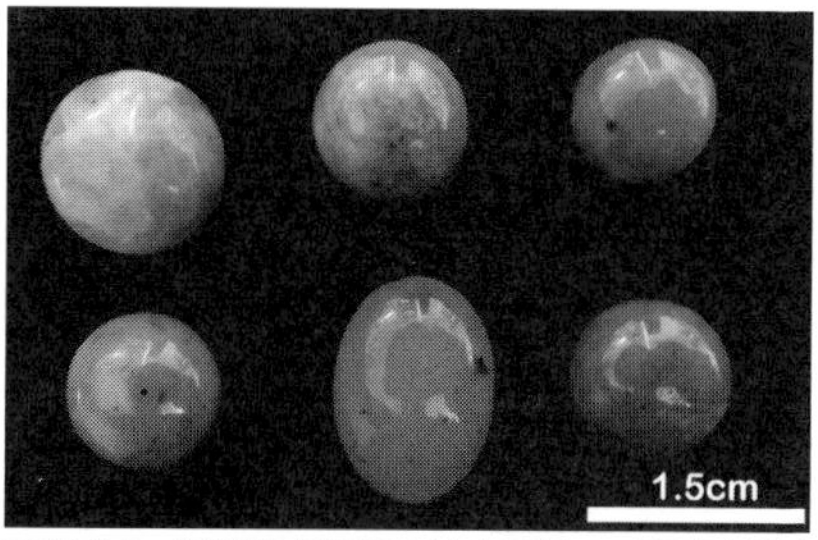

写真13-3　装飾用に円磨加工された日高ヒスイ（日高山脈博物館所蔵）。特に白色部はペクトライトやウォラストナイト、濃緑色スポット（鉱物）は、ウヴァロバイト、黒色スポットはクロムスピネル

日高ヒスイは、クロムスピネルという鉱物を含むロジン岩から発見されており、日高ヒスイの形成にロジン岩が大きな役割を果たしていることは明らかです。ロジン岩は、肉眼では堆積岩とも火成岩とも判断できないことの多い、真っ白な岩石ですが、よく蛇紋岩《じゃもんがん》を伴って産出しています（写真13－4）。どうやら、蛇紋岩がロジン岩形成、ひいては日高ヒス

イ形成に影響しているようです。蛇紋岩は、かんらん岩が地下深部で熱水などを受けて形成されます（蛇紋岩化作用）。かんらん岩には、かんらん石や斜方輝石《しゃほうきせき》、単斜輝石《たんしゃきせき》、クロムスピネルなどの鉱物が含まれていますが、蛇紋岩化作用を受けると、かんらん石や斜方輝石、単斜輝石は、蛇紋石やブルース石などに置換されます。クロムスピネルは蛇紋岩化作用を受けても比較的よく残っている鉱物です。

ロジン岩（写真13－4）は、化学組成的には、CaOやH_2Oに富み、SiO_2やアルカリに乏しい岩石です。かんらん岩が蛇紋岩化するときや、蛇紋岩に流体（熱水など）が作用する時などに、かんらん岩や蛇紋岩に含まれるCaが流体と関与するなどして放出されます。特にかんらん岩に含まれる鉱物のCaは、かんらん石に〇・一パーセントほど、斜方輝石に約〇・五パーセント、単斜輝石に約二〇パーセント含まれています。これらが蛇紋岩化作用によって置換される鉱物は、蛇紋石やブルース石など、Caをほとんど含むことができない鉱物が多くなります（注1）。そのため、かんらん岩や蛇紋岩に接する岩石へとCaが流体などに伴って移動し、その岩石中で透輝石、ハイドログロシュラー、ぶどう石やベスブ石、ペクトライトなどのCaを含む鉱物が生成され、元の鉱物を置換します。

この作用によってロジン岩が形成されます。Caを多く含む鉱物は、

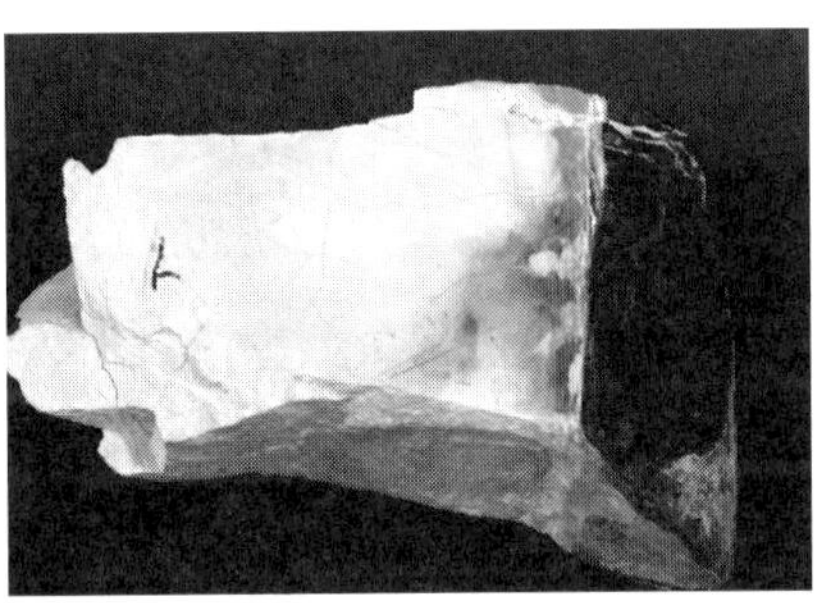

写真13-4　ロジン岩（日高山脈博物館所蔵）。右の黒色部は蛇紋岩の部分

肉眼で白っぽく見えるものが多いため、ロジン岩は白く見えます。ロジン岩については、もっぱら蛇紋岩に隣接する岩石として研究されています。日高では、隣接する岩石として、斑《はん》れい岩や蛇紋岩に貫入している微閃緑岩《びせんりょくがん》、結晶片岩、砂岩や泥岩、礫岩《れきがん》などもロジン岩化しています（注2）。

ところが、これらの岩石が起源のロジン岩には、クロムスピネルはほぼ含まれていません。クロムスピネルを含むロジン岩（写真13－5）、すなわち、日高ヒスイを含む岩石が形成されるには不適です。ロジン岩の近くにあって、クロムスピネルを多く含む岩石と言えば、蛇紋岩しかありません。日高ヒスイは、蛇紋岩起源のロジン岩に含まれているのです。このことは日高ヒスイにクロムが多く含まれていることにも整合しています。蛇紋岩のロジン岩化については、日高では近年研究が行なわれ、報告されています。

ところで、日高ヒスイは、番場博士によれば、蛇紋岩中でクロムを含む緑泥石が形成さ

写真13-5　変形構造を有し、日高ヒスイを含有する、ロジン岩化した蛇紋岩質のテクトナイト（日高山脈博物館所蔵）。鮮やかな黄緑色が日高ヒスイ、黒色スポットはクロムスピネルで、周囲にウヴァロバイトが生成している。白色部はロジン岩質部

写真13-6　日高ヒスイを含有しないロジン岩化した蛇紋岩質テクトナイト（日高山脈博物館所蔵）

れる段階を経て、それがクロム透輝石に置換される条件下で形成されます。日高山脈博物館所蔵の資料では、日高ヒスイが、変形を受けたロジン岩中の変形構造に沿って形成されているものがあります。二〇一二年に報告された、日高で発見されたロジン岩化した蛇紋岩のテクトナイト(写真13-6)は、三〇〇℃前後で形成されたと考えられます。これは、温度圧力条件や鉱物含有条件などで日高ヒスイ形成に至っておらず、番場博士の言うクロム緑泥石形成段階付近に変形が起こったことを示している可能性があります。このようなロジン岩は、日高ヒスイの生成を考える上での重要な試料となります。

縄文時代から愛されてきた？「日高ヒスイ」

近年では、考古学の分野においても、石器に用いられる石材の岩種や原産地特定の方法として岩石学的手法が広く用いられています。北海道各地の縄文遺跡からよく出土するロジン岩製の剥片《はくへん》石器は、クロムスピネルを含むものが多く、明らかに蛇紋岩

浦幌・平和遺跡

昭和40年代出土の石製装飾品

最古級軟玉ひすい

【浦幌】十勝管内浦幌町平和にある縄文時代早期（約七千年前）の平和遺跡で、昭和四十年代に出土した石製装飾品が、日高管内日高町産の国内最古級の軟玉ひすい製であることが、二十六日までに分かった。ひすい製品はこれまで、縄文前期後半（約五千年前）の山梨県大泉村・天神遺跡から出土した硬玉の大珠（たいしゅ）が最古のものとして知られているが、それ以前に、緑色を好んだ縄文人の美意識が道内で形成されていたことを示す例として注目される。

縄文早期「緑」信仰存在示す

石製装飾品は、縦五・八㌢、横一・七㌢の薄い短冊形。上部に穴が空いたペンダント状で、薄い緑色。昨年十二月にオープンした同町立博物館が、開館準備のため所蔵品を調査中に、ひすいではないかと気付き、京大原子炉実験所に成分分析を依頼。日高産の軟玉ひすいだと分かった。

ひすいは宝石としての価値が高い新潟県糸魚川市産などの硬玉ひすいと軟玉ひすいがあり、考古学上は厳密に区分される。同博物館の後藤秀彦学芸員は「浦幌のひすいは軟玉だが、緑色の石に対する信仰心の形成が、さらに古い時代にさかのぼることが明らかになった」と話している。

京大原子炉実験所によると、日高産ひすいは千歳市キウス4遺跡のほか、後志管内余市町大川遺跡などからも出土しているが、いずれも縄文時代中―晩期（五千―二千年前）のもので、平和遺跡より新しい。

およそ7000年前の日高産ひすいで作られたことが分かった短冊形の装飾品

硬軟の区別なかった

寺村光晴・和洋女子大＝千葉県市川市＝名誉教授（考古学）の話　縄文人が注目した色は、こはくの赤とひすいの透明感ある緑。初期の縄文人は硬玉と軟玉を区別していなかったと思われ、緑色に対する信仰心の存在を示す国内初の例と言うことができ興味深い。短冊形の石製装飾品は、旧石器時代から縄文前期にかけての遺跡で出土しており、七千年前に日高産ひすいで作られていてもおかしくない。

写真13-7　浦幌町平和遺跡で出土した「日高産軟玉ヒスイ」製の石斧型垂飾を報じる記事（北海道新聞2000年8月27日）

起源のロジン岩です。このようなクロムスピネルを含む蛇紋岩起源のロジン岩やそれに含有される日高ヒスイや軟玉のヒスイなどの産出例は珍しく、クロムスピネルを含むロジン岩でできた剥片石器の岩石はもちろん、蛇紋岩起源のロジン岩中に産する緑色の岩石――日高ヒスイや軟玉ヒスイ――も、日高近辺で採取されて各地に運ばれ、利用されていた可能性も十分に考えられます(写真13－7)。

当時の人たちも、同じ蛇紋岩起源のロジン岩中に産する「日高ヒスイ」と「日高産軟玉ヒスイ(日高産ヒスイ)」の違いを認識していたかどうかはわかりませんが、蛇紋岩起源のロジン岩や、それに産する日高ヒスイなどの日高近辺の特殊な岩石は、縄文時代から愛されてきたのかもしれませんね。

(日高山脈博物館　東豊土)

(注1)蛇紋石もわずかばかりCaを含みます。また、単斜輝石などは、蛇紋岩中でもCaを含む透閃石などに置換されることも多く、蛇紋岩中にも一定のCaは含まれています。
(注2)これらはロジン岩を観察した時にそれぞれの岩石の組織などが残っていることから判別します。化学分析では、起源の岩石(原岩)の化学組成をほとんど残しておらず、原岩の判別は難しいものが多いです。

14 むかわ町で道内初の恐竜化石発掘！

むかわ町立穂別博物館の学芸員より

全長約八メートルの恐竜化石

二〇一三年（平成二五年）秋、むかわ町穂別《ほべつ》で北海道で初めてとなる恐竜化石の現地での発掘調査が行なわれました。恐竜化石はこれまで北海道内で三個体が発見されていますが、すべてが転石として発見されているため、現地からの発掘は北海道では今回が初めてです。

化石が産出した地層は、中生代白亜紀後期、約七二〇〇万年前の函淵《はこぶち》層で、発掘された恐竜はハドロサウルス科（鳥盤目鳥脚亜目）、全長約八メートルと推定されています。今回の発掘では全身の三割程度となる尾椎《びつい》、後足の骨、胴椎《どうつい》、肋骨《ろっこつ》、歯などを回収しました。

調査のきっかけは、二〇〇三年（平成一五年）に穂別町内（当時）にて発見された脊椎《せきつい》動物化石が、穂別地区で初めての恐竜化石であることが小林快次北海道大学准教授の調査で判明したことによります（写真14-1）。残りの化石が埋没していることがわかったので、現地での発掘調査を行なうことになりました。

むかわ町と北海道大学による発掘調査

発掘調査は町内の道有林にて、むかわ町穂別博物館職員と、北海道大学・北海道大学総合博物館の小林快次准教授、学部生、院生、大学ボランティアなどにより、常時一〇人前後、のべ作業人数約二七〇人の体制で、二〇一三年九月二日〜一〇月五日までの間、実質二八日間行なわれました。

発掘は公用車などに分乗して、毎朝七時三〇分に穂別博物館を出発、作業を終えて一七時三〇分頃に戻ってきました。休みの日は毎週日曜日と雨天で作業のできない日です。発掘現場までの約二キロメートルの林道は、前半は私有地、後半は道有林で、幾重にも施錠されています。現場は斜面の中腹で、林道からの高さは十数メートルほどあり、そのためまずは斜面を削り、昇降路を作成しました。

埋没が確認された一点の化石を目印にして、現地における地層面の向き（走向・傾斜）から

写真14-1　2013年7月17日の報道会見。右が小林准教授

恐竜化石の埋没方向を推測します。地層面（当時の海底面）が九〇度以上傾いてしまっているため、作業はほぼ垂直の壁に向かって行なうこととなりました（写真14－2）。

発掘作業の進め方

最初に重機（バックホウ）を使って周囲の岩石を大まかに取り除いた後、電動ピック（削岩機）やスコップ、ハンマーとタガネ、デンタルピックやハケなどを使用して慎重に作業を進めていきます（写真14－3）。

化石は見つけ次第回収するのではなく、まずは分布状況を確認します。骨化石が見えたら、その形状がわかるように周囲の岩石を取り除きます。岩石の中から現れた化石は、アクリル樹脂（パラロイドB－72）や瞬間接着剤などで補強します。化石がノジュール（団塊）という石灰質の硬質な岩石に包まれている場合と、そうでない場合がありました。母岩中に直接に包含されている場合は、脆弱《ぜいじゃく》なために破

写真14-2　発掘現場。垂直の壁面に向かって作業をしている

写真14-3　デンタルピックや針による慎重な作業

損しないように慎重な作業が必要となります。調査では、恐竜化石と合わせて二枚貝、巻貝、アンモナイトなどが多数発見されました。それらは一点ずつ固有の番号が付され、リストに整理されました(写真14－4)。

一部の骨化石については現地で分離して回収しましたが、多くの場合は脆弱なために、周囲の岩石と共に回収しました。一定の大きさに切り揃えた麻布を水に溶いた石膏に浸し、骨化石や岩石に巻き付けて石膏ジャケットを作成しました(いわゆるギプスです)。麻布は

写真14-4　採集標本の整理

写真14-5　作成した石膏ジャケット

写真14-6　重機による石膏ジャケットの回収

二重から三重になるように重ね合わせました。写真の中央の白い塊が石膏ジャケットです（写真14－5）。石膏ジャケットは骨化石の境界や岩石の亀裂に沿って作成しました。そのため、大きさはそれぞれ異なり、大きなものでは一メートルを超えました。今回の調査では、全部で二〇個以上のジャケットを作成しました。

大きなジャケットは人力では動かせないため、重機で吊り上げてトラックへ積み込みました（写真14－6）。こうして回収された石膏ジャケットは博物館収蔵庫に運び込まれました。今後はジャケットを取り外して、岩石の中から骨化石を取り出す「化石クリーニング」と呼ばれる作業を行ないます。骨の形が明らかになることで、その後の研究や展示につながります。

（むかわ町立穂別博物館　櫻井和彦）

15 なぜアンモナイトは世界中から産出するのか？

北海道博物館の学芸員より

アンモナイトは日本人に身近な生物？

「アンモナイト」という言葉はだれもが耳にしたことがあるでしょう。学校の教科書にはかならずと言ってよいほど写真が掲載されている古生物（化石）の一つです。一万種を超える多様な形態とその美しさは科学者のみならず世界中の化石愛好家たちを魅了してきました（写真15－1）。

彼らは、約四億年前の古生代デボン紀から六六〇〇万年前の白亜紀末頃まで世界中の海洋で大繁栄した、イカやタコと同じ「頭足類《とうそく》」と呼ばれる一群に属します。意外にも日本人には身近な生物の仲間なのです。

では、そもそもなぜアンモナイトの化石は世界中でたくさん産出するのでしょう？　その謎を解くカギは、アンモナイトが生きていた当時と死んでから化石になるまでの過程にあります。

アンモナイトの生態

アンモナイトが生きていた当時から考えてみましょう。いきなりつまらない答えかもしれませんが、アンモナイトが世界中の、しかも海の中で生活する生物だったことが化石になる確率を確実に高めたと考えられます。地層は水の中で砂や泥などが降り積もって形成されるため、海や川の中で生きている生物が地層の中に埋まりやすく、化石になりやすいのです。さらに、地球の七割は海であると言われるように、地球上には海の底でできた地層が圧倒的に多く分布しているため、必然的に海の生物の化石が一番見つかりやすいのです。ちなみに、恐竜など陸上に生きていた生物の化石の発見が少ないのは、死んでも地層の中に埋まりにくいことが一因です。

もう一つ、アンモナイトの生態も深く関わっていたと考えられます。アンモナイトは卵からふ化した直後の殻の大きさを推定するこ

写真15-1　左の標本のように殻が平面らせん状に巻かれたものを正常巻アンモナイトと言います。一方、右の標本のように、一見するとうまく表現できない巻き方をする種類も存在します。このような平面らせん状に巻かないものを異常巻アンモナイトと言います。異常という言葉が使用されていますが、病的な奇形ではなくれっきとしたアンモナイトの種類です

とができ、その直径は一ミリメートル程度、大きくても数ミリメートル程度であったと推定され、そこから徐々に殻を継ぎ足して成長(付加成長)します(図15-1)。

そして、アンモナイトの密度はふ化直後からしばらくは海水の密度よりも低かったことが推定されています。これは、ふ化直後は海に浮かぶ浮遊性の生態であったことを意味します。この浮遊期間中に、ぷかぷかと浮かびながら海の流れにまかせて世界中へ広がったと考えられます。

また、アンモナイトの軟体部には、他の頭足類と同じように漏斗《ろうと》と呼ばれる、吸い込んだ海水をジェット噴射する器官があったと考えられるため、ある程度の移動能力があったことも生息場を広げる一因だったでしょう(図15-2)。

死んでから化石になるまで

次に、アンモナイトが死んでから化石になるまでの過程を考えてみましょう。生物の軟体部は死後、通常はバクテリアによって分解されてしまいます。そのため、骨や殻などの固い物

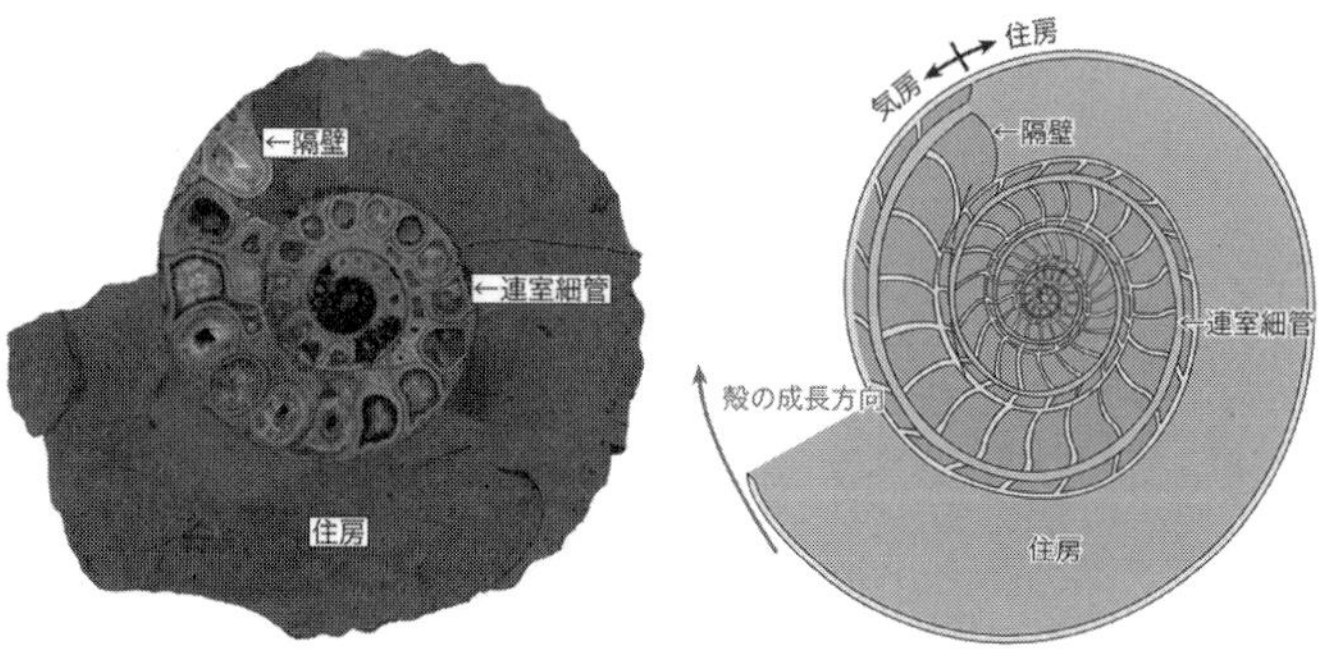

アンモナイトの殻内部は、気房と住房に分かれる。気房部は隔壁によって仕切られ、多くの部屋が存在する。その部屋にはガスが充填され、浮力があったと考えられる、住房部には軟体部があったと考えられる。

図15-1　アンモナイトの断面図(左)と模式図(右)

質のみが残るため、それらを持たない生物は化石として残りにくいのです。例えば、似たような生物でも、殻を持たないナメクジは化石になりにくいのですが、殻を持つカタツムリは化石になりやすいと言えます（実際には、どちらも陸上に住んでいる生物なのでそもそも化石にはなりにくいのですが）。当然、アンモナイトは殻を持つ生物であるため化石になりやすいのです。

また、アンモナイトの殻内部の構造は、図15-1にあるようにたくさんの壁（隔壁）によって仕切られ、その壁を貫くように管（連室細管）が通っています。この構造は現生オウムガイの殻構造とよく似ているため、壁と壁の間の空間（気室）にはガスが充填され浮力があったと考えられます。そのため一見すると軟体部がなくなれば殻は海面へ上昇しそうです。ところが、現生オウムガイの実験では、実際には軟体部がなくなると殻の気室内部に連室細管を通じて海水が入り始めるため、ある程度浸水すると殻は海底へ沈んでしまうことがわかっています。そして、海水の水圧と殻の気室内部の気圧との差が大きいほど海水が多く入り込むため、ある水深（浮上限界深度）よりも深いと、殻は海面へ上昇することなく海底へ沈むと考えられます（図15-3）。

実際に北海道から産出するアンモナイトの標本を観察してみると、そのほとんどは長期間浮遊すると付着するはずの生物の

図15-2　アンモナイトの生態復元図
（Westermann, 1996を改作）

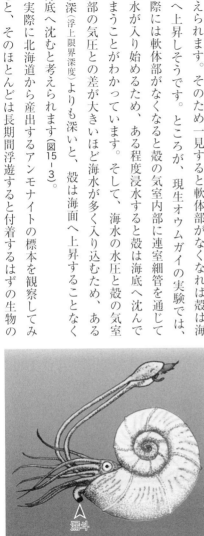

痕跡（カキなど）がないことから、多くは死後、殻はすぐに海底へ沈んだと考えられます。このことから多くのアンモナイトは、海底付近を遊泳する底生遊泳性の生態であった可能性が高く、また化学分析の研究結果からもこの考察は支持されています。

このように、ほんの一例を紹介しただけですが、アンモナイトの化石が世界中でたくさん産出するのには、彼らの生息場、生態、そして形態的特徴のすべてが深く関わっていたと考えられます。

化石の楽しみ方というと、「宝さがし」のように化石を探す行為自体が楽しいのだとされているようですが、化石には、その生物が生きていた当時から死んで化石になるまでの長編ドラマのような生成過程が隠されています。それを一つ一つ読み解いていくことも、化石の楽しみ方の一つです。

北海道は世界有数の産地

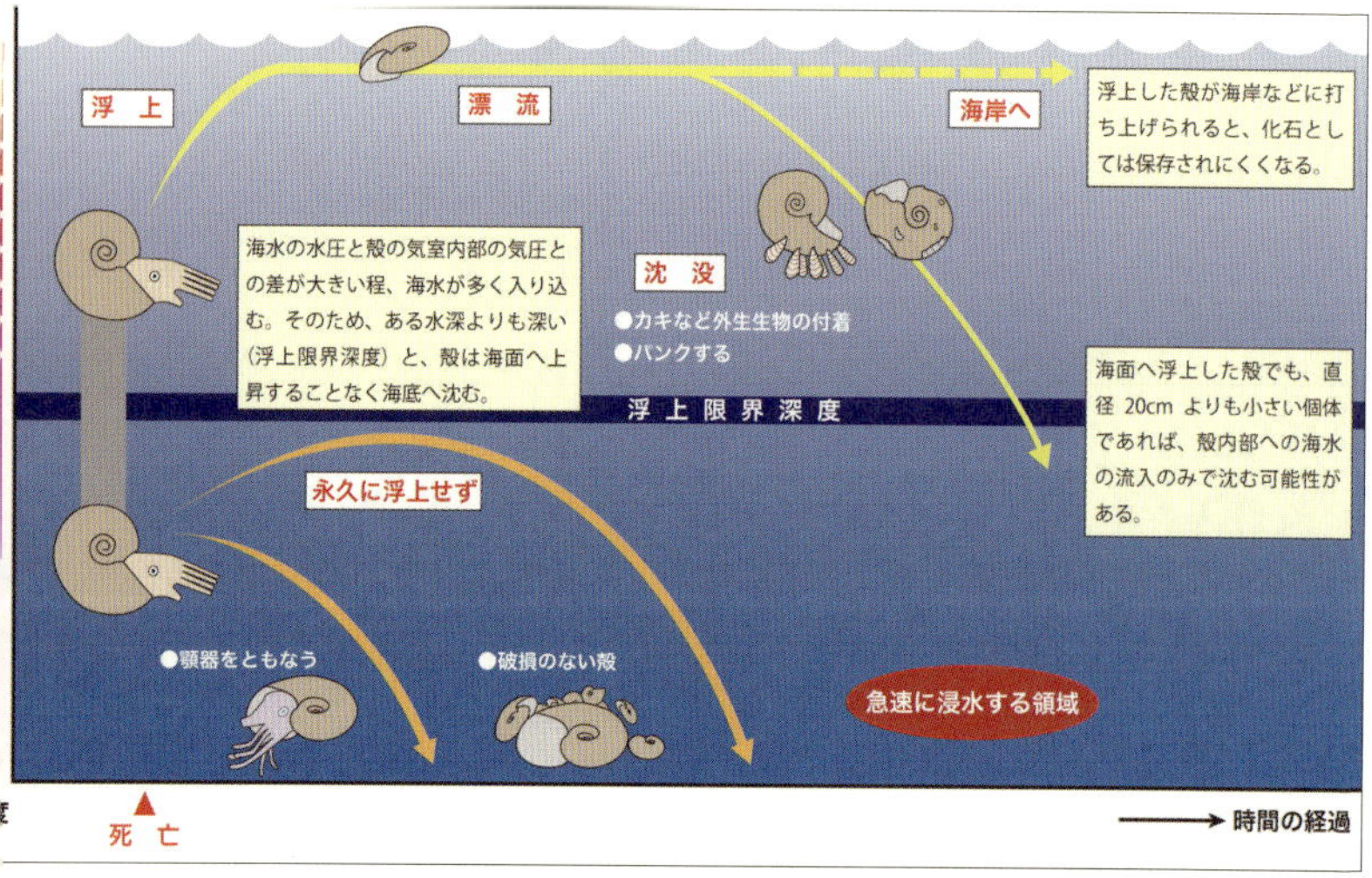

図15-3　アンモナイトの死後、殻が海底に沈むまでの過程（Maeda and Seilacher, 1996を改作）

さて、日本でもアンモナイトの化石は産出するのでしょうか？　もちろん日本の様々なところで産出しています。なかでも北海道は、世界的に見ても有数のアンモナイトの一大化石産地です。北海道の中央部には、蝦夷層群と呼ばれる約一億年前の白亜紀の海の底でできた地層が分布しています。この地層からは当時の海に生きていた生物たちの化石が豊富に産出し、その中にアンモナイトも含まれています。

北海道のアンモナイトは世界的に見ても保存状態がよく、三次元的に殻が保存されています。これは、アンモナイトの殻のまわりが石灰質ノジュールと呼ばれる硬い岩石に覆われているためで、この岩石が堆積物の重みによる殻の破壊を防いだと考えられます(写真15－2)。

石灰質ノジュールは、有機物(例えば、アンモナイトの軟体部)がバクテリアによって分解される過程で、周囲がアルカリ性になり、海水中に溶けていたカルシウム分が沈殿し固まって形成されたと考えられます(図15－4)。北海道のアンモナイトは、先ほど述べたアンモナイトという生物自体が化石になりやすい要素を持っていたことに加えて、石灰質ノジュールに覆われるという幸運にも恵まれたのです。

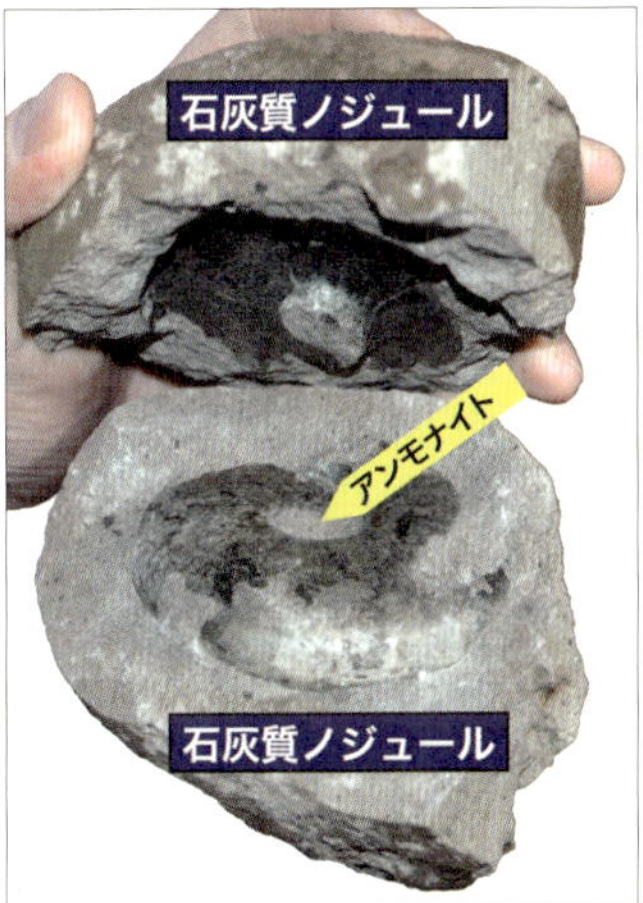

写真15-2　石灰質ノジュール中から産出する北海道のアンモナイト
(三笠市立博物館解説パネルより)

学術上の貴重な発見も

北海道のアンモナイト研究は、保存状態のよい化石が産出するおかげもあって非常に進んでおり、今も新しい発見があります。また、多くの愛好家たちが毎年アンモナイトを求めて来道し、学術上、貴重な標本を発見することも珍しくありません。学者だけが貴重な発見をするわけではなく、すべての人に(同じ確率という意味で)平等に化石は発見されるのです。これは、化石研究には「偶然の発見」という要素が

写真15-3　北海道から産出するアンモナイト(三笠市立博物館展示室)

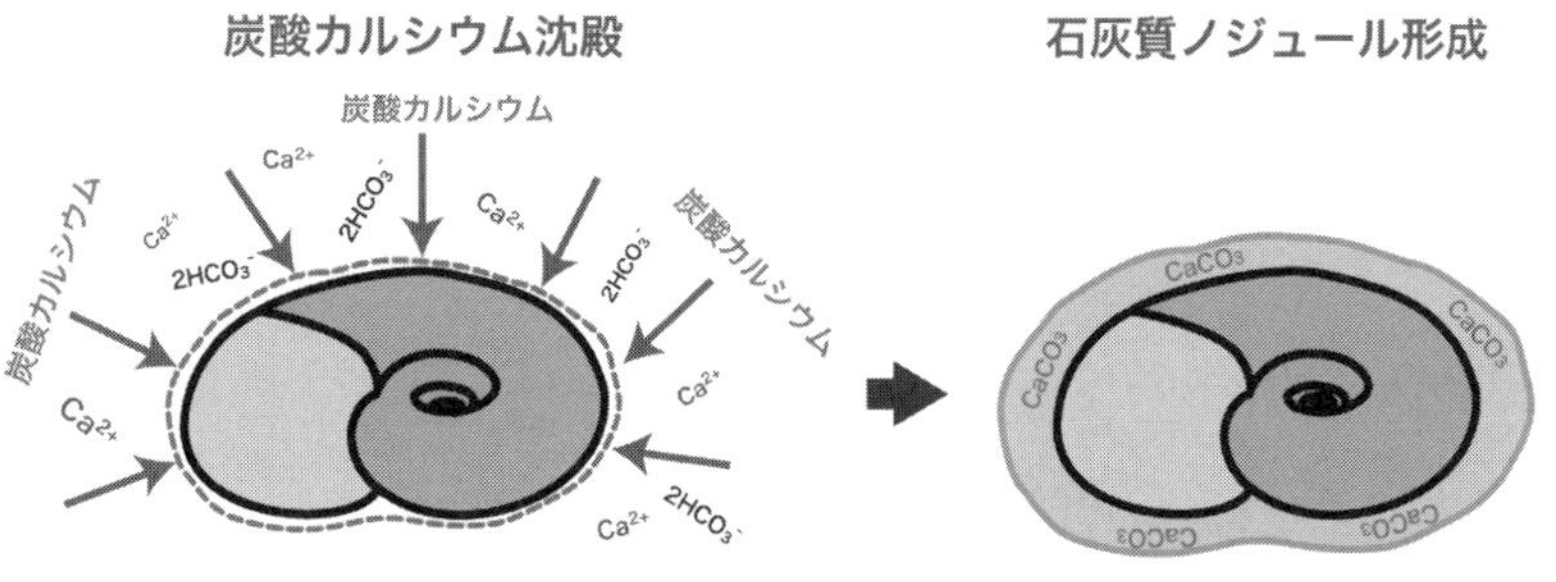

アルカリ性の環境では、重炭酸イオンと海水中に溶けているカルシウムイオンが結合しやすく、この反応によって、炭酸カルシウムがアンモナイトの周囲に沈殿する。

バクテリアが分解を続けている間、炭酸カルシウムの沈殿が続き、アンモナイトを中心に、炭酸カルシウムの層が厚くなってノジュールが形成される。

図15-4　ノジュールが形成されるまでの過程

深く関わることを意味します。これが化石研究の魅力の一つであるとも言え、多くの愛好家が存在する理由でもあると思います。これから先もまだまだ北海道のアンモナイトは多くの人々を魅了し続けるでしょう(写真15－3)。

(北海道博物館　栗原憲一)

軟体部の分解

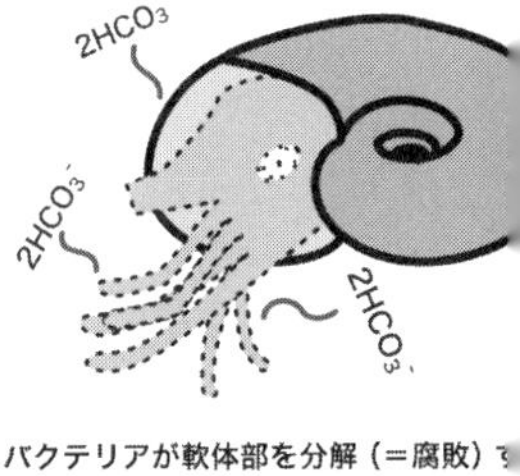

バクテリアが軟体部を分解（＝腐敗）
分解した時に重炭酸イオンが生成され
時にバクテリアの排泄物により、アン
イト周囲がアルカリ性環境へ。

第3章

天空に広がる星と月

16 礼文島の「金環日食」観測隊

礼文町教育委員会の学芸員より

日本最北の島で

太平洋戦争終結後間もない一九四八年(昭和二三年)、最北の島「礼文島《れぶんとう》」の名が世界へ発信された出来事がありました。それは、日米の科学者による金環日食観測の舞台に礼文島が選ばれたことによります。この観測は、戦後の苦しい時代に明るい話題を提供すると共に、準備から観測まで一貫して携わってきた日本側関係者にとっても記憶に残る貴重な観測でした。一九五四年(昭和二九年)、香深村《かふか》ではその偉業を後世に伝えるべく、観測の中心地となった起登臼《きとうす》地区に記念碑を建てました(**写真16－1**)。

世界を沸かせた起登臼での観測

礼文島は、北海道の最北部、日本最北端の宗谷岬《そうや》がある稚内市から西方約六〇キロメートルの日本海上に位置しており、水産業と観光業を基幹産業とする人口約二九〇〇人の日本最北の離島です。島の東南にある利尻島《りしりとう》および稚内市から豊富町《とよとみ》に広がるサロベツ湿原と合わせ、日本最北の国立公園である「利尻・礼文・サロベツ国立公園」の一角を占めています。

『礼文町史』には、一九四八年（昭和二三年）五月九日、礼文島の東海岸中部の起登臼地区を中心に、同じく中部の香深井《かふかい》地区および島の玄関口である香深地区で実施された観測隊の陣容、観測目的等は次のようにまとめられています。

○米国地理学協会オキーフ班——特殊カメラによる日食撮影
○東京天文台虎尾班——観測地点の経緯度測定
○東京天文台大沢班——太陽面の光度分布の測定
○東京天文台下保班——部分食の撮影
○水沢緯度観測所須川班——金環食過程の撮影
○運輸省水路部鈴木班——中心線と南北限界の決定
○東北大天文学教室松隅班——接触時刻の測定

写真16-1　旧記念碑

○東北大地球物理学教室中村班――太陽輻射の強度測定
○京大宇宙物理学教室上田班――中心線の決定
○中央気象台柿岡地磁気観測所平山班――地磁気地電流空中電気の測定
○高層気象台山崎班――上層大気の変化の研究
○中央気象台神山班――衛星気象の研究
○中央気象台三宅班――紫外線の測定
○中央気象台太田班――大気凝結の研究

また、『礼文島日食と測地天文学』によると、観測の指揮を執ったのは萩原雄祐東京天文台長、技術総括には米国地理学協会オキーフ博士、日食中心線の座標計算による観測地点の選定は、東京天文台広瀬秀雄博士が行なったとされています。

一九五六年(昭和三一年)に礼文村として合併するまで、島内には香深村と船泊《ふなどまり》村の二村がありました。観測隊の来島にあたっては、当時の香深村長・野村太市が先頭に立って観光協会を組織して支援にあたりました。

写真が語る観測風景

モノクロ写真三枚(写真16－2・3・4)は観測隊の準備風景を写したものです。写真16－2には軍服を着たアメリカ兵数名が写っています。ＧＨＱ所属の兵だと思われますが、『昭和二三年礼文島日蝕観測』によれば、ＧＨＱは観測隊移動のため、東京から稚内まで直通の寝台特別列車を用意したほか、島内の移動に際して日本人が乗ることができない特別な船を用意したということです。写真16－3は、浜辺の観測小屋で観測隊員が準備するかたわら、香深村関係者が道路の補修を行なっているところです。観測当日は午前中に雨が降ったため、道路に水たまりができ、それを土で埋めています。また、山側には報道関係者と思われる人々が機材と共に陣取っている様子もわかります。

写真16－4は日食観測中の写真です。観測隊員が望遠鏡手前で持つ板状のシートに日食が

写真16-2　GHQ所属アメリカ兵

写真16-3　道路補修と取材関係者

写真16-4　日食の瞬間

写り込んでいるのが確認できます。

写真16－5は日食を見る地元住民たちです。子どもから大人まで、手にシートを持って片目にかざして空を見上げています。また、観測期間中、子どもたちは単に観察をしていただけでなく、写真16－6に見られるように、観測機器の使用体験などもしています。

旧記念碑は、当初は山側に建てられたため、後に治山工事の障害となる不運に見舞われ、二〇〇三年(平成一五年)、香深地区の厳島《いつくしま》神社境内に移設されました。日食の様子をイメージして作られた新たな記念碑は、旧記念碑が建てられた向かい側の海辺に、雄大な利尻富士を背景に建てられています(写真16－7)。

（礼文町教育委員会 藤澤隆史）

写真16-5　日食を見る地元住民

写真16-6　観測機器使用体験の様子

写真16-7　新記念碑

17 光害のない星空を！

市立小樽美術館の学芸員より

どこでも見られる星空だけど……

博物館や学芸員は、町や地域へのこだわりを持って活動しています。例えば、その町ならではの歴史資料を収集したり、その土地の動植物の実態調査をします。ところが星空ということになると、とりあえず日本であれば、基本的にどこで見ても同じ星空ということになります（写真17－1）。逆に考えれば、晴れてさえいれば、日本中で多くの人々が同時に同じ天体を見上げるというちょっとロマンチックなこともあります。じっさい、「中秋の名月」の頃には、きっと多くの人が空を見上げ、日本中でお月見を楽しんでいることと思います。

私たちはいつも北海道から星をながめているわけですが、たまに南の土地へ行くと、夏であれば「さそり座」が高いところに見えたり、冬であれば北海道では見ることができない「カノープス」を見ることができたりします。そして、南の土地で星空を見たときになんとも違和感があるのは「北極星」の高度ではないでしょうか。北海道に住む私たちからすると、北極星がやけに低いところで輝いているように感じるのです。まさに日本列島が南北に長いことを実感する時でもあります（写真17-2）。

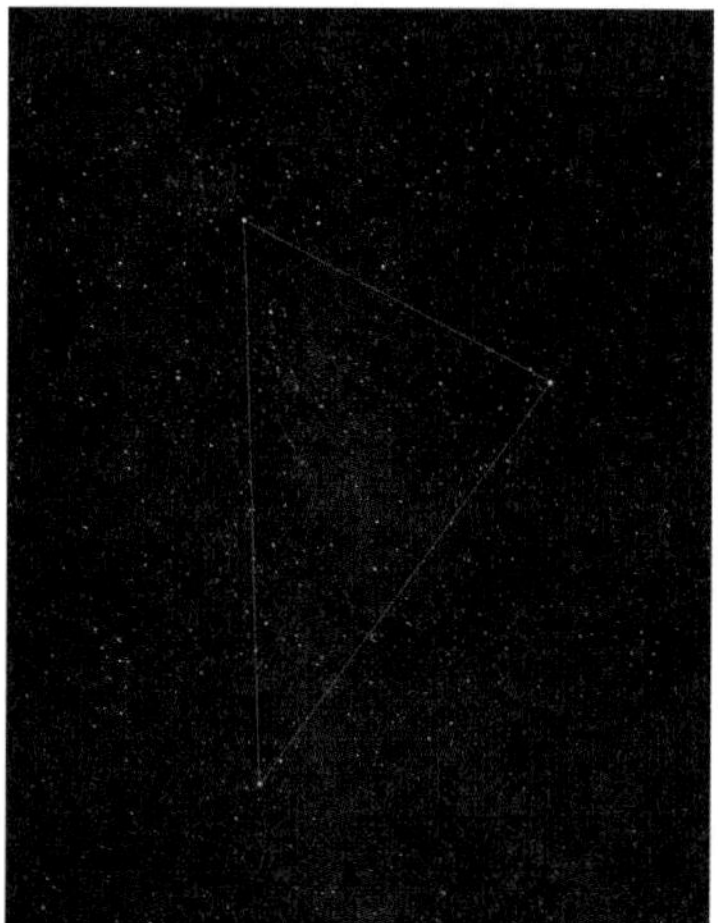

写真17-1　夏の大三角と天の川（撮影・西村裕司氏）

そこでしか見られない天文現象

その地域でしか見られない天文現象ということになると、「掩蔽《えんぺい》」や「食《しょく》」といった現象があります。「掩蔽」は、ある天体の前を他の天体が通過するために隠される現象で、「食」は、ある天体が別の天体の影に入る現象です。どちらも見られる場所が限られます。最近では、全国的に話題になった二〇一二年五月二一日の「金環日食」が記憶に新しいでしょう（写真17-3）。ただしその時、残念ながら北海道では日食は見られましたが、金環日食は見られませんでした。

日食は毎年のように地球上のどこかで見られる現象ですが、金環日食は見られる地域がとても限られてしまうことから、見るチャンスが少ない天文現象なのです。次回、日本で見られる「金環日食」は、二〇三〇年六月一日で、見られる場所はなんと北海道です。

また、北の大地・北海道だからこそ見られる確率の高い、太陽に関わる自然現象があります。オーロラです。ただし、一般的にイメージされる光のカーテンという感じではなく、夕焼けや朝焼けのような感じで赤く見える「低緯度オーロラ」と呼ばれているものです。オーロラは太陽表面での大爆発「フレアー」などの影響により、極地などで見られる大気の

写真17-2 北極星近辺の日周運動（撮影・西村裕司氏）

写真17-3 金環日食（撮影・西村裕司氏、2012年5月21日、横浜市）

写真17-4 低緯度オーロラ（撮影・佐野康男氏）

発光現象ですが、日本でも結構観測されているのです（写真17－4）。

もっと気軽に天体観測を

さて、天文学と言えば、とても奥深く難解な科学ではありますが、私たちがただ星をながめ宇宙の中に身をゆだねるのには理屈などいりません。天体観測には望遠鏡が不可欠と考えがちですが、星空を楽しむには倍率が一〇倍以下の双眼鏡がお勧めです。

本州が梅雨空で星が見られない五月から六月、北海道では晴れることが多く、星空を楽しむにはよい時期です。また、九月・一〇月と秋が深まるにつれて、晴れた日の夜はかなり冷え込みますので、厚着をして風邪を引かないようにして星見を楽しんでほしいものです。真冬ともなれば、北海道では星をながめること自体が命がけとなるかもしれません。しかし、吹雪の合間の「冬の星座」などはまた格別な美しさがあります（写真17－5）。この北海道のきれいな星空をいつまでも残していきたいものです。

写真17-5　オリオン大星雲（撮影・西村裕司氏）

きれいな星空を守るために

きれいな星空を守るためには、まず空気を汚さないことが一番ですが、工場などからのばい煙や車の排気ガスなどは――地球温暖化対策の関係もあって――厳しく規制され、それなりの効果が出ているものと思います。

しかし、星空をながめるということで気になるのは、なんと言っても「光害《こうがい》」です。暗い空ではきれいに見える星たちも、明るい空ではその輝きが目立たなくなってしまいます（写真17-6）。夜道を照らす街灯は、危険防止や防犯の意味からも必要でしょうし、店舗の照明も商売の面から必要なものでしょうが、照明が無駄に空を照らさない工夫をすることも必要ではないでしょうか。

写真17-6　小樽市毛無山《けなしやま》から撮影した北斗七星と夜景（撮影・西村裕司氏）

東日本大震災後、電気をはじめとしてエネルギーを無駄に消費しない「省エネ」への関心が高まっています。エコカーやLED照明の普及は、その表れの一つでしょう。エネルギーの無駄遣いを避けるためにも、空を明るく照らす必要はありません。無駄な照明を省くことで、きれいな星空を子々孫々まで残していくことは、私たちの責務なのだと思います。

（市立小樽美術館　旭司益）

第4章 ワイズユース・自然と人間の関わり

18 漁業とトッカリ
人間とゼニガタアザラシの付き合い方

えりも町郷土資料館の学芸員より

トッカリの皮を売って勉強した

「トッカリも、カラスも、キツネも一緒。みんなその辺にいる動物。別に珍しい動物でもない」

「おれたちの世代は、トッカリに育てられた」

「肉は食ったし、脂は煮出して使った」

「トッカリも生きていくために魚食うべ」

「トッカリ鍋もうまいぞ、血抜きして、みそ味でな〜」

「中学校の頃、学校帰りに道歩いていると磯にトッカリがいた。なんとか捕まえて、皮を売ったカネで辞書買って勉強した」

えりも町にはこんな経験をしてきた人々がいます。三〇年以上前から聞きためてきた話です。その当時から、サケ定置網では、ゼニガタアザラシによるサケへの食害があり、漁業者は困っていました。襟裳《えりも》岬に定住するアザラシはゼニガタアザラシ（以下「ゼニガタ」）（写真18－1）、地元漁師は「トッカリ」と呼びます。ゼニガタもゴマフアザラシもトッカリで通じます。

サケを食べるゼニガタアザラシ

一九八〇年代初め、襟裳岬に生息するゼニガタは約一五〇頭にも満たず、北海道全体でも三五〇頭ほどしか確認されていませんでした。現在、襟裳岬には一〇〇〇頭が生息していると推定されています。この三〇年間で生息数は増加しましたが、上陸する岩礁《がんしょう》帯（地域）の数は、調査が進んでもわずか八カ所しかありません。ゼニガタはゴマフアザラシよりも、岩礁に頼って暮らしているのです。食べる魚は主にカジカ、カレイ、ギンポなど、岩の間や底に暮らしている魚、そしてタコが大好きです。

襟裳岬周辺や厚岸《あっけし》地域では、生息数が増加し、漁業との軋轢《あつれき》が生じています。特に近年、漁獲数が減っている秋サケ定置網における食害が問題になっているのです。また、商品価値が高い春のトキシラズ（ロシアの

写真18-1　襟裳岬のゼニガタアザラシ

河川に産卵遡上する三年魚のサケ）にも食害が出ています。

漁業者もサケが豊漁であれば、不満があるにしろ我慢ができるのですが、サケ来遊数の減少とゼニガタの増加が重複し、被害が著しく目立ってきました（写真18－2）。

そのため環境省は、漁業被害を低減させるためにゼニガタの調査に取り組んでいます。その生態を知ることで漁業被害に役立てようとしているのです。じっさい、調査によって、今まで知られていなかったゼニガタの生態もわかってきています。しかし漁業者は悠長には待っていられません。ゼニガタによる食害だけが定置網経営の悪化原因ではないでしょうが、経営の大きな負担になっているのが現状です。

写真18-2　1970年代のアザラシハンター（襟裳岬・大泰司紀之氏撮影）

漁業とゼニガタの関係、すなわち人間と野生動物の関係はどうあるべきなのでしょうか。陸ではエゾシカが増え、以前から農林業への被害が問題となっています。その対策も実施されていますが、なかなかエゾシカは減りません。自然環境への影響も深刻化していますが、被害算出もままならないのが現状です。金銭だけでは測りきれない問題なのですが、私たちの暮らしが自然環境によって保たれているという認識は残念ながらまだまだ低く、環境保全へのシフトは進みません。

トッカリとどう付き合っていくか

アザラシも生態系の一員、高次捕食者としての役割があるに違いないのですが、具体的には解明されていません。ゼニガタの場合は、沿岸生態系や沿岸資源への影響、関連性を多面的に評価していく時代になっています(写真18-3)。

かつて、トッカリを「地域に暮らすもの」と人びとがとらえていた時代がありました。トッカリの肉を食い、脂を使い、皮を使っていた時代があったのです。時代は移り変わり、肉や皮などを利用する目的で捕獲する必要がなくなった今、ヒトがアザラシと付き合うには、観光に利用するか、駆除するか、ということになってきています。暮らし(衣食住)にゼニガタが必要なくなった今だからこそ、冒頭に紹介した漁業者の言葉に共感できる感性を持った次世代の人を育んでいく必要もありそうです。

ゼニガタは、環境省によって希少種(絶滅危惧種Ⅱ類)に指定され、保護されていましたが、生息数が増え、絶滅する危険性が低くなったことから二〇一五年九月に準絶滅危惧種にランクが下がりました。ゼニガタの生息数が減少すれば、食害も減るでしょうが、ゼニガタが生息す

写真18-3　漁業者からアザラシの被害について説明を聞くエコツアー参加者

る限り、被害がゼロになることはありません。ゼニガタ対漁業という視点だけでは問題は解決されないのです。漁業被害についても地域全体で問題意識を共有化し、課題の解決を探っていくしか手はなさそうです。そしてゼニガタを地域特有の財産としてもとらえ、その活かし方についても地域で考えていかなくてはならない時代になってきています（写真18－4）。

ゼニガタとの付き合い方は変わっても、冒頭紹介したような身近な生き物としてゼニガタをあつかう自然観・価値観は大切に残していきたいと思います。

（えりも町郷土資料館 中岡利泰）

写真18-4　行動調査の発信器を装着された親離れ後のゼニガタアザラシの「パップ」（当歳児）

19 天災か人災か？ 開発によって引き起こされる災害

新冠町郷土資料館の学芸員より

河川災害にみまわれた新冠町

二〇一一年（平成二三年）三月一一日の東日本大震災は、一見平和に見えた日本の光景を一変させました。日本観測史上最大のマグニチュード九の大地震は大津波をもたらし、死者・行方不明者は一万八〇〇〇人を超えました。あわせて、福島第一原子力発電所ではメルトダウンが発生、原発の在り方が多方面で議論されるに至りました。海に囲まれ、常に地震や台風の影響が懸念される日本にとって、まさに「忘れられない、忘れてはならない」大災害となりました。

北海道日高管内新冠《にいかっぷ》町は、昔から地震がとても多いところで、なおかつ台風の時期には河川氾濫の危険性がつきまとう地域です。私は新冠町に住んで二〇年近くになりますが、震度五以上の大きな地震がたびたびあり、台風の影響による河川氾濫も目の当たりにしてきました。

私自身が体験した災害で忘れられないのは、二〇〇三年（平成一五年）の災害です（写真19－1）。この年は埋蔵文化財の発掘調査を行なっていた時で、ちょうど調査の真っ最中だった八月に台風が襲来しました。たたきつけるような雨が断続的に降り、夜半ごろには川の水が許容量を超えました。町職員でもある私は、役場から連絡が入り、班体制を組んで河川の土嚢《どのう》積みに現場へ向かいました。地元の消防団が先立って土嚢積みを行なっていたのでそれに加わった時です。ふと川に目を向けると、暗闇の中で今まで見たこともないような濁流がものすごい勢いで流れています。そのとたん血の気が引き、動かす手足は自分のものでないような感覚にとらわれました。「だめだー！　流されるぞー！　引き上げろー！」。その声にすぐに車に飛び乗って逃げましたが、すでに道路は冠水し、車が半分水に浸かっていました。その状態で車を走らせ、無事に避難することができましたが、町ではこの災害により四名もの尊い命が奪われました。浸水家屋、農業、水産、土木被害も甚大だったのです。

そのわずか約二カ月後、今度は十勝沖地震が発生しました。震度六弱を記録し、電柱

写真19-1　2003年新冠水害で倒壊した鉄橋と新冠川の濁流

が多数倒壊するなどの被害があった他、北海道の特別天然記念物に指定されている「新冠泥火山《でいかざん》」に噴泥《ふんでい》や地割れの現象が見られました（写真19－2・3）。津波の影響を懸念して、沿岸地域はすぐさま避難勧告が発令されましたが、この時は大きな津波の到達もなく、犠牲者が出なかったのは幸いでした。たて続けに起こった大きな自然災害の教訓から、新冠町では河川の堤防強化や防災体制が見直されることとなりましたが、多くの新冠町民は、町と災害は切っても切れない関係があることを思い知らされたのです。

昭和三〇年の大水害

町史をはじめとする新冠に関する様々な文献には「未曾有の大災害」という言葉が記されていることに気付きます。「昭和三〇年の大水害」のことです。古くから新冠に住む人は災害と言えば、まず真っ先にこの時の大水害のことを思い出すと言います。学芸員という職業柄、町民から昔の話をうかがう機会が多いのですが、「水害の年が昭和三〇年だから……云々」というように、年数を換算する時

写真19-2　普段の新冠泥火山の様子

写真19-3　2003年十勝沖地震の影響による新冠泥火山の亀裂

に、この水害の年を区切りとして語る町民が多いのです。新冠の古老にとってそれぐらいこの水害の記憶は深く心に刻まれていることを私は感じました。その年からちょうど五〇年が経過した二〇〇五年（平成一七年）、この大災害の記憶を風化させてはならないと思い、水害の聞き取り調査や写真の収集を行ないました（写真19-4・5）。そしてそれを記録集にまとめたり、特別展や講話も併せて行なう取組みを実施しました。その結果、見えてきた光景は次のようなものです。

写真19-4　昭和30年新冠大水害 市街地の浸水状況

写真19-5　昭和30年新冠大水害 鉄橋付近での新冠川の濁流

大量の濁流が津波のように

一九五五年（昭和三〇年）七月三日、夜半から強風を伴い降り続いた大雨は、新冠の多いところで一時間に二〇〇ミリを越す集中豪雨となりました。翌四日早朝には新冠川が急速に増水。流れ出た土砂や流木が川に巨大な自然ダムをつくり出しました。上流でいったんせき止められていた流れは、そのダムの中で力を蓄えていきました。そしてそれがついには決壊し、鉄砲水となって流れ出しました。

大量の土砂を含んだ濁流は猛烈な勢いで、まるで津波のように下流へと向かっていったのです。ただちに警鐘が打ち鳴らされ、住民の避難が始まっていましたが、氾濫は予想以上に早く、山間部を瞬く間に飲み込み、さらに沿岸部の市街地約七〇パーセントを濁流の景色へと変えていきました。

四日午前一一時頃になると、水量は最高に達しました。加えて新冠川河口に接する太平洋は不運にも干潮を迎え、その作用で川の流速はさらに増したため、家屋や家畜、屋根の上や木にしがみついていた人々は一気に河口に向かって流されたのです。消防団をはじめとする住民が、流された人を救出すべく河口の鉄橋からロープや醤油樽を投げ込みました(写真19－6)。それにしがみついて何とか助かる人もいましたが、鉄橋の橋脚の間の濁流は壮絶の一語につき、巨大な渦に巻き込まれてしまった人もいました。

その後、駐留米軍に要請して救助ヘリが青森県三沢基地から到着。ヘリからロープを垂らしての救助活動が始まります(写真19－7)。これによって助けられた人はかなりの数になりますが、救助目前に力尽きてロープにつかまることができず落ちてしまった人も出ました。

やがて氾濫した水も徐々に引き始めたものの、この水害による犠牲者

写真19-6　昭和30年新冠大水害 鉄橋からの救助の様子

は二七人にのぼりました。家屋や家畜、土木被害も甚大で、道路も寸断されたため、復旧は難航を極めたと言います。「あたり一面水浸し、水が引いても泥だらけで家も流されてしまった」、「地獄のような光景だった」、「流されていく人をただ無念の思いで見るしかなかった」など、当時を知る人の生々しい証言にふれて、今も人々の心の奥底に無念の思いがあることを私は感じました。

この水害から数十年が経過し、ともするとあの時の記憶が薄れようとした新冠町で、二〇〇三年(平成一五年)の水害と大地震が起こりました。

そしてその後、日本全土を震撼させた東日本大震災が発生しました。東日本大震災では、地震による大津波といった自然災害の側面だけではなく、原子力発電所の事故が起こり、人間が造り上げたものと自然災害の複合災害が問題視されるようにもなりました。

写真19-7　昭和30年新冠大水害 米軍ヘリでの救助

天災ではなく人災だった？

「昭和三〇年の大水害」について聞き取り調査をしていると、このようなことを言う方々がいました。

「あの水害は天災ではなく、人災だった」

詳しく話を聞いてみると、その理由はこうです。
(1)新冠は戦後に御料《ごりょう》牧場が解放されてから開拓や林業が奥地で盛んになり、大量の森林資源が伐採された。そのため土が軟弱になったり水の吸収力が奪われ、降雨によって土砂崩れがしやすくなり、この水害の際にも多くの土砂が川に流れ込んだ。
(2)かつて奥地で伐採された木材は、新冠川の流れを利用して運搬する「流送《りゅうそう》」によって運ばれた。川にはこの木材を貯留する「網場《あば》」があった。この水害の時は、川の上流から増水した水や土砂が網場や木材によってせき止められた。これがダムを作り出し、やがて破れて鉄砲水となった。
あの水害から半世紀以上経過した今となっては、被害が大きくなった要因を明らかにすることは難しいでしょう。地球という美しい環境の中で、人間は便利で住みよくなるためにあらゆることを行なってきました。しかし、自然は時として牙をむき、さらに人間がした行為そのものが傷を深くすることも事実なのだと思います。何が最善の暮らし方なのかは私にはわかりません。ただ多くの人が笑顔で暮らせる世の中を願うばかりです。

(新冠町郷土資料館　新川剛生)

20 オオノガイ漁から見た湿地の文化的価値

根室市歴史と自然の資料館の学芸員より

全国的にも珍しいオオノガイ漁

根室市と別海町《べっかい》にまたがる風蓮湖《ふうれんこ》は、ラムサール条約登録湿地となっており、約三一〇種の鳥類が確認されています。近年は野鳥観察小屋（ハイド）の整備も進み、イギリスやオランダといった海外からもバーダーが詰めかけるなど、当地の自然の魅力が世界中に発信されつつあります（写真20－1）。

風蓮湖や隣接する温根沼《おんねとう》は干潮時に広大な干潟が顔を出し、そこはアサリ、ウバガイ（ホッキガイ）、オオノガイの好漁場です。なかでも、オオノガイ漁はこの地方独特の漁業です（写真20－2）。オオノガイを漁獲対象としている地域は、調べた限りでは京都府の丹後《たんご》地方に見られるくらいで全国的にも稀なのです。

初夏に一～二日だけの漁

二〇〇六年（平成一八年）に、このオオノガイ漁について簡単な漁業調査を行ないました。資源保護のため、オオノガイ漁をできるのは一年のうち一～二日程度であり、資源状況によっては漁を中止することもあるなど、極めて不安定ななかで行なわれている漁です。

オオノガイ漁は五月下旬から七月下旬の大潮の日を選んで行なわれます。長さ四五センチメートルほどの木製の柄が付いた三本歯の鍬《くわ》で、泥炭質の潮間帯を二〇～三〇センチメートルほど掘るとオオノガイが出てきます。資源保護のため、小さい貝はとらずに殻長七～八センチメートルほどの貝が漁獲の中心であるということです（写真20－3）。

根室市水産研究所の調査では、漁獲可能なサイズに成長するまで六年は要します。成長が遅い貝なので乱獲の影響を受けやすく、過去の獲り過ぎの反省から先述のよう

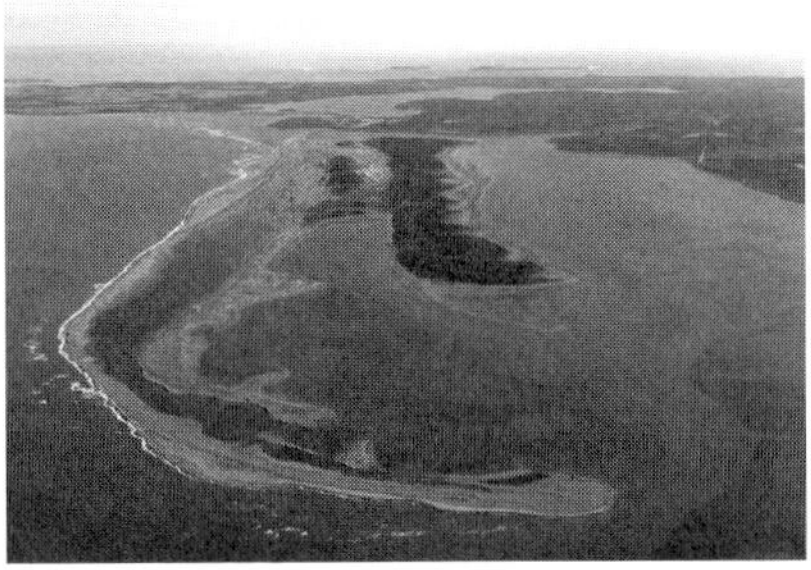

写真20-1　ラムサール条約登録湿地風蓮湖・春国岱《しゅんくにたい》（根室市役所撮影）

写真20-2　温根沼のオオノガイ

な漁獲制限を設けています。

水揚げされたオオノガイは水管部分を干物にした製品に加工されます。身を取り出して内臓を取った後、水管部分を開き、水管を覆う皮を剥いでいくという手間のかかる加工です。むき身は一週間ほど天日干しにされ「オオノガイの干物」が完成します(写真20－4・5)。

縄文時代から食べられていた

二〇〇五年(平成一七年)から、名古屋大学博物館と根室市歴史と自然の資料館は、オオノガイ漁場を臨む温根沼湖岸の台地上で、縄文時代前期の貝塚の調査を実施してきました。貝塚を構成している貝は縄文人が食べた後に廃棄されたもので、アサリを主体にウバガイやオオノガイも出土しています。まさに、現在私たちが利用している種と同じものを縄文時代の人々も利用していたのです(写真20－6)。

貝塚から出土したオオノガイの殻長を調べてみると、七〜一〇センチメートルのものが多いことがわかり、これは現在の漁獲サイズに相当する大きさであり、六センチメートル以下のサイズはほとんど見られません。廃棄された貝殻から判断する限り、無秩序な獲り

写真20-3　オオノガイ漁の様子

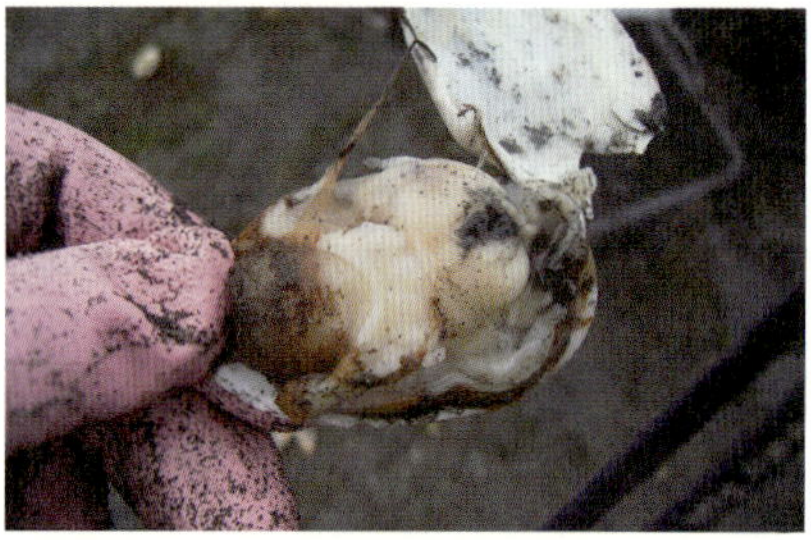

写真20-4　オオノガイの殻をはずすところ

方はせずに、ある程度の大きさのものを選択的に漁獲していたことがわかります。もしかしたら縄文人もオオノガイの成長の遅さを知っており、大きいものを優先的に獲って捕獲圧がかからないような工夫をしたのかもしれません。

湿地のワイズユース（賢明な利用）のために

ラムサール登録湿地というと、湿地の自然環境やそこに集まる鳥類の保全とその賢明な利用（ワイズユース）が主体ですが、近年はその文化的価値も重視されてきました。過去から現在まで人々は生業や交通などの場であった湿地とどのように関わって、この環境を維持してきたのか？この素晴らしい自然環境を次世代に残すためにも、過去の利用の足跡をたどる必要があると思います。湿地のワイズユースに新展開をもたらす上で、地方博物館の役割は大きいと言えるでしょう。

（根室市歴史と自然の資料館　猪熊樹人）

写真20-5　天日干し中のオオノガイ

コラム　ラムサール条約とは？（環境省ホームページより）

正式名称は、「特に水鳥の生息地として国際的に重要な湿地に関する条約」といいます。1971年2月2日にイランのラムサールという都市で採択された、湿地に関する条約（Convention on Wetlands）です。この条約は開催地にちなみ、一般に「ラムサール条約」と呼ばれています。同条約は第10条の規定により、7カ国が締約国になってから4カ月後の1975年12月21日に発効しました。2013年10月現在、締約国168カ国、条約湿地数は2165湿地です。国内に37カ所、道内に13カ所あります。

この条約は、国際的に重要な湿地及びそこに生息・生育する動植物の保全を促進することを目的とし、各締約国がその領域内にある湿地を1カ所以上指定し、条約事務局に登録するとともに、湿地の保全及び賢明な利用促進のために各締約国がとるべき措置等について規定しています。

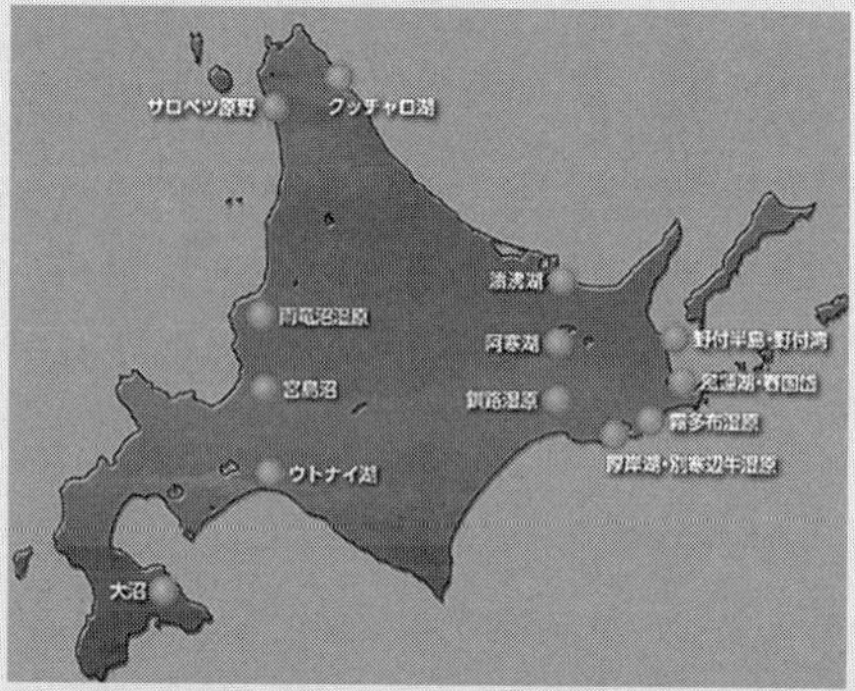

北海道のラムサール登録湿地
辻井達一ラムサール湿地基金 http://www.heco-spc.or.jp/tujiikikin/ramsar.htmlより

写真20-6　関江谷1竪穴群の貝塚断面

21 海は温暖化しているのか？ 漂着貝類から海洋環境を探る

北海道博物館の学芸員より

温暖化する北の海

「北海道の海に温暖化の傾向が見られる！」と知ったとき、大学生であった私は、とても衝撃を受けました。小さな頃から海に親しむ中で、釣り場で知り合った年配の方や漁師の方々から「魚が変わった！」「海が変わった！」と何度も聞かされていたからです。

これまで北海道の海は、冷水塊《れいすいかい》が卓越する冷たい海とされてきました。そのため、北海道周辺の海に生息する貝類は、寒冷な海域を主な生息域とするウバガイ（ホッキガイ）やエゾアワビなどの「寒流系貝類」と、幅広い海水温に適応可能なアサリやマガキなどの「広温系貝類」で構成されてきました（写真21－1）。これらの貝類は、道内のどの海岸でも比較的容易に見つけることができるうえ、食用として地域のスーパーでも置かれていることから、一般的によく知られている貝類と言えるでしょう。

一方、二〇〇五年以降からは「暖流系貝類」が北海道各地の沿岸でも確認されるようになりました。暖流系貝類とは、主な生息域が暖流（日本海流〔黒潮〕、対馬海流）の影響下にある温暖な海域であるものを指し、一般的に太平洋では千葉県房総《ぼうそう》半島、日本海では秋田県男鹿《おが》半島より南に生息域を持つ種類とされます（図21－1・写真21－2）。この中には、岩場や砂地などに棲む底生の貝類や、海流に乗ってやってくる浮遊性のアオイガイやタコブネなどが含まれ、多様な種類が見られるのが特徴です。

写真21-1　寒流系・広温系貝類の例

暖流系貝類の発見

二〇一一年（平成二三年）より行なった調査によると、暖流系貝類の出現地域は、道南は松前町白神《しらかみ》岬から道北は礼文《れぶん》島まで北海道の日本海沿岸全域に及ぶことがわかりました。しかし、各地域における暖流系貝類の種数は、日本海を北上するにしたがって減少しており、どの海岸でもこれらのような貝類が見られるということはないようです。

また、海岸で発見される貝類は、浮遊性の種類を除くと付近の海に生息していたものであり、遠方から流されてくるのは稀なことです。さらに、すでに死亡していて軟体部がないものが多いのですが、なかには生きた状態で打ち上がっていることもあります。きれい

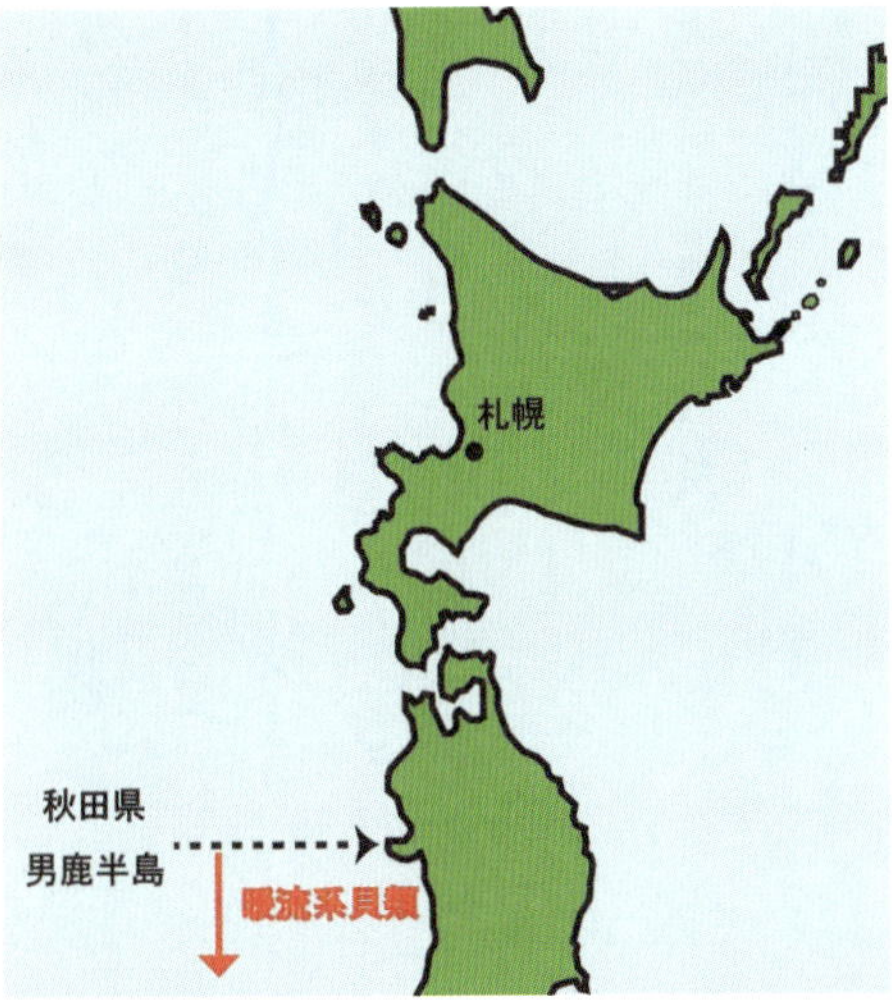

図21-1　暖流系貝類の生息域（日本海側）

写真21-2　暖流系貝類の例

な橙色《だいだいいろ》の縞模様が特徴的なカズラガイは、これまで一〇個体発見しましたが、その内軟体部を伴ったものが四個体あり、付近の海岸に生息していたことを示しています(写真21－3)。ちなみに、このカズラガイはヒトデなどの棘皮《きょくひ》動物を食べる習性があるためものすごく臭く、肉抜きの作業では研究室の同期や後輩から大変ひんしゅくを買いました。

大昔は北海道にもいた?

北海道の海で暖流系貝類が見られるようになった原因の一つとして、日本海を北上する対馬暖流の勢力拡大があげられます。このような現象は、現代にだけ見られるものではなく、地質時代の貝化石群集にもその証拠が残されています。

例えば、最終氷期が終わった約一万年前から現在(完新世)に至る間に、北海道の海には暖流系貝類が生息できる環境が四回あったことがわかっています。

写真21-3　カズラガイ漂着の様子

暖流系貝類の北方進出

海洋生物の分布を制限する要因の一つとしては水温があげられます。特に冬季の海水温は、貝類の越冬やその後の定着において非常に重要な位置を占めます。現在、地球温暖化が世界的な環境問題として取り上げられているなか、日本周辺の海も温暖化が確認されています。特に、二〇一〇年、二〇一二年には北海道日本海側の余市町《よいち》において、WMO（世界気象機関）が異常気象と定義している値（二五年に一回起こる確率）を超える高海水温を観測しています。

以上のことから、暖流系貝類の北方進出の原因は、自然現象的な側面と人為的側面の両方から考えられるのですが、現段階においてその原因の特定には至っていません。また、北海道は周囲を性質の異なった三つの海に囲まれており、それぞれに特徴的な海洋環境があります。対馬暖流の一部は、オホーツク海・太平洋にも流入しており、二〇一二年（平成二四年）にこれらの地域で予察的に行なった調査では、いくつかの地域で暖流系貝類の漂着を確認しました。つまり、日本海沿岸以外の地域でも暖流系貝類が生息できる環境へ変化しつつあると言えるのです。

さて、今回は私たちにとって身近な生物である貝類についてのお話でした。身近な海岸やこれまでに行った海岸にどのような貝がいたか覚えているでしょうか。海岸を訪れた時には、足元の貝たちをそっと拾い、海の環境について思いを巡らせてみてください。海岸に打ち上げられた貝類の調査は、現代の海洋環境を知る一つの手掛かりにすぎませんが、そんな調査の積み重ねが新たな発見に結びつきます。

（北海道博物館　圓谷昂史）

コーヒーブレイク

読んでみませんか？ 博物館の本

北海道博物館の司書より

博物館に図書館司書？

博物館には学芸員以外の職員もいて、北海道博物館の「情報サービス室」という図書室には司書が配置されています。何で博物館に司書がいるの？ と思う人は多いかもしれません。北海道博物館では、職員の調査研究のために一〇万冊以上の図書を持っています。一ページのニュースレターも一冊、と数えているので膨大な数になってしまいますが、実際二つある書庫はもう飽和状態です。書庫はお客様が調べ物をしたり質問をするために総合展示室地下に作られた「図書室」と扉を隔ててつながっています。お客様からの問い合わせに応じ、参考になりそうな図書を書庫から出し、閲覧できるようになっているのです。

写真1　引っ越し最中の書庫

写真2　「休館まであと〇〇日」の看板

写真1は、二〇一三年（平成二五年）一一月、ちょうど一年間開拓記念館が休館し、北海道博物館へのリニューアルに向けた改修工事が始まる直前の書庫の様子です。当時はこのように膨大な量の本が箱の中でした。

貴重な「灰色文献」も

休館間近の旧開拓記念館の玄関ホールには、こんな看板も登場しました（写真2）。この「休館まであと〇〇日」の看板、常連のお客様から「宇宙戦艦ヤマトだ！」と言われました。何でも、テレビアニメ「宇宙戦艦ヤマト」の終わりに毎回流れていた「人類滅亡まであと〇日」

というテロップを思い出すそうでして（……せっかく作ったのになんか縁起が悪いなあ）。

ところで皆さんは〈集まれ！　北海道の学芸員〉のサイトの「調べる」というカテゴリを見たことがありますか？　ここには道内の博物館が発行した刊行物の情報が掲載されています。実は北海道博物館が持つ蔵書のうち、およそ四万六〇〇〇冊が、道内・道外のさまざまな博物館から寄贈された博物館の刊行物なのです。この多くは五〇〇部とか一〇〇〇部という単位で作られ、関係機関に配布されたり館内で販売されますが、書店やアマゾンなどでは購入できませんし、公共図書館や大学図書館にもあまり所蔵されていません。このような一般の流通ルートに乗らない入手しづらい出版物は、図書館の世界で「灰色文献」(gray literature)と呼ばれています。

博物館は地域の歴史や自然環境を日々調査・研究し、その成果を刊行物にまとめ、展示や行事という形で皆さんに紹介しています。博物館の刊行物は流通量が少ないためあまり知られていませんが、実は地域研究の文献としてはとても貴重なものなのです。北海道博物館でも、お客様から難しい質問があった時には、その土地の博物館の刊行物を使ってお答えするということがよくあります。幸いに、北海道博物館は一年半ほど休館していましたので、この間に博物館刊行物の紹介コーナーを作ることができました。しかし近年、インターネットでの調べ物が当たり前となり、ウェブ上で検索されない情報はないものとされる時代になってきました。このような時代に、博物館の刊行物の情報をどのようにまとめ、公開すれば「灰色文献」から脱却できるのだろう……と、博物館にいる司書として悩みは尽きません。

知ってもらいたい博物館の刊行物

先日、図書を見ていた学芸員が「変なもの見つけちゃった」と笑うので、何かと思い覗いてみたら、『知床博物館研究報告　第三五集』の末尾にある「投稿規定」でした。知床博物館は、職員だけでなく館外の人にも広く寄稿を求めていて、投稿規定が細かく定められています。そのなかに、引用文献の記載のしかたが書いてあるのですが、よく見ると記載例が面白おかしく書かれていたのです。博物館にはこのような遊び心が大切、と深く感心してしまいました。気になる方は、知床博物館ホームページの「紀要と年報」のページを見てみてくださいね。

博物館の刊行物をもっともっと多くの人に知っていただきたい――これは博物館の司書としての願いです。と同時に、こんな本がある、こんなことが書いてある、という心動かされた自分自身の喜びを、より多くの人と共有したいという思いでもあります。

（北海道博物館　櫻井万里子）

コラム

大英博物館は図書館だった！

世界初の近代博物館、大英博物館。実は1973年に図書部門がロンドン国立中央図書館等と統合されて大英図書館になるまでは大英博物館図書館だったのです。第6代館長アントニオ・パニッツィは主任司書でもありました。

大英博物館の起源は、博物学収集家ハンス・スローン卿のヴンダーカンマー（驚異の部屋）の美術品や稀覯本、世界各地から取り寄せた様々な博物資料、国が所有していたコットン蔵書、当時売りに出されていたハーレー蔵書などを元にして作った博物館なのです。そんな大英博物館は1759年の開館当初から多くの図書を抱えていました。さらに、ジョージ4世が父から引き継いだ蔵書も寄贈され、キングスライブラリーも設置されます。1857年には中庭（グレートコート）にこの博物館を象徴する円形閲覧室も建設されました。

大英博物館図書館時代は、許可を得た研究者のみが利用できるシステムでした。しかし実際には多くの著名人がここを利用していました。カール・マルクスは、イギリスにおいて赤貧生活をしながら1850年から30年間、毎日開館時間の朝9時から閉館時間の夜7時までこの円形閲覧室に通い詰めて勉強をし、資本論をここで書き上げたのです。

ほかにも、チャールズ・ディケンズ、オスカー・ワイルド、ラドヤード・キプリングといった作家や、マハトマ・ガンディー、ウラジーミル・レーニンが足しげく通ったことでも有名です。世界初諮問探偵シャーロック・ホームズも、探偵になる前、将来役立つ勉強のためにと大英博物館図書館に通っていました。

1997年に書庫と図書館機能が大英図書館に完全に独立した後、博物館から書庫は取り払われたものの円形閲覧室は残っています。ロンドンに行かれた際には大英博物館に足を伸ばし、当時の図書館の雰囲気を楽しんでみてはいかがでしょうか。（斎藤和範）

大英博物館円形閲覧室のパノラマ写真（ウィキペディアより）

第5章

大地が育む人のおおらかさ・あたたかさ

22 カニ族と様似町のおもてなし

様似町アポイ岳ジオパークビジターセンターの学芸員より

内地の人

「内地《ないち》の人」。北海道の人は、本州・四国・九州から北海道へ来た人をそう呼びます。私は本州の生まれなので北海道にきた当初はその言葉にドキッとしたものですが、今では慣れて、北海道の独自性を表わす言葉であり、なにより親しみを込めて言う言葉だと思うようになりました。

そんな私が、北海道にきて一番興味を持ったことが、北海道の人と「内地の人」との交流が様々な場面で息づいていることでした。ここでは様似町《さまにちょう》と内地の人の交流について書きます。

押し寄せたカニ族

一九六五年（昭和四〇年）から七、八年間、その姿から「カニ族」と呼ばれた、重いリュックを背負った旅行者が北海道にたくさんやってきました。様似町にも、大勢のカニ族が訪れました。国鉄（現ＪＲ北海道）日高本線の終着駅様似に降り立った彼らの目に一番先に飛び込んでくるのは、横一列にずらりと並ぶ、襟裳《えりも》岬行きの国鉄バスでした。様似駅は襟裳岬を目指す人々の中継地だったのです。カニ族時代の数年後には、日高山脈襟裳国定公園のアポイ山麓公園をめざす人が大勢様似町を訪れました。夏の観光シーズンになると、札幌から様似への列車は満席で、様似駅の一日の利用者は二〇〇〇人以上もいました（写真22－1・2）。

札幌からは直行便の汽車が、一日一本、深夜に様似駅に到着します。乗客の多くは学生で、様似に泊まっていきました。様似駅の近くには、彼らのための安価な民宿である旧様似観光公社の「エンルム荘」がありました。当時の女将さんがお客さん（学生）との思い出を以下のように語ってくれました。

「学生さんたちは、いろんなところまわってきているから、いろんなこと教えてくれるんだ」「宿をこうしたらいいとかね」「すっごく大変だったけ

写真22-1　国鉄バス様似営業所

ど、学生さん、礼儀正しくて楽しかった。勉強させてもらった」

今もときどき当時のお客さんが昔をしのんで訪ねてくることがあるそうです。そんなときには女将さんも一緒に昔話に花を咲かせると言います。時代が変わり観光客も様変わりしましたが、当時も今も様似町のおもてなしの心は変わっていないのです。

おもてなしの心は財産

そんな内地の人との交流は直接的なお金にはならないかもしれません。しかし長い目で見て、町の大事な〝財産〟と言えるのではないでしょうか。そうした人と人、物と人の交流を記録していくことも、地域の学芸員の大切な仕事だと思います。

これからも、リニューアルオープンしたアポイ岳ジオパークビジターセンターを拠点として、「内地の人」と様似町の人との交流は続いていくことでしょう。その様子をさらに次代につなげていくことこそ北海道に残したいモノ、伝えたいコトなのです。

（様似町アポイ岳ジオパークビジターセンター　加藤聡美）

写真22-2　1965年（昭和40年）頃の様似駅

コラム

終着駅「様似」

なぜ、襟裳岬ではなく、西に約40キロメートル手前の様似駅が終着駅なのでしょうか。様似から先の海岸線は、日高山脈支脈アポイ岳の裾野が海に落ちる場所で、断崖絶壁が6キロメートルにわたって続き、線路を敷くことが困難だったからです。

様似駅の転車台

アポイ岳

日高山脈の南西の支脈で、標高810.2メートルの様似町にある山。かんらん岩土壌が育む数々の高山植物が見られ、太平洋と日高山脈が望めます。

アポイクワガタ

アポイ岳9合目からの眺め

23 離島の魅力があふれる奥尻島

奥尻町教育委員会の学芸員より

自然豊かな島

日本海に浮かぶ奥尻島《おくしり》(写真23-1・2)。全国的には津波災害の島として知られています。島民にとって本意ではないでしょうが、津波被害からの再建という観点で見れば、離島での災害という稀有な災害であったこともあり、防災上、貴重な先進事例となった島だと言えます。震災から五年が経っても復興への模索が続く東日本大震災の被災地へ、奥尻町は島をあげてエールを送り続けています。

さて、そんな奥尻島ですが、もともと自然豊かな島として知られています。奥尻の歴史は自然と共にあったと言ってよいでしょう。このことは太古の昔も、近代化した現在も、まったく変わっていません。人々は夏の暑い日差しのなかで魚を干します。また、イカをスルメに加工し、干しアワビなども作ってきました。海に潜ってはウニを獲り、海草を摘みました。また、山に向かえばコクワやヤマブドウを摘んできて漬けました。湿潤な島にはキトビロ（ギョウジャニンニク）やキノコもよく生えています。シカは開拓使が導入したもののやがて駆除され絶滅しています。クマはもともといなかったと思われます。今ではタヌキが島の〝百獣の王〟です。

海と山の恵みに生かされている奥尻島の暮らしぶりは、おそらく太古の昔も今もまったく変わっていないはずです。近代以降になって、海では栽培漁業が、山では新田開墾への知恵が絞られるようになりましたが、自然と共に生きるという島人の根本姿勢は変わりません。そんな奥尻の四季を少々紹介します。

奥尻の春

春。島は別れと出会いの季節。教職員や自衛隊員が紙テープで見送られます。

写真23-1　鍋釣岩

写真23-2　宮津弁天宮（奥尻町指定文化財）

港では盛大な手作りのセレモニーが毎日続きます。〈蛍の光〉が流れれば、もう出航の時。送るものも送られるものも皆、涙で目が霞《かす》みます（写真23-3）。

思い出にひたる間もなく数日後には後任者が来島します。新しく島に赴任してきた人たちは皆不安そうな顔つきで船を下りてきます。離島での暮らしが心配なのでしょう。けれど、それを払拭するのが「熱烈歓迎」の横断幕です。島民総出で送迎する――これが島のやり方です（写真23-4）。

雪が融ければ、野山には山菜が顔を出します。なかでも島のキトビロは格別です。臭みが少なく、ムシャムシャ食べられます。冷凍して保存できるのでジンギスカンにも入れて食べます。味は最高（写真23-5）。ゴールデンウィークからは奥尻島の観光シーズンがスタートします。同時に道南では釣りシーズンが到来。釣り客も大挙して島にやってきます（写真23-6）。山ではブナの新緑が広がり、島は一気に緑の島へと姿を変えていきます。離島最北の田植えが行なわれるのもこの頃です。こうして山も海も自然の恵みで溢れ出すのです。

写真23-3　離島者の見送り

写真23-4　来島者の出迎え「熱烈歓迎！」

奥尻の夏

夏。北海道の短い夏。島は毎日がお祭りです。八月は各集落の神社祭りが連日連夜続きます。六～八月は他にも毎月大きな観光客向けのお祭りがあり、「賽《さい》の河原祭り」「室津《むろつ》祭り」「なべつる祭り」は「奥尻三大祭り」と呼ばれています(写真23－7)。こうした祭りのエネルギーは一体どこからくるのか、夏は島全体が一番活気づく季節です。

海ではウニ漁とアワビ漁が始まります。どちらも資源保護上期間限定で天然物の漁業です。かつては「宝の島」と呼ばれるままにあまり頓着しないで獲っていましたが、やはりそれでは資源の枯渇が避けられません。奥尻ブランド確立のためにも品質の良いものを全国の食卓へ届けたい――これが漁家・農家共に共通する思いなのです。

奥尻の秋

秋。実りの秋。春に植えた苗が黄金色の稲穂となって風にそよぎます。まるで黄金の波が打ちよせるようです。漁業の島がなぜ稲作を行なうようになったのでしょう？　実は「宝の島」で

写真23-5　キトビロとサクラマスのちゃんちゃん焼き

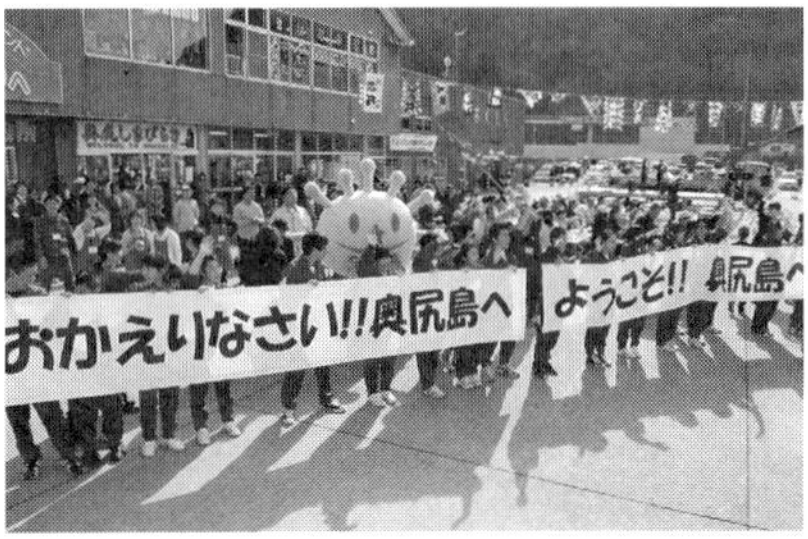

写真23-6　島開きでの観光客の出迎え

ある奥尻島でも明治中期からニシンの不漁が続き、島民は農業開拓に目を向けました。そして幾多の苦労を重ねて今日の成功を見たのです。離島最北の「奥尻の米」をぜひご賞味ください。

奥尻の冬

冬。島は北西風が恒風《こうふう》となり、海は時化《しけ》の日が続きます。天気図を見て「こりゃだめだ」となれば数日間はフェリーが出ません。島民としてはただ再開を待つのみ。不便ですが、慣れてしまえば単純なことです。移住者が本当の意味での島人になるには、まずこれに慣れるしかありません。しかしそんな冬も悪いことばかりじゃありません。冬ならではの味覚がいろいろあります。海苔、ホヤ、ゴッコ、エゾメバル、サクラマスなどなど。たとえホッケやイカが不漁でも美味しいものは他にもたくさんあります。冬の海は夏とはまた違った恵みの宝庫なのです。それを狙って海鳥もやってきます。特にオオワシの飛翔は雄大ですよ(写真24-8)。ただ、近年はちょっと雪が多くて厄介ですね。

写真23-7　奥尻の祭り山車

写真23-8　オオワシの飛翔

島の独自性と孤高性

奥尻島には離島ならではの「独自性」、さらに言えば「孤高性」があるように思えます。様々なものが独自に進化した、いわば「ガラパゴス化」した風物の魅力とも言えるでしょう。島の学芸員として一年間の様々な風物詩を記録しながら私は、この島の歩みを〝噛みしめて〟います。島の名産のスルメじゃないけれど、噛めば噛むほどに味が出る。これだから〈郷土の研究〉はやめられません。

（奥尻町教育委員会　稲垣森太）

第6章

北の大地で活躍した人々

24
「マルセイバタ」を東京へ売り込め！

帯広百年記念館の学芸員より

マルセイバターサンドの由来

帯広市に本社のある六花亭《ろっかてい》製菓の「マルセイバターサンド」。北海道の銘菓としてとてもよく知られるお菓子です。「マルセイ」とは、もともと十勝内陸部に初めて集団入植をはたした開拓結社「晩成社《ばんせいしゃ》」が用いたバターの商標でした。晩成社の「成」の字をマルで囲み「マルセイ」としたわけです。

一八八三年（明治一六年）に帯広に入植した晩成社は、畑作のかたわら酪農も試み、バターを製造しました。そして「マルセイバタ」と銘打ち、本州へと売り出したのです。この「マルセイバタ」製造の経過や様子といったものを、帯広百年記念館に所蔵される文献史料から探究してみようと思います。

明治時代に始まるバターの製造・販売

「マルセイバタ」はいつ頃から作られるようになったのでしょうか。晩成社の主導者依田《よだ》勉三《べんぞう》の日記や社の営業報告から探ってみましょう(写真24-1・2)。

一九〇一年(明治三四年)頃の依田勉三の日記を見ますと、彼が乳業に興味を寄せていることがわかります。二月には人を雇って搾乳人の研修を積ませていますし、九〜一〇月頃には函館でバターを購入したり搾乳機の見学をしています。そして『晩成社営業報告』によれば一九〇四年(明治三七年)にはバター製造のための器具を用意、翌年(明治三八年)にはバターの製造技師を雇い生産をスタートさせています。販売を始めたのはその翌年(明治三九年)で「収入金六〇二円弱を得た」とあります。

このように、明治三〇年代後半からバターに興味を持ち、明治末頃から製造・販売を本格化したことがわかります。おそらく、この時期、鉄道が日高山脈を超えて石狩地方と繋がり、東京への物品を運びやすくなったことが関係していると思われます。なお、バターの製造場所は十勝沿岸部にあった生花苗《おいかまない》牧場でした(写真24-3)。

写真24-1　晩成社を率いた依田勉三

史料から一ポンド缶を再現してみる

帯広百年記念館は、晩成社が使用した「マルセイバタ」ラベルを所蔵しています。このラベルがもとになり、六花亭の銘菓「マルセイバターサンド」の包紙のデザインが生まれました。しかし、ラベルは残っていても「マルセイバタ」の商品としての形態を示す直接的な証拠は残っていません。ですから残された史料から「マルセイバタ」の姿形を想像しなければなりません。

記念館が所蔵する『東洋水産森和夫氏寄贈晩成社関係資料』はこの謎にヒントを与えてくれました。この『森氏資料』は、晩成社の牛肉・バターなどの製造に関わる史料が主な内容を占めています。そのなかに十勝在住の依田勉三から東京在住の弟・善吾《ぜんご》に対して「一ポンド缶を作る予定であるから、裁断器を至急送ってくれ」と書かれた書状があります（写真24－4）。

「一ポンド缶」――。一ポンドとはグラムに換算すると四五三・五九グラムです。依田勉三の日記にはその缶について、水で測って容量を決めたという記事が出てきます（『備忘』明治四二年九月一七日条）。水で測ったわけですから、一グラム＝一立方センチメートルと考えることができます。残されたラベルは、縦五・八センチメートル、横三一・四センチメートルの大きさです（横の長さは本当は三三・三センチメートルなのですが、直径を出すための円周率を計算しやすいように糊しろの長さを差し引いています）。

写真24-2　「マルセイバタ」ラベル

このラベルを巻くことで、おおよその体積を求めることが可能です。ぐるりと巻くことで高さ五・八センチメートル、直径一〇センチメートルの円柱が出来上がるのです。その体積を出すとすると、五×五×三・一四×五・八＝四五五・三立方センチメートルになります。一ポンドの水の体積は四五三・五九立方センチメートルでしたから、残されたラベルから求められる体積と史料からわかる体積とがほぼ一致します。こうして、晩成社では一ポンドの缶を用意して、それにラベルを貼り付けて製品としていたことがわかったので

写真24-3　生花苗牧場（当縁《とうべり》牧場）

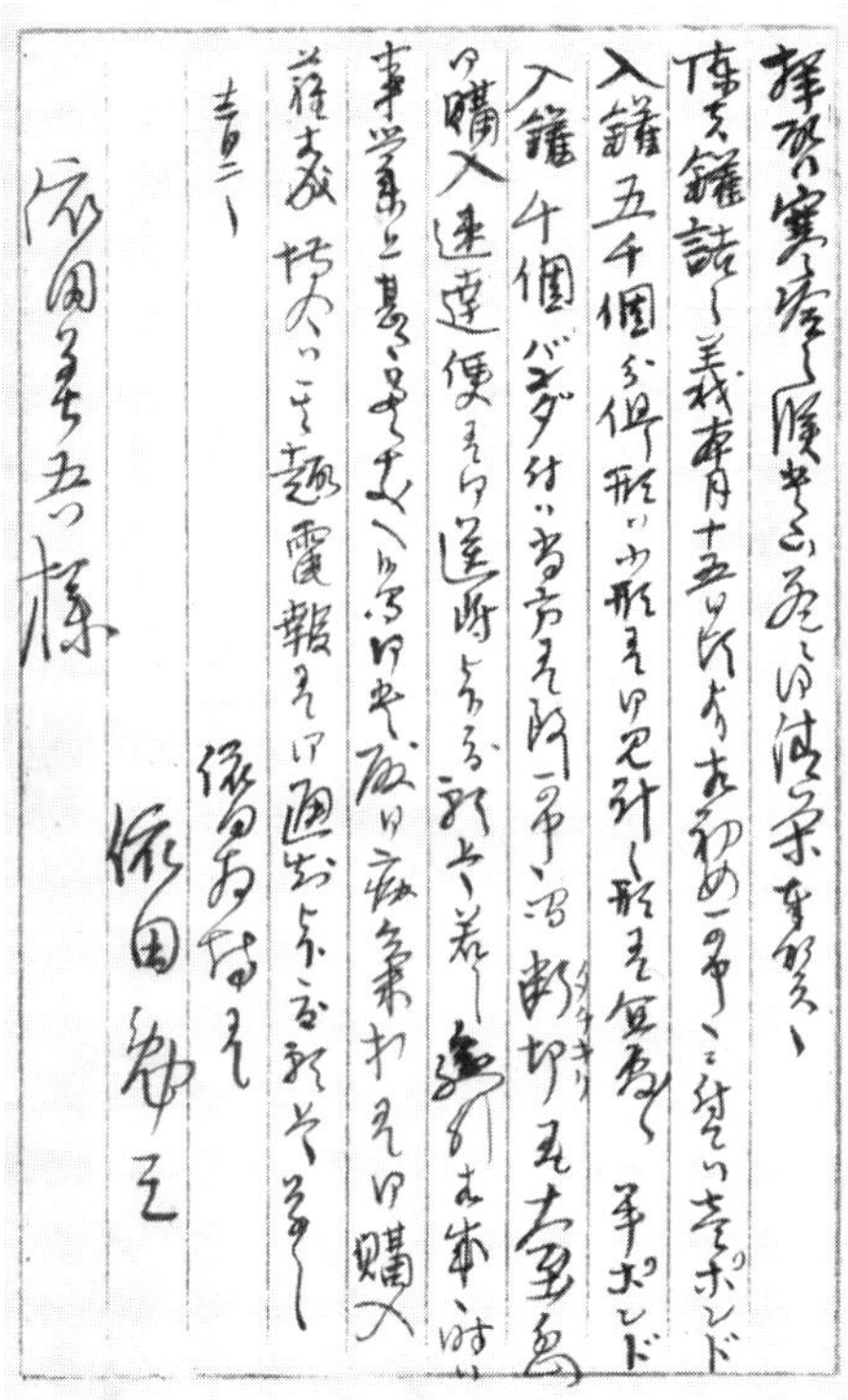

写真24-4　勉三から弟・善吾への書簡

す。せっかくなので工作が得意な職員に依頼し、バター缶を再現してもらいました（写真24－5）。

バターはどこに売ったのか

では「マルセイバタ」はどこに販売したのでしょう？　十勝は明治三〇年代から入植者が増加し人口も増えていきますが、バターのような西洋の嗜好品を販売できるほどの市場はなかったと考えられます。どうやら晩成社の「マルセイバタ」は東京の人々をターゲットにして販売されたようです。それを示す史料が『森氏資料』の中にありました。

それは広屋商店という食料雑貨店のチラシです（写真24－6）。広屋商店では各種の酒や「ソース」「カレー粉」「紅茶」「ジャム」など、西洋のものを含めた食料雑貨を広く揃えており、そのなかに「バタ」の姿も見えます。『森氏資料』は晩成社の牛肉やバターに関わる史料がまとまって残されたものですから、この広屋商店も晩成社の取引先（卸し先）の一つであったと想像できます。

広屋商店の住所は「東京市下谷区仲御徒士町四丁目」とあります。ここは現在の上野駅南口付近です。すなわち、東京でもかなり栄えた場所で広屋商店は店舗を構えていたのです。

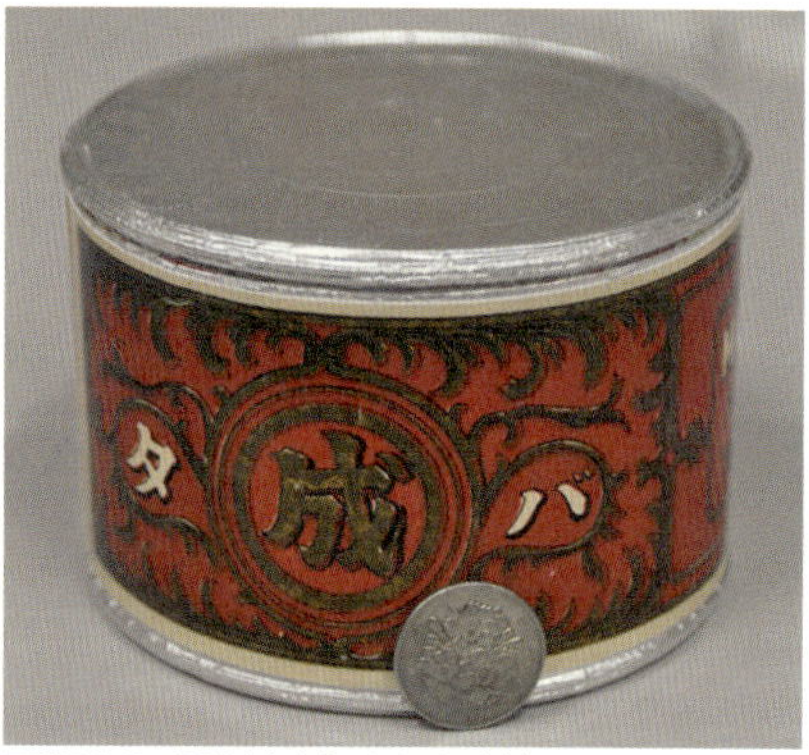

写真24-5　再現された「マルセイバタ」缶

そういう場所なら、バターをはじめとする西洋の嗜好品を買い求める人々も多くいたのではないでしょうか。十勝で作られたバターは、遠く東京上野まで運ばれ、様々な食料雑貨が相並ぶいわゆる「ハイカラ」な商店で売られていたのです。

どのように売られたのか

晩成社は、東京の富裕層に対してどのような伝手でバターを売ることができたのでしょう。晩成社の主導者依田勉三は伊豆の生まれで、生家依田家は近世期には豪農として繁栄した家でした。明治期の依田家の当主は勉三の兄である佐二平《さじへい》(写真24-7)。佐二平は第一回衆議院議員に選出されたほか、養蚕業や海運業に携わり、さらにそうした産業組合の要職を歴任した人物です。佐二平の政財界における人脈が、十勝のバターを東京の富裕層に売り込む際に重要であったのではないかと思われます。

また、先ほどの一ポンド缶に関する手紙を見てもわかるように、十勝にいる依田勉三は、東京在住の弟善吾(写真24-8)と頻繁に連絡を取り、販売戦略を練ったうえでバター販売を行なっていたようです。兄佐二平の人脈、弟善吾の東京での活動なくしては、十勝にお

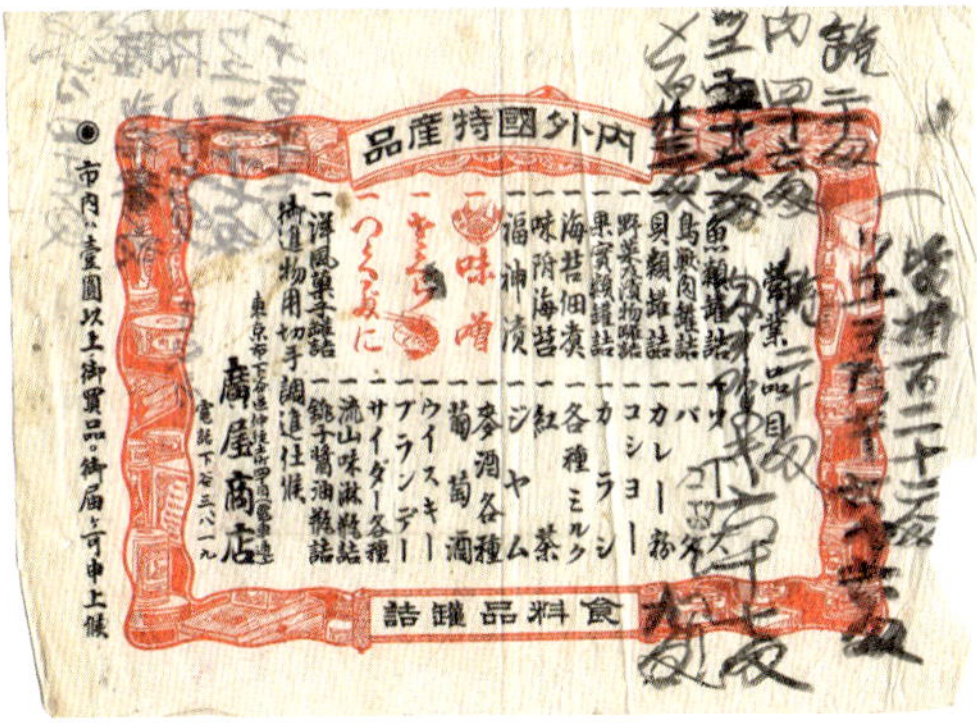

写真24-6　広屋商店のチラシ

けるバター製造・販売は成り立たなかったことでしょう。

写真24-7　依田佐二平

写真24-8　依田善吾

なぜ製造中止になったのか

しかし晩成社のバター販売は、一九一八年(大正七年)を最後に停止されました。この理由を『晩成社営業報告書』で探ってみると以下のような記述を見つけました。

「本年ハ手不足且賃金ノ昂騰加フルニ飼料ノ暴騰為メニ製造ヲ見合ス強テ製造セントセバ益ナク損ナルガ如シ故ニ製造ヲ中止ス」

人不足に加え人件費の高騰があり、かつ飼料の暴騰も起こり、バター製造の採算性が取れなくなったので製造を中止すると言っています。
その背景としては、おそらく第一次世界大戦による「大戦景気」の影響があるものと考えられます。第一次世界大戦によって工業生産の需要が高まり、労働者が工場のある都市部に集中したのです。また穀物をはじめとする諸物価が何倍にも高騰しました。一九一八年（大正七年）はそんな大戦景気のまっただ中でした。造船業・運送業で大もうけした「船成金」が登場した時代で、十勝では農産物で大もうけした「豆成金」や「でんぷん成金」が登場します。その一方で、都市から遠い十勝生花苗において飼料で牛を育てバターを生産していた晩成社は、逆に大戦景気のあおりを受けて、バター製造をやめてしまったということなんですね。

（帯広百年記念館　大和田努）

25 北の大地に移り住んだ開拓結社「赤心社」

浦河町立郷土博物館の学芸員より

兵庫県の開拓結社「赤心社」とは

「報国の赤心に奮起する」(赤心社一七条からなる同盟規則)

兵庫県神戸市内で北海道開拓を目的に組織された開拓結社「赤心社《せきしん》」は、浦河《うらかわ》を開拓地と定めて一八八〇年(明治一三年)に移住しました。

岡山県出身の加藤清徳が北海道開拓事業を切望し、神戸で事業を行なっていた鈴木清に趣旨を説き、橋本一狼の賛同も得て「赤心社」設立趣意書の創案を作成しました(写真25-1・2)。しかし、北海道の実情や移住手続きなどを知らなかったことから、開拓使の御用雑誌「北海道開拓雑誌」を発行している学農社《がくのうしゃ》社長の津田仙の教示のもと、設立趣意書、同盟規則、副規則を作成しました。

そして一八八〇年八月、開拓使より結社の許可を受けた後の同月二六日に、株式の応募者を集めて集会を開きました。役員は発起人の中から選ぶという同盟規則に基づき、社長には鈴木清、副社長には加藤清徳、幹事には湯沢誠明、倉賀野《くらがや》棐《ひ》が選任されました(写真25-2・3)。また規則では、社長は本社にて社務を総括し、副社長は事業地の事務を担当すると し、株主募集の定めによって加藤副社長と赤峰正記が数十株を得た同年九月に開拓地選定委員に指名されました。翌年(明治一四年)一月には第一回の株主総会が開かれ、同盟規則の修正と一四名の委員の選出が行なわれています。

写真25-1　加藤清徳

写真25-2　鈴木清

写真25-3　赤心社事務所

開拓地の選定と入植の実際

開拓地選定委員の加藤らはまず札幌の開拓使に赴き、道内各地の地味の好悪、風土、人情などの状況を聞き、渡島《おしま》、胆振《いぶり》、石狩、日高を巡視し、日高国浦河郡幌別《ほろべつ》川流域の西舎《にしちゃ》地区を入植地として定め、開拓使庁に出願し、一八九〇年（明治二三年）までに懇成した土地は無償で払い下げるとの恩恵のもと、約一〇〇〇万坪が認められました。

一八八一年（明治一四年）四月、募集株数が六〇〇株に達したので、一回目の移民募集を行ない、倉賀野幹事の引率により二八戸五二名が幌別川流域の西舎地区に入植しました。翌年の五月には沢茂吉部長と和久山磐尾書記のもと八一名が元浦川《もとうらかわ》へ入植、三回目は一八八四年（明治一七年）に入植しました。それとは別に赤心社の趣旨に賛同し自費で移住する者もあり、一九一一年（明治四四年）までに二六九名（山下弦橘著『風雪と栄光の百二十年』）が移住しました。

そして入植地が二カ所となったことで、西舎地区を第一部として加藤副社長、元浦川を第二部として沢部長が管理することとしました（写真25－4・5）。

写真25-4　1885年（明治18年）の第2部入植地の様子

第一部開拓の困難

しかし第一部の移住は困難の連続でした。函館まで来たところで、東風が常に強く吹き続けていたことから移住者たちは二〇日間の滞在を余儀なくされました。滞在費用にも困り、函館支庁に上願して官有汽船弘明丸で浦河へ向かうことができましたが、農具・什器《じゅうき》などは積載できず、別の帆船に積載して浦河に運びました。

西舎に入ってみれば、開墾地の住居がまだなかったため、壮年者のみが現地に行ってまず住居を整えてからということになって入地が遅れました。そのうえ航海中にチフスに感染する者があったり、農具などを積載した帆船が暴風のため千島まで流されるというアクシデントもあり、初年度の開墾は進みませんでした。

それに対し第二部の入植は当初より順調で浦河の開拓事業の主体となっていきました。

鈴木清の入植地視察

赤心社の社長鈴木清は入植地の視察のため、一九一〇年（明治四三年）までに浦河を一三回も訪れています。一八八一年（明治一四年）の現地視察では、「七反歩の墾地と加藤と倉賀野の外二」の移民しかいない状況を確認すると、札幌に出向き「耕牛五頭、器械数品」を購入して戻り、散在していた移民を集めて奨励し開墾に着手しましたが、季節も遅くなっており、その年は一八町歩の新墾に留ま

写真25-5 沢茂吉

りました。滞在中に浦河郡内各地を視察した鈴木は、元浦川地域を次の入植地と定めました(写真25-6)。このときの視察を「北行日記」として記録に残しています。

今も歴史を刻む「赤心」

赤心社の開拓事業は、一八八五年(明治一八年)に満期後に開墾した土地を株主へ分配することから、純利益を分配することに規則が変更されたことで、翌年(明治一九年)には新墾事業のほとんどを廃止し、牧畜、樹芸などを加えた混合農業に転換しています。北海道庁に申請し「短角牛一頭及び牝牛数頭」を借り受け、借用した野深《のぶか》ケパポロ地区の牧場に放牧しました。さらには「漆、桑及び果樹」の苗木の払い下げも申請するなど、天然の桑樹の移植も進めたほか、開墾地の需用品の取次ぎのために商店部も開設しました。

一八八八年(明治二一年)には養蚕業が始まり、一八九三年(明治二六年)には醤油醸造準備として工場を建設して翌年から醸造を始めました。その後、社名を「赤心株式会社」として様々な事業を行なうようになっていきます。そして戦後の農地解放において農業部門を全廃した現在も、「赤心」は浦河町荻伏《おぎふし》の地で創立からの歴史を刻み続けています。

(浦河町立郷土博物館　伊藤昭和)

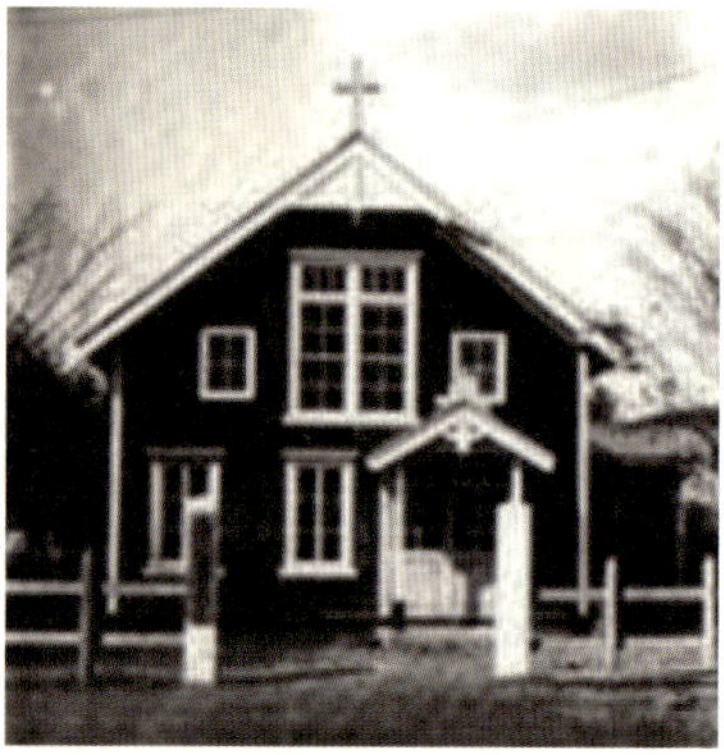

写真25-6　元浦河教会

26 徳川農場と八雲発祥の木彫り熊

八雲町郷土資料館の学芸員より

北海道みやげと言えば八雲の木彫り熊

北海道を代表するおみやげと言えば〈木彫り熊〉という時代がありました。実はその前には、「北海道観光客の一番喜ぶ土産品は八雲《やくも》の木彫熊」と一九三二年（昭和七年）の『アサヒグラフ』に書かれるほど全国的に八雲の木彫り熊が有名だったことがあったのです。

木彫り熊発祥の地八雲町。それには、尾張徳川《おわりとくがわ》家第一九代当主、徳川義親《よしちか》が大きくかかわっています。八雲にあった徳川農場の農場主で、一九一八年（大正七年）からは熊狩りをしに毎年のように八雲を訪れていた義親。そこで経済不況などの影響もあり、貧しい生活をしている農民の姿を目にしていました。

木彫り熊の誕生

一九二一年（大正一〇年）からヨーロッパ旅行に出かけていた義親は、スイスのベルンにて木彫のおみやげを目にします。そこで義親は、冬の間は農作業ができない八雲において、副業としておみやげの制作をして販売すれば現金収入となり、生活の向上に繋がるのではないかと考え、いくつか購入して持ち帰ります。この生活の向上には経済だけでなくもう一つ意味がありました。

「現在ノ農村ガ経済ノ上ニモ生活趣味ノ上ニモ甚ダ無味貧寒ナコトヲ感ゼラル」とまで書かれた当時の農村に、木彫などの趣味や美術という観念を持ち込むことで、農村の文化的な改善を行なうことも義親は志していました。徳川農場ではこのことを「農村美術」、後に「農民美術」と呼びました。

義親の帰国後、一九二三年（大正一二年）五月にスイスで購入した作品が八雲に届けられると、農村美術を広めるため、翌年（大正一三年）三月、八雲で第一回農村美術工芸品評会が開催されます。この品評会に北海道第一号の木彫り熊が姿を現わします。スイスの木彫り熊を参考に八雲の酪農家である伊藤政雄が制作したものです。

写真26-1　八雲で作られた初期の木彫り熊。手に乗るサイズ

農村美術運動の広がり

八雲における品評会の成功や、八雲よりも早く山本鼎《かなえ》が進めていた長野県神川《かんがわ》村の農民美術運動の例から、経済恐慌のあおりを受けた農村の復興に副業を取り入れる動きが加速しました。一九二八年（昭和三年）頃までには日本全国にそれぞれの地方色ある工芸品を作る運動として、また農村生活の経済・文化を改善する運動として、農村美術は広がっていきます。

八雲では様々な農村美術品を制作していましたが、一九二七年（昭和二年）から木彫り熊を中心として作品を作るようになっていきます（写真26－1・2）。

商標登録しブランド品に

一九二八年（昭和三年）には農民美術研究会が徳川農場に作られ、農民以外にも様々な職種の人が制作に励みます。原木の仕入れや販売ルート確保は徳川農場の職員が担当し、会員は制作に打ち込むことができる環境でした。なお、戦前の八雲においては、木彫り熊を「熊彫」として商標登録しブランド品として販売していました。

八雲で作られる木彫り熊は、彫り方で二つに分けられます。細かい毛を彫ったものと、毛を彫らずに面で熊を表現したものです。前

写真26-2　徳川農場での制作風景

者については「毛彫り」と呼ばれ、後者については「荒彫」「一刀彫」「ハツリ彫り」「カット彫り」などと時代や作者によって呼び方が違っているので、後者については「面彫り」としてまとめて表現しています。

八雲の特徴「毛彫り」と「面彫り」

毛彫りはスイスの木彫り熊の流れを汲むものになります。最初は単純な彫り方をしていましたが、研究会で指導にあたった日本画家の十倉金之（号：兼行）によって、日本画の表現方法が取り入れられ、ここから繊細な毛彫りが始まりました（写真26－3）。八雲の毛彫りの熊の特徴である、前足の肩の上の盛り上がった頂点から、四方八方に毛が流れる「菊型毛」を最初に彫り始めたのも、この十倉と考えられています（写真26－4）。

一方、面彫りの熊を彫り始めたのは誰かはっきりしませんが、柴崎武司（号：他化志）または柴崎重行と思われます。この彫り方はスイスの作品群にはなく、八雲で生まれ育った、八雲独自のスタイルと言えます（写真26－5）。

写真26-3　日本画家の十倉が作った八雲らしさの原点となる毛彫りの熊

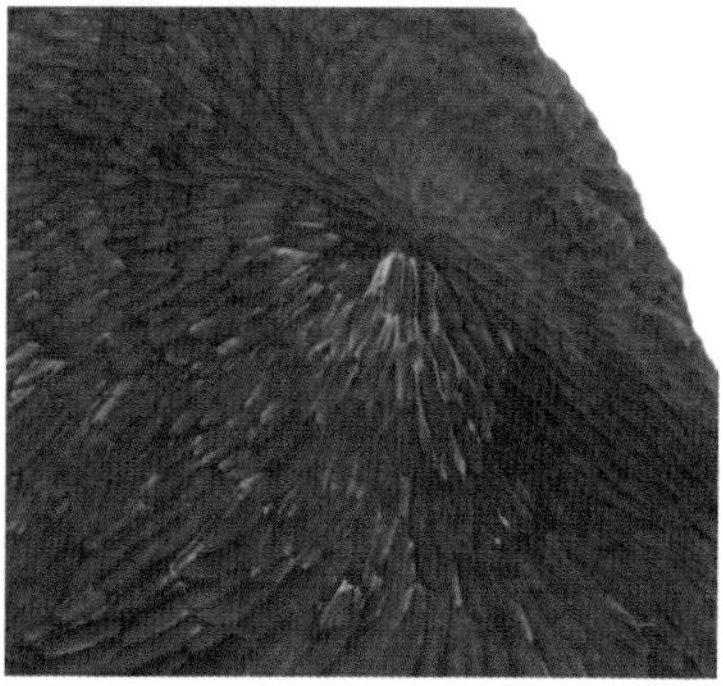
写真26-4　十倉の木彫り熊の菊型毛を拡大

また、八雲の木彫り熊は姿勢にも特徴があります。這《は》っている姿や座っている姿、伏せている姿のほかに、人のような姿をしている擬人化した熊が作られています。そして、鮭をくわえていない熊が大半なのです。これは生きた人懐っこい熊を、徳川農場内に建てた檻《おり》の中で飼育して作品の参考としていたためと言われています。加えて最初に義親がスイスから持ち帰った作品に、糸巻きを持つ熊や籠《かご》を背負う熊があったことも影響しているでしょう。さらに、熊は檻の中で食っては寝てを繰り返してどんどん太ったため、木彫り熊もどんどん丸くなっていったと言われています(写真27-6)。

ちなみに、鮭をくわえたおなじみの木彫り熊は旭川などで定番の形として多く作られ、戦後の観光ブームで全国の人が買っていったため、木彫り熊と言えば鮭をくわえた姿というイメージが定着したと考えられます。なお、旭川での木彫り熊制作は、一九二六年(昭和元年)頃にアイヌの松井梅太郎が獲り逃した熊への想いを木片にぶつけて彫ったのが最初と言われています。それからアイヌたちが中心となって旭川でも彫られるようになりました。

写真26-5　面で熊を表現する抽象的な面彫りの木彫り熊

写真26-6　人間らしい姿勢をした木彫り熊たち

戦中戦後の苦難

さて農民美術研究会では、大勢の人が制作を行ないますが、太平洋戦争が始まると木彫り熊はぜいたく品扱いを受け、売れなくなっていくと共に、制作者も激減していきました。そして研究会も一九四三年(昭和一八年)に解散します。熊の檻も鉄でできていたことから、金属類回収令によって撤去・供出されると共に、町民のアイドルだった熊は銃殺されるという悲劇もありました。また戦後は農地解放によって徳川農場が解散したため、原木の調達や販売ルートの確保が難しくなります。

戦後の木彫り熊作り——茂木多喜治と柴崎重行

しかしそうした戦後の逆境の中でも八雲で木彫り熊を彫り続けた人が二人います。一人は茂木多喜治(号：北雪)です(写真26-7)。昭和天皇に木彫り熊を献上したことをきっかけとして一九三六年(昭和一一年)頃から木彫り熊制作を専業とします。山を歩くのが趣味で、熊を鉄砲で撃って解体して筋肉の付き方や関節の可動範囲を調べて木彫り熊制作に生かしていました。十倉から始まる菊型毛にもこだわって作品を制作しており、八雲の毛彫りのイメージを確立した人物と言えます。八雲町公民館の木彫り熊講座で

写真26-7 巨大な木彫り熊を制作する茂木多喜治。完成品は八雲町木彫り熊資料館で展示中

も講師を務め、次の世代である上村信光・引間二郎・加藤貞夫といった人たちを育てました。

戦後に制作を続けたもう一人は、柴崎重行（号：志化雪・志化・志）です。柴崎は「木彫り熊制作家」というよりは「熊をモチーフとした木彫家」として高く評価されています（写真26－8）。柴崎は農民美術研究会に所属する前から彫刻に興味を持っていて、研究会の第一回講習会から参加し、講師の十倉と親交を持って制作に励んでいました。この頃は毛彫りや面彫りの熊を彫っていて、毛彫りのマスクで一九三一年（昭和六年）の第七回道展に入選するほどの腕前でした。その後、自分の彫り方を追求し、研究会を脱退して制作に励み、面彫りの中でも「柴崎彫り（ハツリ彫り）」と呼ばれる、斧で木を割っただけのような作品を作るようになります。彼の制作場は八雲の山の中で、市街地に下りてくることは稀《まれ》という生活をおくっていたそうです。

昭和三〇～四〇年代の北海道観光ブームでは、土産品として旭川を中心とした木彫り熊が大ブレイクします。一方、八雲では制作者が少ないこともあって大量生産はされず、他の観光地で販売されることはほとんどなく、知る人ぞ知る存在となっていきました。しかし伝統は受け継がれ、現在も少数ながら八雲で木彫り熊を彫っている人がいま

写真26-8　切り株を台にして自然の中で制作していた柴崎重行

す。この伝統を絶やさずに次代へ伝えていきたいと思います。

（八雲町郷土資料館　大谷茂之）

コラム

徳川農場
（徳川家開墾試験場）

尾張徳川家第17代、徳川慶勝公が困窮した士族の授産のために北海道開拓を決め、八雲に徳川家開墾試験場を設置しました。開墾移住できるのは旧尾張藩士族とその子弟だけでした。試験場には開墾地委員をおき、「徳川家開墾試験場条例」を制定し、条例を中心として田・畑・養蚕のほか牧畜・製網・製糸・製藍・澱粉製造・鮭ふ化などの事業を運営しました。第二次世界大戦後、農地解放により徳川農場は1948年10月15日に閉場。現在は、農地解放後に残った山林を中心とした徳川農場の土地約2300haを元に八雲産業株式会社を設立し、山林経営や植林事業に当たっています。

八雲産業株式会社八雲事業所。戦前の農業事務所と戦後増設のレンガ造建物

1885年（明治18年）の建築と伝えられ現在も利用されている板倉

27 馬産地日高　発展の功労者・西忠義

浦河町教育委員会の学芸員より

日高を発展させた功労者

会津《あいづ》藩士の子として生まれ、地方役人の道に進み、浦河《うらかわ》支庁長として日高地方の発展に多大な功績を残した人物がいます。一九〇一年(明治三四年)〜一九〇九年(明治四二年)まで浦河支庁長を務めた西忠義《にしただよし》です(写真27-1)。忠義の支庁長時代、日高の目覚しい発展を目の当たりにした人々は、後年忠義の生祠《せいし》を建立してその功績に感謝しました。

西忠義は一八五六年(安政三年)、現在の会津若松市に生まれました。

「心だに　誠の道に　かなひなば　祈らずとても　神や守らん」

学問の神と崇められる菅原道真の句であり、幼少の忠義が母から諭された教えでもあります。
忠義が一二歳の時、戊辰《ぼしん》戦争が勃発します。幕府側の会津藩は逆賊の汚名を被り、敗北して領地を没収されます。しかし翌年には藩主松平容大《かたはる》の家名存続が許され、さらに翌年、現在の青森県と岩手県の県境に三万石を与えられて会津藩は斗南《となみ》藩となりました。この頃、忠義は藩の役人試験に合格し、斗南藩地に赴きます。

一八七五年（明治八年）、若松県（福島県会津と新潟県東蒲原《ひがしかんばら》郡の一部を管轄）に斗南藩の出張所があった関係から若松県津川支庁詰を命じられた忠義に、母は、

「苟《いやしく》も官吏たらんものは至誠一貫清慎勤を守り終始し三省を怠ることなく母の教に背く勿《なか》れ」

と訓示します。忠義は終生「至誠」という言葉を使いました。それは幼少の頃からの母の教えを忠実に守った証とも言え、母の存在が忠義に大きく影響を与えたことがうかがえます。

写真27-1　西忠義

浦河支庁長として種馬牧場を設置

忠義はその後、福島県、栃木県の役人を務め、一八九八年（明治三一年）、四二歳で北海道檜山《ひやま》支庁長となり、一九〇一年（明治三四年）からは浦河《うらかわ》支庁長として浦河に着任します。

忠義の浦河支庁長時代の最大の業績は、国営日高種馬牧場の浦河設置でした(写真27－2)。忠義は、浦河着任の翌年には日高管内の実業家を集め、日高実業協会を創設して農商務大臣へ国営種馬牧場の浦河設置を上請し、種馬牧場開設のための陸路整備を訴え、整備を進めました。また、檜山《ひやま》支庁長、後志《しりべし》支庁長を歴任し、後に帯広市長となった佐藤亀太郎は、

「当時日高の交通は主として所謂《いわゆる》天然道路に依るの外なく全道中最も不便の地たるを慨し、熱誠之が施設に努力した。当時日露戦役に際会して国費大緊縮の折柄、時の長官にして剛直なる河島醇氏を説き伏せ、逆に戦時の際を利用し、刻下《こっか》軍馬輸送の緊急なるの時なり、故に馬産地たる日高国の交通を完備すると否とは其勝敗を決するの鍵なりと力説し巨額の国費を投じて染退橋を架設し一名之を馬橋と称して居る」(『西忠義翁徳行録』日高実業協会編)

と、当時の忠義のエピソードを披瀝し「日高の産業交通の助長発達に鋭意し、新冠御料牧場の外日高種馬牧場の設置に努力し、遂に日高をして北海冀北《きほく》(良馬の産地)の名を恣《ほしいまま》にせしめた」と功績を讃えています。かくして、一九〇七年(明治四〇年)、日高種馬牧場が浦河に設置されます。

写真27-2　日高種馬牧場事務所

五校の小学校も新設

西忠義は、日高国の産業振興とインフラ整備を進めると同時に、教育の充実にも注力しました。当時の文部省普通学務局長で、後に東北帝大、京都帝大総長を務めた澤柳政太郎が北海道の学事視察のため来道した際には、施設の整った様子を賞揚する澤柳に、

「教育事業の尊きは内容に存して形式に存せず、閣下、有司に導かれて道中の立派なる学校のみを巡視せらる夫れにも尚ほ改良すべきもの多し、何ぞ知らん、僻隅《へきぐう》なほ寒心に耐へざるの所多きを。或は学童ありて教師無きの地あり、学ばんと欲するも学校のなき地あり、視学の東奔西走してもなほ及ばざる廣濶《こうかつ》地に点在するの学校あり、之を一覧せられなば如何」（『西忠義翁徳行録』）

と真っ向から反論し、これを実践するように浦河町内においては僻地に五校の小学校を新設しています。

だれに対しても裏表なく語る

忠義は、どのような人に対しても裏表なく日高の現状と展望を語り、そしてそれを実現するために邁進しました。一木喜徳郎《いちききとくろう》内務次官（後の宮内大臣）の北海道視察に同行した五十嵐鑛三郎は、列車内で偶然乗り合わせた西忠義の様子を記しています。

「初めの程は二三尺も離れて恭恭《うやうや》しく北海道の事情を開陳し、平素懐抱する意見を述ぶる

なで如何にも神妙の態度であったが、談進むに従って段々熱情が加はり、初めの中は次官との間の空席を叩いて談ぜしが、次第々々に次官に接近し終には次官の膝を叩きつつ談ずるようになった。当時道庁より随行したる部長を始め同乗者達は相見て其の無遠慮に唖然たりし態なりしが、君は一向に心付かず一談一叩益々甚しくなるので、是れには次官も頗ぶる当惑の體《てい》に見受けられた。談の漸《ようや》く終らんとして君は初めて次官の膝を叩きつつありし自分の不作法なるに心付き、只管《ひたすら》恐懼《きょうく》して其の無體を謝したのであったが、君の辭去《じきょ》せられた後一木次官は此の事を咄され、君の職務に熱心忠実なことを痛く賞賛された」（『西忠義翁徳行録』）

馬車の転覆にもめげずに

浦河支庁長在任中、忠義は落馬したり、乗っていた馬車が転覆したりして重傷を負ったことがありましたが、それでも病院から指揮を執ったりしました。一九〇九年（明治四二年）に小樽支庁長を申し受けたのは、新冠《にいかっぷ》出張中に馬車が横転して下敷きとなり、門別病院に入院していた頃でした。佐藤亀太郎は、

「真に生死を超越して地方開発の事に猛進し、馳驅《ちく》し、奔走した、其の涙ぐましき奮闘振りには何人も敬服した」と述べ、「真に全身是れ至誠の人である」と結んでいます（『西忠義翁徳行録』）。

母に教えられた「誠の道」を実践して自らも「至誠」を座右の銘とし、接した人に「至誠一貫の人」と讃えられる忠義に導かれるように発展を遂げた日高地方。一九三二年（昭和七年）には、日高の人々によって浦河神社境内に「生祠《せいし》西霊社（後に西神社に改称）」が建立されました（現在は日高種馬牧場が置かれた西舎《にしちゃ》神社に遷座）（写真27－3）。忠義が日高発展の礎とした馬産は今も日本一です。

（浦河町教育委員会 吉田正明）

写真27-3　西神社（左）と浦河神社（右）

29 〈流氷画家〉村瀬真治 紋別の海を眺めて

紋別市立博物館の学芸員より

流氷の絵を二〇〇〇点以上描く

紋別《もんべつ》市内では空港や文化会館、学校、病院など様々な場所で〈流氷絵画〉を目にすることができます。それらはすべて、流氷をモチーフとして二〇〇〇点以上描いたと言われる村瀬真治《むらせしんじ》の絵画です(写真28－1)。

横浜市で生まれた村瀬真治(一九〇六～一九八七)は、一九歳の時に画家になることを決意し、一九二六年(大正一五年)の第四回春陽会展に入選、翌年には、第八回帝展(現在の日展の前身)に初入選します。さらに第一〇回帝展に妹がモデルの『紫日傘』が入選を果たすなど、若くしてその才能と力量を認められました(写真28－2)。その後、滋賀県庁の工芸指導官、室蘭高等家政女学校の美術教師を経て、一九四九年（昭和二四年）二月に紋別高等学校に美術教師として赴任しました。

紋別に移り住んでから村瀬は生涯をかけて流氷を描き続け、東京や札幌などで展示会を行ない、多くの人に流氷の魅力を伝えました。

写真28-1 『幻氷』

写真28-2 『紫日傘』

厄介者だった流氷が……

オホーツク海の流氷が冬の観光資源として一般的になったのは、一九六五年(昭和四〇年)頃からであり、それまではオホーツク海沿岸の住民にとって流氷はただの厄介者でした。なぜなら、流氷により海が閉ざされてしまうため、漁船は流氷が去る海明けまで岸に上げていなければならないからです。また、押し寄せた流氷が重なり合い海底を擦ると昆布やウニなどを押し潰すこともあります。

このように流氷は漁業者にとってとても迷惑な存在でした。しかし現在は、科学的に流氷が解明され、流氷が植物プランクトンを運び、魚や貝などを育てていることなど、漁業への恩恵も理解されるようになりました。

流氷に魅せられて

流氷がマイナスのイメージだった時代に紋別市へ移り住んだ村瀬真治でしたが、生まれて初めて海に浮かぶ白い流氷を見て以来、すっかり魅了されてしまいました。村瀬は「流氷をとことんまで追求していけば、きっと自分の純粋なこころというものを、造形美として表現できるのではないか」と感じたのです。

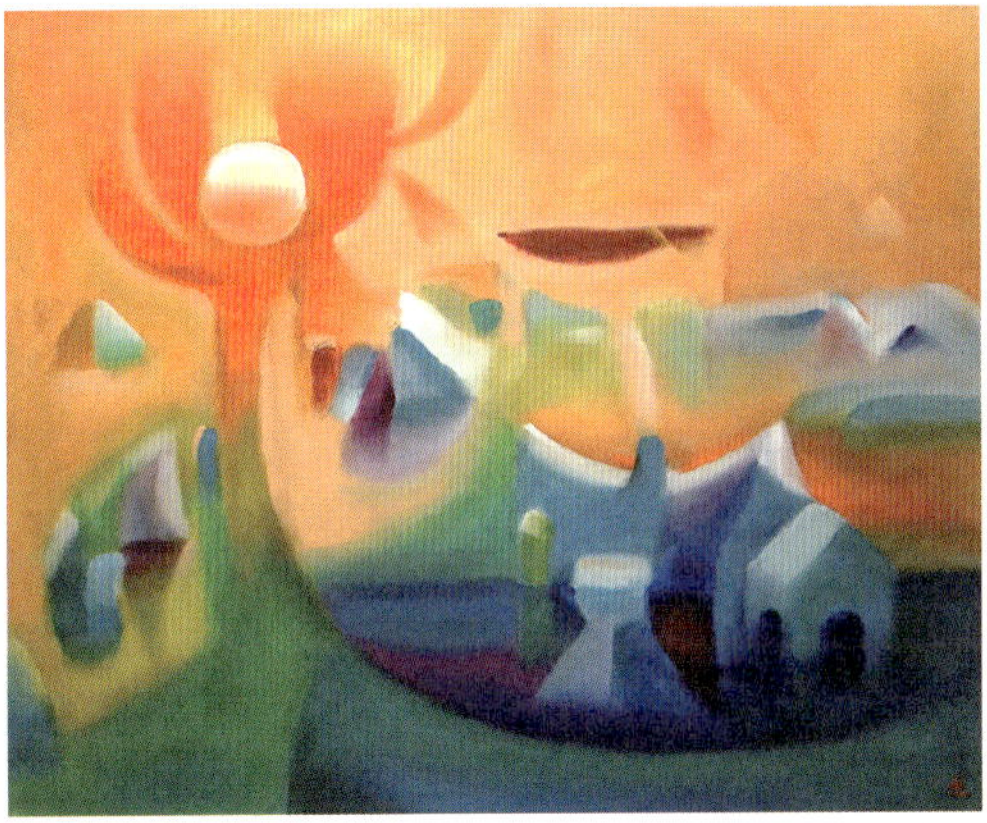

写真28-3　『オホーツクのあけぼの』

しかし壮大な自然を描くことは容易なことではなかったようでした。

村瀬の描く流氷の絵は、最初は風景の一部として描かれました。やがて流氷と共に人物や船や灯台などを描き、様々な構図や配色で流氷を表現していきました。そして試行錯誤の末、キャンバスから余計なものが消えていって独創的で幻想的な流氷絵画を描くことができるようになったのです。

流氷をモチーフとした村瀬の作品には白と青の冷たい世界だけでなく、赤やオレンジなどの暖色系で描かれたものもあります（写真28－3）。代表作の一つである『彩りの朝』（写真28－4）は、厳冬のオホーツク海に春の日差しが輝き、空も海も流氷も温かな彩りを見せています。村瀬の真骨頂である明るく幻想的な流氷絵画は、地元の菓子店の包装紙のデザインとしても使用され、さらに紋別市民会館大ホールのどん帳の原画にもなりました。

〈流氷絵画〉を鑑賞できる場所

教員退職後、画家として忙しい生活を送っていた村瀬は、

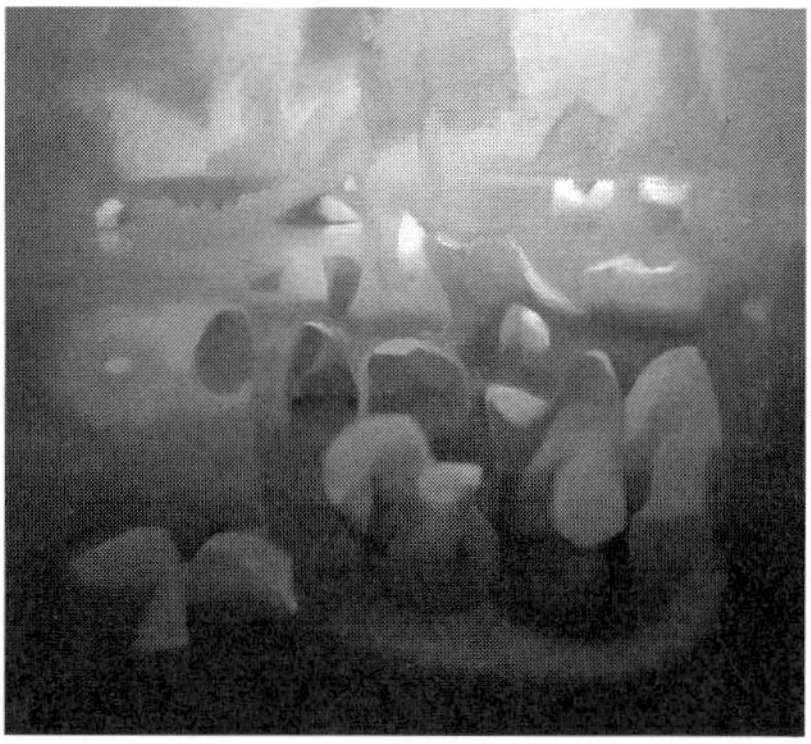

写真28-4　『彩りの朝』

写真28-5　村瀬真治

一九七五年（昭和五〇年）に脳溢血で倒れ、利き腕である右手に麻痺が残りました。しかし創作意欲は衰えることがなく、リハビリを続けながら左手で作品を制作し続けました。そして心象風景としての流氷への愛情あふれる穏やかな作品を数多く残しました。

そして一九八七年（昭和六二年）九月一二日、紋別市の病院で村瀬真治は八〇年の生涯を閉じました（写真28－5）。

それから二一年後の二〇〇八年（平成二〇年）五月一日、紋別市の中心部に村瀬真治をはじめとする紋別ゆかりの芸術家の作品を展示する〈まちなか芸術館〉が開館しました。村瀬真治の流氷絵画も集められており、様々な流氷絵画をゆっくりと鑑賞することができます。

（紋別市立博物館　春日里奈）

写真28-6　オホーツクの流氷（写真提供：小林功男）

29 「刷り師」赤川勲の仕事と遺産

今金町教育委員会の学芸員より

今金出身の世界的な版画刷り師

赤川勲《あかがわいさお》（一九四〇〜二〇〇六）は今金町《いまかね》出身の版画刷り師です。赤川版画工房主宰として国内外の著名作家の銅版・石版作品を数多く手がけました（写真29－1・2）。多くの名画を版画にすることで、絵の素晴らしさを広く伝えることに心血を注いだ赤川氏は、晩年、故郷で版画制作に取りかかろうと機材一式を持って今金町に移住し、同時に町へ二三八点の版画を寄贈しました。その当時、作品の受け入れと整理を担当した私は版画や美術の門外漢でしたが、赤川氏は普段の何気ない会話の中で版画にまつわる様々なことを教示してくれました。そんな赤川氏の業績を紹介していきます。

赤川版画工房と第二の版画工房

赤川版画工房は一九七五年(昭和五〇年)、神奈川県川崎市中原区《なかはら》に開設されました。当時は三〇名のスタッフを抱え、規模のうえでも日本を代表する版画工房として知られていました。版種には石版と銅版の二種があり、石版ではハンドプレス機などの印刷機を六台、銅版では三台を所有し、版画印刷を行ないました。

二〇〇三年(平成一五年)、故郷・今金町の豊田ふれあい交流施設内に開設された第二の工房では版画印刷が可能な機材一式が完備されましたが、本格的な活動を前に体調を崩して入院、その後逝去されました。今金町教育委員会では、北海道教育大学岩見沢校(美術教育課程)と連携をとり、地元豊田地区住民や今金中学校美術部を巻き込んだ宿泊型体験事業「とよたアートスクール」を実施するなどし、遺された版画工房の有効活用を図ってきました(写真29－3・4)。

写真29-1　赤川勲氏(工房リーフレットより転載)

写真29-2　フランスパリ近郊シャルトルにて

平山郁夫の作品など二三八点

今金町への寄贈作品は八三名の原作者の作品からなり、内訳は日本画家四四名、洋画家三一名、版画家三名、グラフィックデザイナー二名、彫刻家一名、童画家一名、絵本作家一名となっています。

平山郁夫や岩澤重夫など、著名画家が数多く名を連ねていることからも、赤川氏が版画刷り師として確かな技術を持ち、原作者から厚い信頼を得ていたことがわかります。実際、多くの著名作家たちが自らの絵を版画にする際には赤川版画工房を指定した、という話をよく聞きます。なお、寄贈作品中最も数が多いのは森田曠平作品で、五一点あり、森田氏との親交の深さが窺い知れます。次いで多いのは中村清治作品で一八点、後藤純男七点、岩澤重夫七点と続きます。

写真29-3　説明する赤川氏（工房リーフレットより転載）

写真29-4　第二の赤川版画工房（豊田ふれあい交流施設内）

「B.A.T.」というサイン

寄贈作品のほとんどに「B.A.T.」というサインが入っています（写真29－5）。これは「Bon à

tirer」の略で「最適の刷り」という意味です。原作者が印刷に立会い、その仕上がりを最適なものと認めた時につけるサインです。B.A.T. とサインされた印刷物は本格的に印刷する際の基準、つまり「見本」となるもので、工房で大切に管理・保存されます。工房の刷り師は色・刷り具合などがB.A.T. と同じになるように印刷します。B.A.T. と書かれた見本との差が大きい場合にはその印刷物は破棄されます。町へ寄贈された作品は、かつて川崎市にあった赤川版画工房で印刷された数多くの版画の見本として大切に保管されていたものです。

遺産を有効活用するために

それらの版画作品は現在、今金町立今金中学校の空き教室一室にまとめて保管しています。赤川氏の第二の工房があった豊田地区では活用が難しいことから、中心部の中学校に移転し、教育的な観点から生徒や来校者が版画作品を日常的に鑑賞できるよう配慮したものです。廊下壁面での作品の展示のほかに廊下脇のフリースペース七カ所には実際に赤川氏が使用した石版、印刷用具なども展示されています(写真29-6・7・8)。美術部の部活動の一環として今後定期的な展示替えなども行なっていくつもりです。

町では作品の貸出事業も二〇〇七年(平成一九年)から行なっています。役場庁舎

写真29-5　B.A.T.のサイン

をはじめ民間宿泊施設や病院など公共的な施設で定期的に展示替えをしながら活用しています。毎年恒例の町民文化祭でも一〇点前後を展示し町民の目に触れるようにしています。

遺された赤川版画工房のハンドプレス機などの印刷機については、教育関係機関に有効活用してもらうことが最良と考え、赤川氏の親族の了解のもとに北海道教育大学岩見沢校並びに旭川校にそれぞれ複数台譲渡しました。一般向けの収蔵品目録「赤川勲版画の世界」によって、北海道教育大学の学生をはじめ来校者や住民、版画に興味関心のある方への普及が格段に進むものと期待されます。今金町出身の刷り師・赤川勲の仕事を多くの人に知っていただきたいと思います。

（今金町教育委員会　宮本雅通）

写真29-6　今金中学校内での作品展示

写真29-7　石版とそれによって印刷された作品の展示

写真29-8　印刷に関係する用具類の展示

30

名ジャンパーを輩出した余市の〈笠谷・竹鶴シャンツェ〉

よいち水産博物館の学芸員より

余市ってどんな町?

余市《よいち》町内のある高校からの依頼で、学校祭にて父兄対象の講座を担当することになりました。町外の父兄が多い講座の冒頭で、私は「余市町とはどんな町ですか?」と問いかけてみました。「漁業の町」「宇宙飛行士の出た町」などのほか「果樹の町」「ニッカの町」など、事前に予想していた答えがいくつかありました。私はそこから「実は遺跡や文化財の多い町なんです」と展開するシナリオを考えていたのですが、これは必ず出るだろうと予想していた答えがなかなか出てきません。「スキージャンプの町」という答えです。余市町出身の私にとっては即答されて当然の答えだったのですが、世間ではそうではなかったようです。

多数のスポーツ選手を輩出

実は最近、町内においてもこのイメージは薄れつつあるようです。余市町教育委員会で使用している封筒には「ジャンプ王国よいち」の文字とジャンプ選手のイラストが入ったものがあります。この封筒に対して町民の方から「ふさわしくない」といったご意見をいただいたそうです(写真30－1)。最近では余市町より活躍する選手の多い下川町《しもかわ》や、注目度が高い女子ジャンパー高梨《たかなし》沙羅《さら》選手の上川町《かみかわ》などの印象が強いのかもしれません。

よいち水産博物館では、平成二三年度特別展として「スポーツ偉人伝―スポーツ史を彩った余市の人たち―」を開催しました(写真30－2)。余市町にゆかりのあるスポーツ選手やスポーツにまつわるエピソードなどにスポットを当ててスポーツ振興にも一役買おうという企画です。

記憶に新しい駒大苫小牧高校夏の甲子園二年連続優勝(二〇〇四年・二〇〇五年)と、それに続く準優勝(二〇〇六年)。その時に、それぞれ主将だった佐々木《ささき》孝介《こうすけ》選手、林裕也《はやしゆうや》選手、

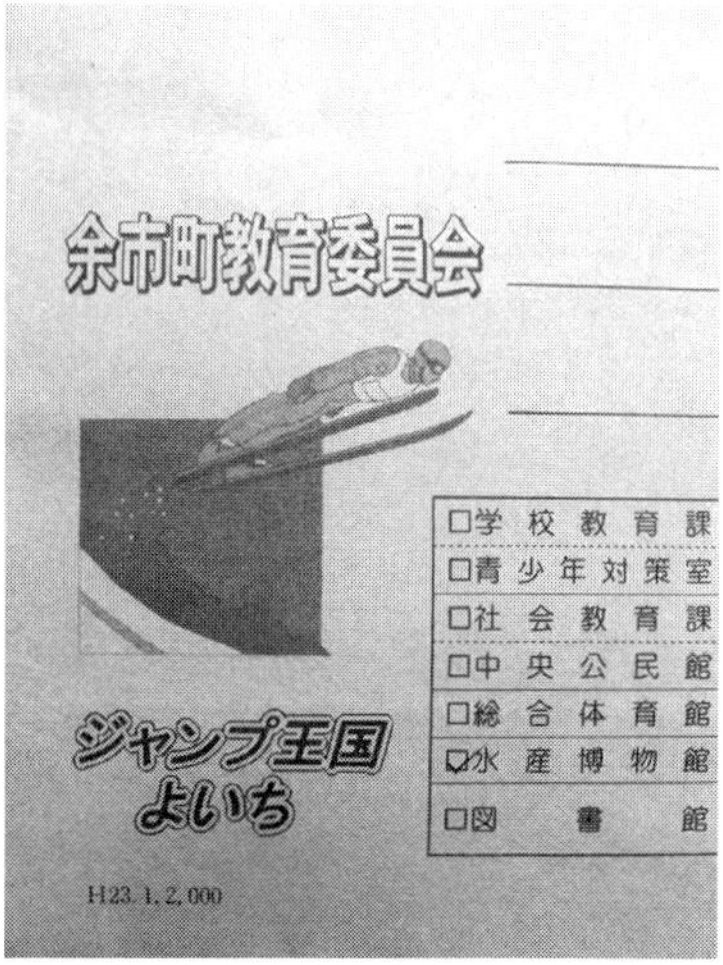

写真30-1　封筒にプリントされた「ジャンプ王国よいち」イラスト

本間篤史《ほんまあつし》選手はみな、中学硬式野球の強豪チーム「余市シニア球団」の出身です。ホームグラウンドである余市町営球場でその技術を磨きました。

また、一九三四年（昭和九年）の水泳日本選手権において一五〇〇メートル自由形で優勝、水泳日本のエースとして、一九三六年（昭和一一年）のベルリンオリンピックに道産子の競泳選手としては初のオリンピック代表選手となり、四〇〇メートル自由形で五位に入賞した根上博《ねがみひろし》氏は、現在のような立派なプールなどない時代に余市の海や川で練習を重ねました。

札幌五輪金メダルの笠谷選手も

スキー競技で言えば、なんといっても一九七二年（昭和四七年）、札幌オリンピックスキージャンプ七〇メートル級で金メダルを獲得し、その見事な着地は「笠谷テレマーク」と呼ばれ当時の子どもたちがこぞって真似をした笠谷幸生《かさやゆきお》氏。そして一九六六年（昭和四一年）、スキー世界選手権ジャンプ九〇メートル級で日本人初の銀メダルを獲得し、ジャンプ・複合の選手としてオリンピック三大会連続出場の藤沢隆《ふじさわたかし》氏。両氏はジャンプの名門余市高校（現余市紅志高校）では一学年違いで切磋琢磨し、世界へと羽ばたきました（写真30－3）。

さらに、一九九八年（平成一〇年）、長野オリンピックスキージャン

写真30-2　平成23年度特別展「スポーツ偉人伝―スポーツ史を彩った余市の人たち―」

プ団体と個人ラージヒルで金メダル、個人ノーマルヒルで銀メダルを獲得し、日本中を熱狂させた船木和喜《ふなきかずよし》選手、同じく長野オリンピックスキージャンプ団体金メダルを獲得、最も悪い条件のもと安定した跳躍で「団体金の一番の立役者」と評された斉藤浩哉《さいとうひろや》氏の両氏は、札幌オリンピックの翌年に発足した余市ジャンプスポーツ少年団の出身で、〈笠谷・竹鶴《たけつる》シャンツェ〉で練習を重ね、世界の頂点を極めました（写真30－4）。

ニッカウヰスキー創設者竹鶴政孝が尽力

北海道内では中規模のさほど大きくはないこの町が、特にスキージャンプに関しては紹介しきれないほどの有名選手を輩出しています。これは、スポーツ選手を育む豊かな土壌があり、数多くの人々によって支えられた結果と言えるでしょう。

写真30-3　笠谷幸生氏の見事な飛型

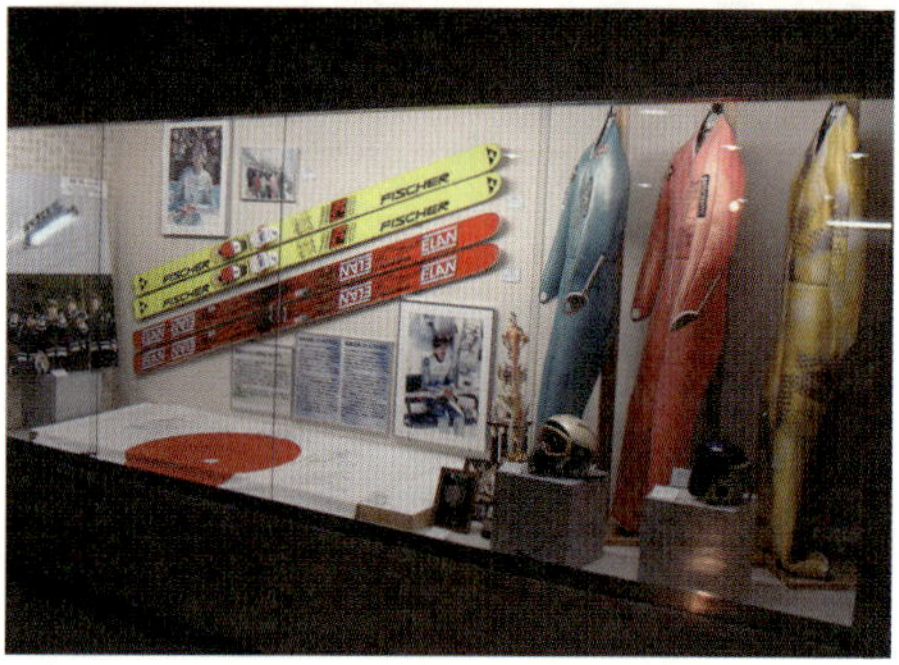

写真30-4　長野オリンピックの立役者、船木・斉藤両氏の使用したスキー板ほか

そのうちの一人が、ニッカウヰスキーの創設者竹鶴政孝《たけつるまさたか》氏です。余市町体育連盟初代会長を務め、町営球場などがある運動公園やジャンプ台の建設に尽力され、現在も使用される竹鶴シャンツェや毎年開催されるニッカ・竹鶴杯ジャンプ大会に名が残されており、ジャンプに限らず余市町のスポーツ振興全体に多大な貢献をされました。

歴史をさかのぼると、戊辰《ぼしん》戦争に敗れ入植した会津《あいづ》藩士が結実させて余市の農業の礎《いしずえ》を築いたリンゴが、創立当初のニッカ（創立時の社名は大日本果汁株式会社。それが日果→ニッカとなりました）を支えたリンゴジュースの原料となり、その創設者竹鶴氏が余市のジャンプを支え、数多くの名選手を輩出しました。このコラムの冒頭にある「果樹の町」「ニッカの町」「スキージャンプの町」は一見関連がなさそうですが、実は繋がっているのです（写真30－5・6）。

思い返すと私の少年時代は、冬の遊び場は室内ではなく戸外でした。雪山に小さなジャンプ台を作って朝から晩まで繰り返し飛んでは「笠谷テレマーク」を決め

写真30-5　女子野球大会を観戦する竹鶴氏（中央左）

写真30-6　ニッカ工場内に積まれたリンゴ

るハナを垂らした子どもがあちこちにいました。私に限っては高い所が苦手であったために、大きなジャンプ台に挑戦する勇気がありませんでしたが……。

余市のジャンプの状況

現在の余市のジャンプを取り巻く状況ですが、余市スキー少年団でジャンプ選手として登録しているのが八名（高校生三名、中学生三名、小学生二名。二〇一三年現在）と、輝かしい伝統の後継者が年々減りつつあり、大変厳しい状況にあります。これには、子どもの数が減っていることに加え、以前は冬期限定の競技であったジャンプが各地のサマー用ジャンプ台の整備により、一年を通じて行なえる競技へと変化したため、他の競技との掛け持ちが難しくなったこと、他の競技に比べ「お金がかかる」「危険」といったイメージが先行していること、一昔前に比べ様々なスポーツが世間で認知され選択肢が増えたことなど多くの要因があるようです。

この状況を打破するのは簡単ではありませんが、余市には〈笠谷・竹鶴シャンツェ〉をはじめとする素晴らしい環境があります（写真31－7）。また、大会が開催される際にはたくさんの人たちがそれを支えようと集まります。そしてなにより素晴らしい指導者もいます。

写真30-7　現在の「笠谷・竹鶴シャンツェ」

存亡の危機にある余市のジャンプ文化を「過去のもの」とするのではなく、未来へと繋げ、世界へ羽ばたく少年ジャンパーが再び出現することを期待しています。

（よいち水産博物館　小川康和）

31

斎藤茂吉と守谷富太郎
兄弟医者の〈北見〉物語

北網圏北見文化センターの学芸員より

北見市に日本最大級の茂吉資料が

「これだけの茂吉資料は斎藤家にもない」

斎藤茂吉《さいとうもきち》の長男の作家・精神科医である斎藤茂太《しげた》氏にもそう言わしめた一〇〇〇点以上にもおよぶ日本最大級の斎藤茂吉関係資料。なぜこのような資料が北見市にあるのでしょう。

この資料群を語る重要なキーパーソンが守谷喜義《もりやきよし》です。守谷喜義は農業関連団体職員や北見市議会議員を歴任しました。実は中川《なかがわ》郡中川村出身（現中川町）で、同村志文内（現共和）に住んでいた斎藤茂吉の実兄である道拓殖医の守谷富太郎の娘富子と結婚し、守谷家に婿養子として入りました。その後、一八歳の時に野付牛町《のつけうし》（現北見市）に転居。義父富太郎が亡くなった後、喜義氏は富太郎と茂吉の間で交わされた二二四通におよぶ書簡や四八点の絵柄短冊など多くの資料を、富太郎から引き継ぎました。

「このときに生まれいでたる男子よ　雄雄しく清くたまひしを繼《つ》げ」

守谷喜義氏の再々婚後に生まれた長男富太の生誕を祝い、茂吉が守谷家に送った短歌です。義父富太郎が亡くなった後も喜義が茂吉と親交を深めていたことがうかがい知れます。

斎藤茂吉と兄・富太郎

この資料が持つ大きな魅力は、富太郎と茂吉、二人の兄弟医者の物語でしょう（写真31－1）。斎藤（旧姓守谷）茂吉は、東京で青山脳病院を経営していた斎藤紀一の次女輝子と結婚し婿養子に入りました。精神科医として勤務しヨーロッパへの国外留学を果たす一方、日本歌壇の第一人者として日本文化の第一線で活躍しました。また、六歳年上の富太郎は、一九〇六年（明治三九年）に苦学の末、医術開業試験に合格すると、東京を離れ、小樽市で眼科医院を開

写真31-1　斎藤茂吉（左）と兄・守谷富太郎

業し、続いて北海道の寒村を回り僻地医療に汗を流し続けました。同じ医者でも都会の大病院と地域医療という真逆の医道、人生を歩んだ兄弟だったのです。一九三二年(昭和七年)、斎藤茂吉は中川村の兄富太郎を訪ね、一緒に上川《かみかわ》の層雲峡《そううんきょう》を訪れています(写真31－2)。

茂吉が兄に送った手紙やハガキの数々によって、兄を慕い尊敬し続けたことがわかります。

兄の死に対し、

「北海道の　北見の国に　いのち果てし　兄をおもへば　わすれかねつも」

と兄をしのんで詠んだ短歌からもわかります。富太郎もまた、茂吉直伝の短歌を詠み、短歌集『アララギ』に五一九首を発表して地域文化の高揚に貢献しました。

写真31-2　1932年(昭和7年)層雲峡。左から守谷富太郎、高橋四郎兵衛、石本米蔵、斎藤茂吉

北見と東京で相次いで亡くなる

一九五〇年(昭和二五年)一〇月、晩年に移り住んだ北見の地で富太郎が没すると、ショックから左半身不全麻痺を患い、茂吉も後を追うように一九五三年(昭和二八年)二月、東京大京町の自宅で亡くなりました。

北見市の斎藤茂吉資料は、医術への哲学、医道を歩んだ兄弟の「友愛」「慈愛」を文学的な価値と共に感じられる作品群です。市民の生命を守るため医療の充実に努めてきたオホーツクの中核都市にとって大切な資料であり、北海道開拓の拓殖医制度など地域医療史としての価値も高い〈北海道の宝〉として末永く伝える資料なのです（写真31－3）。

（北網圏北見文化センター　柳谷卓彦）

写真31-3　北見市立中央図書館文学館コーナー

コーヒーブレイク

船に記された記号（マーク）の意味

小樽市総合博物館の学芸員より

船名のほかに三つの記号

皆さんは港に行くことはありますか？

港には船が停泊しています。その船の側面には様々な文字や記号（マーク）が書かれています。その意味をご存じでしょうか。

写真1は、将来、船員を目指す生徒が実習をする航海訓練所所属の「青雲丸」の船首《せんしゅ》、つまり船の舳先《へさき》です。やはり船名が一番目立ちます。しかし、その他にも三つの記号が書かれています。まず浮き輪のところに数字があり、「青雲丸」の〈青〉の字の下にある丸い突起がついたマークもあります。そして三つ目に写真の右端にある◯に風車に似たマークで

す。これら三つのマークは決して落書きなどではありません。それぞれ意味があります。

船がどれくらい沈んでいる？

一つ目の数字ですが、これは船の喫水《きっすい》――水面から船首がどのくらい沈んでいるのかを表しています。数字は「メートル」と「センチメートル」のどちらかを表しているのです。写真では「6M」と書かれており、これは「六メートル」の意味です。さらにその上の数字には「2」と書かれています。これは「二〇センチメートル」を意味します。ここで「あれっ？　一〇センチメートルはどこ？」となりますが、実はそれぞれの数字の大きさは決まっていて、数字の高さが一〇センチメートルで書かれているのです。ということは「6M」の数字が水面に隠れていると六メートル一〇センチになるわけですがこれを見て航海士は積み荷や燃料、清水がどれだけ積載されているのか確認します。その目安が水深です。水深より喫水が深いと船は

写真1　航海訓練所所属の「青雲丸」の船首といろいろな記号

座礁してしまいますから。

ここで問題です。図1にある①②③の喫水をそれぞれ読んでみてください（ちょっと見にくいですが、それぞれの線は数字の上下に接していると見てください）。

正解は、

①六メートル六〇センチメートル

②六メートル一〇センチメートル

③五メートル五〇センチメートル

となります。

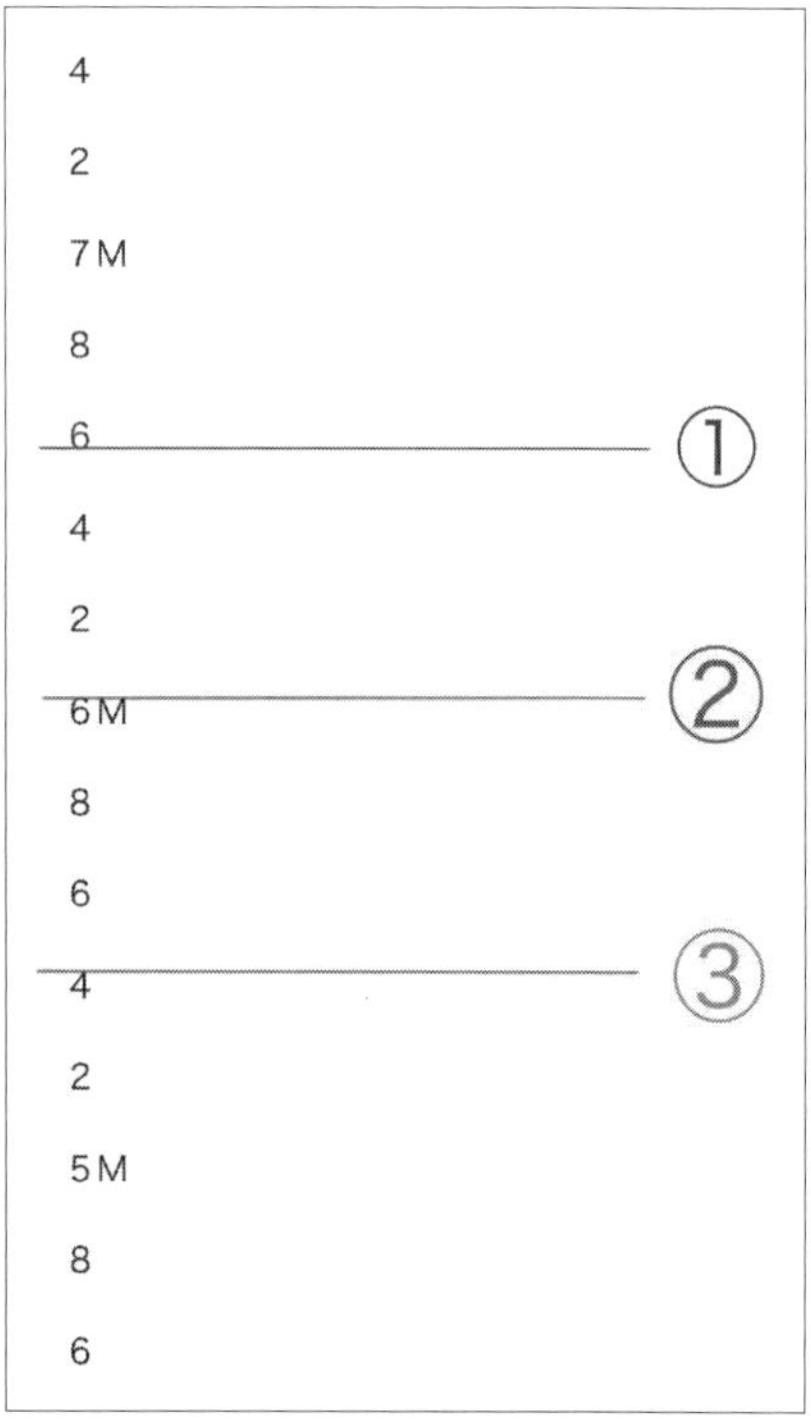

図1　喫水線

船首の水面下の形状は？

二つ目の丸い突起のついたマークは、船首の水面下が球状船首《きゅうじょうせんしゅ》（バルバス・バウ）になっていることを表しています（写真2）。これは船の造波抵抗《ぞうはていこう》を打ち消すために設けられています。船首がスリムなほうが船の速度が早くなると感じるかもしれませんが、船首で水面をかき分けて進む時にできる曳《ひ》き波《なみ》の抵抗を小さくするために、丸く突起を作っています。〝目に見えないところにも危険な個所があります〟ということを表しています。

船を横に動かすサイドスラスター

三つ目の◯の中に風車に似たマークは、〝本船にはサイドスラスターが設置されている〟ということを表しています（写真3）。「サイドスラスター」というのは、船体の左右を貫通させたトンネルを設けて、その中にプロペラを設置して水流を作り、舵とスクリューだけではできない細かい操船を補助する装置のことです。ちなみにこの船は船首にしか設置されていませんが、船尾にも設置している船もあります。一緒に使用すると、船の横移動が可能になるという利点があります。大型船が狭い港内で接岸する際には、タグボート（曳き船）の援助を受けて接岸しますが、サイドスラスターを使うと、船首または船首・船尾が横移動することで岸壁に寄せることができるので効率よく接岸できます。

旗りゅう信号もいろいろ

船にはほかにも記号や、旗（旗《き》りゅう信号など）があります。たとえば旗りゅう信号

写真2　球状船首（バルバス・バウ）の丸い突起

写真3　羊蹄丸のサイドスラスター（船の科学館所蔵）

（正式名：国際信号旗）について一つだけご紹介しますと、港内で写真4のような旗がマストに揚がっていると、「本船は二四時間以内に出港します」の意味を表します。これはアルファベットの「P」を表す旗で「ブルーピーター」とも呼ばれます。

四方美しい海に囲まれた北海道です。これからはそんなことを気にしながら船を見るとより楽しいことと思います。ぜひ覚えておいてください。

（小樽市総合博物館　伊藤公裕）

写真4　旗りゅう信号（正式名：国際信号旗）

第7章 北海道の戦争の記憶

32 厚真町の戦争遺跡「トーチカ」が伝えるもの

厚真町教育委員会の学芸員より

ロシア語語源の軍事施設トーチカ

厚真《あつま》町内に残る太平洋戦争の痕跡〝戦争遺跡〟に、「トーチカ」があります。

「トーチカ」とは、ロシア語「долговременная огневая точка（ダルガブレメンナーリャ　オグネバーリャ　トーチカ）」が語源です。日本語では「特火点」と訳された、コンクリート製の箱状の陣地の中に機関銃や歩兵砲などの火器類を収め、侵攻する敵への防御線となる最前線の軍事施設です。ノルマンディ上陸作戦を描いた映画『プライベート・ライアン』でも、最初の壮絶な戦闘シーンで、上陸したアメリカ軍がこのトーチカに行く手を阻まれる様子が出てきます。

トーチカが築かれた理由

　トーチカは、敗戦が色濃くなり出した一九四四年（昭和一九年）、第七七歩兵師団（稔部隊、一万五〇一一五人、師団本部は早来《はやきた》）によって、厚真町を中心に苫小牧市やむかわ町の海岸部一帯（勇払《ゆうふつ》平野）に数多く構築されました。米軍が太平洋から北海道に上陸し道都札幌へ侵攻するのを阻み、また苫小牧と千歳に二カ所ずつあった飛行場が占領され本土空襲への拠点となることを防ぐために設置されました。トーチカが設置されているところは砂浜海岸が続くために上陸用舟艇が接岸しやすく、上陸後は札幌まで最短距離で侵攻できるのです。トーチカのほかに「対戦車壕」も構築されました。

勇払平野にある四七基のトーチカ群

　勇払平野にある苫小牧市東部、厚真町、むかわ町の海岸部には全部で四七基のトーチカが構築されましたが、うち一四基が厚真町域にありました。しかし昭和五〇年代前半に三市町にあったトーチカの多くが破壊・撤去され、現存しているのは全体でわずか一三基となっています。

　そのうち厚真町域には五基、隣接する苫小牧市東部工業地帯（苫東《とまとう》地区）には八基が残っており、その多くが海岸から二キロメートルほ

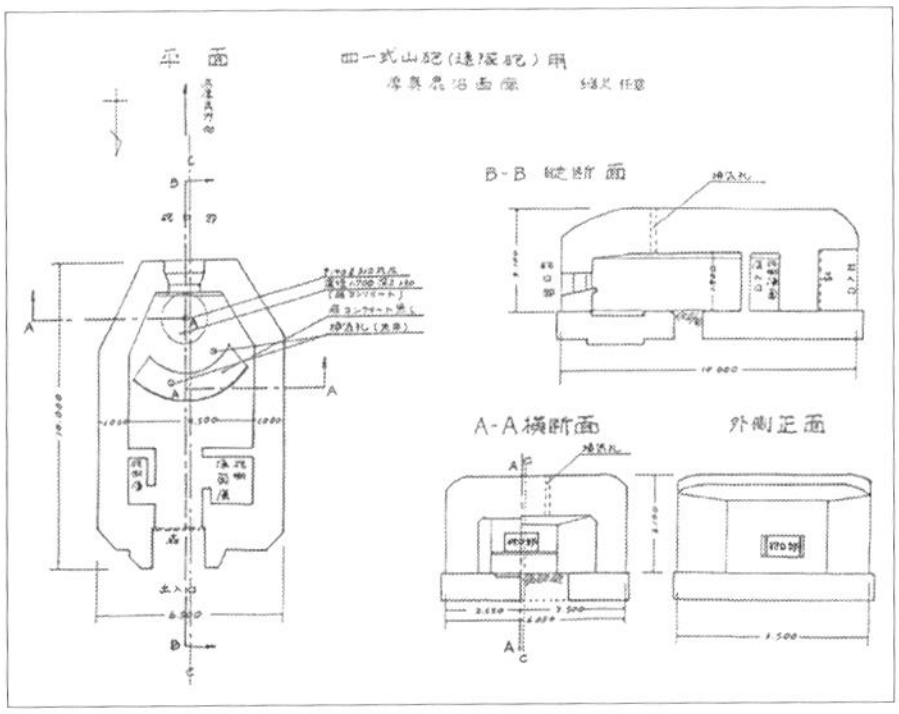

図32-1　鹿沼トーチカ実測図（香川2001）

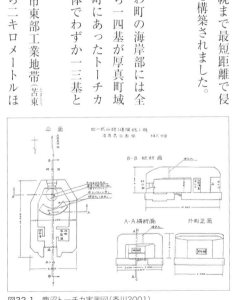

ど内陸部に入った台地縁辺部にあります。内陸部にトーチカが築かれているのは、海岸部の防御線を突破して上陸した敵軍が札幌方面へ向かうところを側面から攻撃するためです。

内陸部のトーチカが残っているところは、現在、耕作地であったり、工業用地の緑地保存帯となっている場所です。その多くは道路から離れた人目につかない林の中に点在しています。ある意味、開発をのがれた場所であったことが〝戦争遺跡〟の「保存」に一役買ったと言えます。ここで調査によって明らかになった「鹿沼トーチカ実測図」を見てみましょう（香川昭八（二〇〇一）『太平洋戦争当時の勇払平野の防御陣地』より）（図32－1）。

勇払平野の残存トーチカ数

	苫小牧市	厚真町	むかわ町	合計
一九四五年	二五基	一四基	八基	四七基
一九九七年	七基	七基	五基	一九基
二〇一三年	四基	五基	四基	一三基

鹿沼南西トーチカ（写真32－1・2・3・4）

道道上厚真《かみあつま》鵡川《むかわ》線より砂利道を七〇〇メートルほど入った耕作地の脇に「鹿沼南西トー

チカ」と名付けられたトーチカがあります。構築当時は偽装（カモフラージュ）と防弾のために土砂で覆われていたのでしょうが、畑地造成の際に周囲の土砂が除去されてトーチカ本体が露出したようです。私がオフロードバイクで偶然通りかかってわかりました。そのときは、こんな内陸の立地に驚き、同時に六〇年以上も前に造られたトーチカの堅牢さから、当時これを造った方々の危機感や緊張感、またその苦労を思い、三〇分くらいこの場所にいた記憶があります。

このトーチカは現存する地域のトーチカとしては標準的なサイズとなっています。地上外寸法で長軸一〇メートル×単軸六・五メートル×高さ三・一メートルです。その内部には砲身が一・三メートル、口径が七五ミリメートルの最大射程六三〇〇メートルである「四十一式山砲」が据え置かれていたようです。現在は砲座の中心となる木製の軸が残っています。また、銃眼《じゅうがん》（銃を構え

写真32-1　鹿沼トーチカ遠景

写真32-2　鹿沼トーチカ正面

るための小窓）と、その反対の出入り口側に弾薬庫があり、天井には二カ所の換気孔も設置されていました。

厚和トーチカ（写真32－5、図32－2）

厚和《あつわ》地区のトーチカは、近くの畑から三〇〇メートルほど離れた「共和コンクリート」の工場付近にあります。銃眼部分は埋もれかけていますが、それ以外はほぼ当時の状況のままです。私は五月下旬に踏査したのですが、かなり難儀する藪《やぶ》をこがないと辿り着けません。そんな場所にあることから人の出入りがなく、保存状態も良好で、まさに人々の記憶からも忘れ去られたような存在でした。

写真32-3　鹿沼トーチカ全景

写真32-4　鹿沼トーチカ裏面

共和トーチカ

「共和トーチカ」は苫東緑地保存帯の中にあります。普段は〝敷地内立入禁止〟の区域ですが、現存する厚真町内のトーチカでは最も知られているトーチカです。「株式会社苫東」の許可を得てだれでも見学することができます。このトーチカは、海岸平野に面する標高一五メートルの台地に造られており、付近の高台からは道内最大規模の苫東厚真火力発電所や日本海航路のフェーリーターミナルの周文埠頭を正面に見ることができます。当時も上陸するかもしれない敵軍の船をここから監視していたのではないでしょうか。また、この周辺には、「塹壕《ざんごう》」（交通壕）や「監視壕」など、トーチカに付随する施設の痕跡もあり（地表面に窪みが残っています）、当時の陣地の状況を想像することができます。

　また、このトーチカはコンクリートが剥がれ落ちた部分からレールや角材などが見えていて、無筋（鉄筋が入っていない）のコンクリート、つまり貧弱な強度のトーチカであることもわかります（写真32－6）。戦争末期になると、戦うための建造物にさえ鉄を使うことができない、それほど物資が不足していた、ということもこ

写真32-5　厚和トーチカ内部

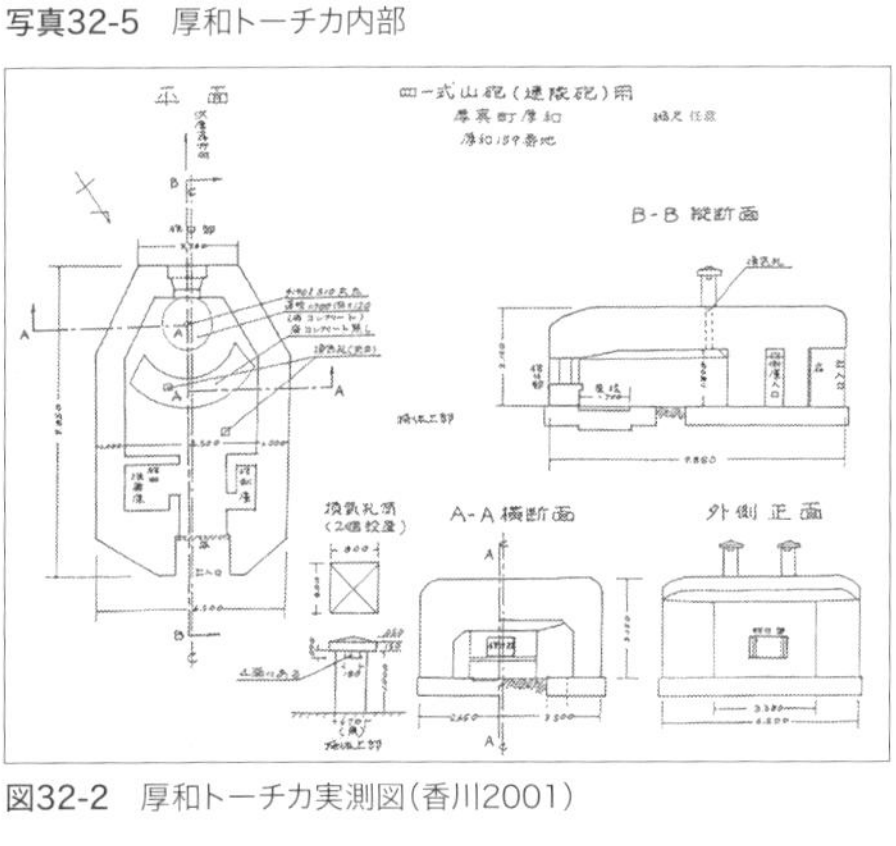

図32-2　厚和トーチカ実測図（香川2001）

のトーチカは伝えてくれています。

内部を見てみると、石炭ストーブがありました。これは「戦後開拓」で入植した人が住居として使用した残滓《ざんし》だそうで、モノが無かった終戦直後、住居としてトーチカが利用されていたことを物語っています。戦争に使われた施設は平和な時代には〝無用の長物〟となることが多いのですが、居住域に隣接するトーチカのなかには今でも「物置」として利用されているものがいくつかあります。この共和トーチカは、地元の小学校の社会科(校外授業)でも毎年見学の対象になります。一九四五年(昭和二〇年)七月の「北海道空襲」では厚真でも犠牲者が出たこともあり、その「空襲体験」を子どもたちへ語り伝えることも行なわれています(写真32－7)。

写真32-6　共和トーチカの代替鉄筋のレール

写真32-7　共和トーチカでの校外授業(厚真空襲体験談話)

戦争の記憶をどう伝えていくか

厚真町の私よりも年配の方にうかがうと、「浜厚真の砂浜にあった四角い箱」としてトーチカを記憶している方もいますが、今も山林に佇むトーチカや張り巡らされた塹壕跡の存在を知っている方はもうほとんどいません。戦争の体験や記憶を持つ人も急激に減っていきます。そうしたなかで今後どのように〝戦争の記憶〟を後世に伝えていくのか。戦後世代の私自身も真剣に考えていかなければならない問題だと思っています。

（厚真町教育委員会　乾哲也）

33

室蘭の戦争遺跡が伝えるもの

室蘭市教育委員会の学芸員より

工業都市の戦争遺跡

室蘭は明治期から北海道を代表する工業都市であったため、太平洋戦争中に空襲と道内唯一の艦砲射撃を受けました。そのため、市内には軍事構造物や防空壕跡地がわずかながら残り、空襲・艦砲射撃等に関する当時の様子も語り継がれ、数多くの慰霊碑も残されています。（一般的に「戦争遺跡」（以下「戦跡」）は、明治期以降の戦争に関する構造物や跡地等を指します。）

十五《じゅうご》糎《さんち》加農《かのん》砲《ほう》掩体《えんたい》跡《あと》（写真33－1）

一九四五年（昭和二〇年）、室蘭港の入口がある噴火湾から侵入する敵の艦隊を想定し、その迎撃のため、十五糎加農砲（口径一五センチメートルの大砲）を収める掩体《えんたい》（コンクリート製の蔽《おお》い）二基（予定三基）を、北部軍管区司令部稲木隊約三〇〇人が、約四カ月かけて構築しました。二基の掩体は山の斜面に対し、横向き上下に配置され、噴火湾の対岸にあたる森町《もりまち》方面を向いています。現存するのは斜面下段の掩体だけですが、砲を二門据え付けたのかは不明です。

戦後、この掩体はかぶせた土を取り除き、内部を住居として改装し、住宅として昭和五〇年代まで使用されました。当時の新聞などでは戦争遺物の平和利用として紹介されています。

防空壕跡（写真33－2）

市内では一九四一年（昭和一六年）から、町内会の勤労奉仕等によって公共用防空壕が造られ、各家庭や企業等でも待避壕や防空壕が設けられました。

この防空壕は横穴式で、入口付近の高さが約三・三メートル、横七メートル、奥行き数十メートルあり、戦後は水族館となった敷地内に残されています。

この場所は水族館やその前に捕鯨会社があったことなどから、

写真33-1　十五糎加農砲掩体跡

一九五八年（昭和三三年）、この防空壕を利用して高さ二・二一メートルの魚藍《ぎょらん》観音が安置されました。一九六六年（昭和四一年）には、壕の入口付近をコンクリートブロックで囲んだものに造り替え、現在まで室蘭割烹《かっぽう》調理師睦《むつみ》会が魚鳥供養を行なっています。

写真33-2　防空壕跡

第一華工収容所跡地（写真33－3）

戦争末期、国内の労働力不足を補うため、中国や朝鮮半島から多数の人たちが日本に連行されました。一九四四年（昭和一九年）、室蘭には約一八〇〇人の中国人が連行され、日本港運業会室蘭第一華工管理事務所など五カ所の収容所に配置されました。室蘭の各収容所では石炭や鉄鉱石、木材や木炭などの運搬労働を強いられ、終戦までに室蘭全体で、約五六〇人、第一華工収容所では三一人が亡くなりました。

我此土安穏《がしどあんのん》の碑（写真33－4）

室蘭では戦後、東京から大相撲一行が一門別に数回訪れ、戦災戦没者追善供養のため、土俵入りや相撲が行なわれました。なかでも艦砲射撃の被害が大きかった輪西《わにし》地区には、一九四九年（昭和二四年）七月一四日、東京大相撲一行が来訪し、横綱照国《てるくに》、横綱羽黒山《はぐろやま》の土俵入り後、市内各寺院の僧侶による読経の中、遺族や力士も参列し、戦災死没者五周忌追善供養が行なわれました。我此土安穏《がしどあんのん》の碑は、その際、同地区の立雲寺林舜祥住職が建立した碑とされています。碑名の「我此土安穏」は法華経の一節で、揮毫と石碑に残る手形は照国によるもので、碑の高さは約一三〇センチメートルあります。

バスで回る「戦地巡り」も

さて、〝軍事構造物や防空壕跡〟〝収容所跡地に関するもの〟〝空襲・艦砲射撃に関する慰霊碑〟に分けて室蘭の戦跡の一部をご紹介しました。軍事構造物として残るものは少ないですが、市内各所に残る高射砲などの陣地跡地、防空壕跡地や収容所跡地、個人や団体等で建立された慰霊碑などの戦跡と、体験者の証言は、戦争の悲惨さと平和の大切さをこれからも伝えてくれると思います。

戦後七〇年が経ち、戦争の記憶が遠いものになっていますが、室蘭では夏に市内の戦跡をバスで巡る「戦跡巡り」を行なっています。参加者は身近な場所に戦争関連の場所があること、当時と周囲の様

写真33-3　第一華工収容所跡地（2015年、旧「港の文学館」解体）

子が変わっていることなどに驚きます。この戦跡の見学会が、平和について考えるきっかけになることを願っています。

（室蘭市教育委員会 谷中聖治）

写真33-4　我此土安穏の碑

34 樺太航路と稚内港北防波堤ドーム

稚内市教育委員会の学芸員より

さらなる北方への玄関口・稚内

稚内《わっかない》は日本最北端の町として知られ、「日本最北端の地の碑」のある宗谷岬《そうや》には、年間を通してたくさんのお客さんが訪れています。宗谷岬では、天気のいい日に宗谷海峡を隔てサハリンの島影を望めます（写真34－1）。

ＪＲの駅の最北端にあたり、旅の終着点というイメージが強い稚内ですが、戦前は、稚内と樺太《からふと》を結ぶ航路が活躍していました。また近年においても、様々な形で稚内とサハリンのコルサコフを結ぶフェリーが運行されており、視点を変えれば、さらなる北方への〝玄関口〟の役割を稚内は担っていると言えると思います。

大正時代に開かれた航路

大正時代は、鉄道や港の整備が盛んに計画された時代でした。稚内にも一九二二年（大正一一年）に宗谷線（旧天北《てんぽく》線）が開通するという話が高まってくると、樺太の大泊《おおどまり》（現在のコルサコフ市）と稚内を結ぶ、いわゆる稚泊《ちはく》航路を実現してほしいという声が湧き上がってきました。ちなみに稚泊航路という名前は、稚内の稚の字を「ち」と読み、大泊の泊の字を「はく」と読んでつなげたものになります。

その後、稚内での鉄道開通の翌年にあたる一九二三年（大正一二年）、稚内と大泊の間に稚泊連絡航路が開設され、壱岐丸・対馬丸が就航しました。これにより稚内は鉄道と共に港湾都市として、また樺太への要衝として成長していきます（写真34－2）。

稚内港北防波堤ドームの完成

昭和に入り一九二八年（昭和三年）には、稚内駅（後の南稚内駅）～稚内港駅（後の稚内駅）間が臨港線として延伸され、現在の中央地区に稚内港駅が開業しました。さらに一九三六年（昭和一一年）には、稚内港北防波堤ドームが五年の歳月をかけ完成します。

写真34-1 「日本最北端の地の碑」とサハリン

稚内港の歴史を紐解くと、北防波堤ドームは、北海道帝国大学を卒業し北海道庁の技師として稚内築港事務所に赴任してきた土屋実（当時二六歳）によって設計され、一九三一年（昭和六年）に着工、一九三六年（昭和一一年）に竣工しました。その後、一九三八年（昭和一三年）に線路がドームの端まで延長し、ドーム前面には二階建ての「稚内桟橋《さんばし》駅」が設けられ、樺太への玄関口として多くの乗船客がここを訪れました（写真34－3）。北防波堤ドームは、樺太へと渡る人々で賑わった頃のシンボルとも言えるでしょう。

ドームの外観である円柱となだらかな曲線を描いた回廊は、古代ローマ建築を彷彿させます。胸壁をかねる円蓋を持つ蒲鉾《かまぼこ》を縦に半分にしたような半アーチ形のデザインは、稚内港に吹き付ける強風と高波を克服するためのもので、高さ一三・六メートル、柱の内側から壁までが八メートル、総延長四二七メートル、柱の数は七〇本を数えます。建造物の特徴としては、他に類を見ない構造形式であり、梁《はり》、柱、

写真34-2　稚泊航路記念碑

写真34-3　稚内連絡桟橋

防波堤胸壁及び枕基礎からなる固定ラーメン構造を採用しています。形状の優雅さ、規模の雄大さ、技術的にも新境地を開いた画期的な工法として高い評価を得ています。

稚内のシンボル的存在

戦後、北防波堤ドームは一九七〇年(昭和四五年)に補修、一九七八年(昭和五三年)〜一九八〇年(昭和五五年)にかけて全面改修、そして一九九七年(平成九年)〜二〇〇二年(平成一四年)まで耐震補強工事が行なわれています(写真34-4)。二〇〇一年(平成一三年)には「北海道遺産」にも認定されました。またその近くには「稚泊航路記念碑」などドームと共に稚内の歴史を物語るモニュメントも設置されています。

現在、北防波堤ドームは、稚内港のシンボル的存在の建造物として、市民をはじめ観光で稚内を訪れる方々から広く愛されています。二〇一二年(平成二四年)四月には、北防波堤ドーム周辺に「北防波堤ドーム公園」と、街と港を結ぶ「波止場プロムナード」が完成しました。公園では、市民らがジョギングや散歩を楽しみ、また野外ステージを利用したコンサートなどが実施され、北防波堤ドームを中心に年間を通して様々

写真34-4　北防波堤ドーム

なイベントやレクリエーションが行なわれています。

隣国との交流を語り継ぐ

戦後、長く途絶えていた稚内とサハリンとの航路は、一九九五年(平成七年)四月、半世紀の時を経て復活します。その後、一九九九年(平成一一年)～二〇一五年(平成二七年)の夏期間のみ定期航路が運航され、国境の海を結びました(写真34－5)。稚内港を九時に出港すると、コルサコフ港には一四時半(現地時間一六時半)に到着します。一五九キロメートルの距離を約五時間三〇分かけての到着となります。

ちなみに、稚内から札幌までは、JRの特急で約五時間かかりますので、稚内からサハリン(コルサコフ)と札幌への乗船・乗車時間のみを比較すると大差ないことになります。二〇一六年(平成二八年)以降の運航については未定ですが、形を変え、チャーター船などの運航が検討されているところです(二〇一六年五月三一日現在)。

日本最北端の「国境のまち」稚内。先史時代から続く海を隔てた隣国との交流や文化・歴史を稚内発でもっと語り継いでいく必要があるでしょう。

(稚内市教育委員会　斉藤譲一)

写真34-5　アインス宗谷

35 戦争に翻弄された幻の鉄路「戸井線」

小樽市総合博物館の学芸員より

軍事輸送目的で計画

北海道内には鉄道敷設を進めながら事情により建設中止となり未完成に終わった路線がいくつかあります。その中の一つ、「戸井《とい》線」は軍事輸送を目的として、函館を起点に五稜郭《ごりょうかく》から分岐して戸井に至る三二・六キロメートルの計画路線でした。路盤やトンネルなどの土木工事は、戸井まで残り三・四キロメートル地点の瀬田来《せたらい》まで完了しましたが、太平洋戦争の形勢悪化にともない工事は中断されました（図35－1）。

この中断によって戦時下に影響を受けたほかの営業路線は次の五つです。

・「札沼線」（石狩月形－石狩沼田）

・「富内線」（沼ノ端－豊城）
・「興浜北線」（浜頓別－北見枝幸）
・「興浜南線」（興部－雄武）
の四路線が営業休止、
・「手宮線」（手宮－南小樽）
が単線化。各路線の鉄材などを回収し施設の撤去転用が行なわれました。

大正から始まる敷設の歴史

「戸井線」敷設の歴史は一九二二年（大正一一年）四月、全国の鉄道網完成を進めるために公布された改正「鉄道敷設法」から始まります。この法律では国の地勢、産業の開発、国防その他の観点から必要とする路線一四九線が選定されました。そのなかには「渡島国函館ヨリ釜谷ニ至ル鉄道」として戸井線も予定線に挙げられています。その後、津軽要塞の設置で汐首《しおくび》崎第一・第二砲台が建設され、汐首崎が軍の重要地域となります。一九三六年（昭和一一年）五

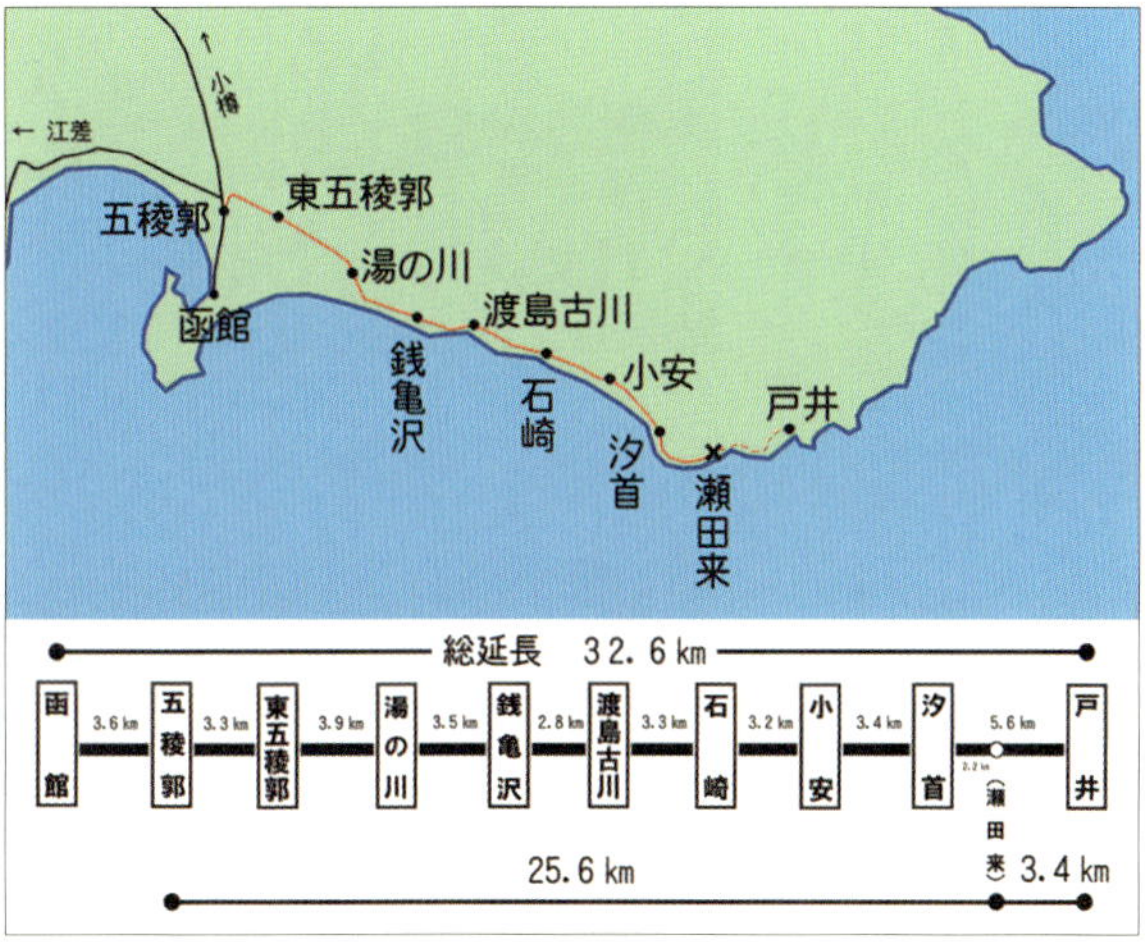

図35-1　戸井線略図

月には鉄道敷設法の中改正で「釜谷」から「戸井」まで延長されます(写真35－1・2・3・4)。

一九三七年(昭和一二年)一一月、北海道建設事務所の所管で五稜郭側から工事着手、一九四二年(昭和一七年)に瀬田来まで路盤工事は完成し、湯の川まではレールも敷設されましたが、資材不足により中止。一九四四年(昭和一九年)「鉄道敷設法」戦時特例が公布、この特例では戦力増強など緊急に鉄道が必要な場合は敷設が認められましたが、実際に行なわれたものはなく、戸井線の工事も再開することはありませんでした。

幻のルート

写真35-1　瀬田来第1陸橋(2012年10月撮影)

写真35-2　瀬田来第2陸橋(2012年10月撮影)

写真35-3　汐首岬付近の遺構(2012年10月撮影)

写真35-4　汐首川橋梁(2012年10月撮影)

戦後、青函トンネルのルート検討で戸井線の一部を通る東回り「大間－汐首」案、西回り「竜飛－白神」案の二つが検討されましたが、水深や地質の問題もあり、現在の西回りルートが採用され戸井線にレールが敷かれることはありませんでした。そして一九七一年（昭和四六年）九月、国鉄は鉄道用地（函館市二九万六五五四平方メートル、亀田町五万三〇九九平方メートル、戸井町一八万五七五〇平方メートル）を八五六七万六〇〇〇円で売却、トンネル二カ所（四五五メートル）橋梁五一カ所（五四八・五メートル）などの残った設備を無償譲渡しました。（亀田町は一九七一年（昭和四六年）市制施行、一九七三年（昭和四八年）函館市に編入合併。戸井町は二〇〇四年（平成一六年）函館市に編入合併。）

コンクリート構造物の保存の難しさ

二〇一二年（平成二四年）八月に、戸井地区瀬田来に残るコンクリートアーチ橋「蓬内《よもぎない》橋」が老朽化のため同年一二月に解体撤去という報道がありました（写真35－5・6）。戸井地区に残るコンクリート橋では唯一市道として使われていたもので、産業遺産としての保存を望む声もありました。沿線住民のなかには、過去に戸井線跡のコンクリート路盤の鉄砲水による災害を受けたり、また崩落を防ぐため

写真35-5　蓬内橋全景（2012年10月撮影）

写真35-6　蓬内橋の上側（2012年10月撮影）

の維持管理費の公費の負担などもあり橋の架け替えに安心する人もいるようです。解体工事は翌年二月から行なわれ、戸井線遺構の一つは姿を消しました(写真35-7・8・9)。

コンクリート構造物の修復・保存は、国内にある産業遺産の現状を見ると容易ではないことがわかります。文化財としての修復理念が未熟なため、現場の判断に任せた修復が行なわれるなど、まだ調査研究段階という現状です。経済的・技術的な問題も含めコンクリートの素材を文化財として修復・保存していくには多くの課題があり、「厄介モノ」とまで言われた戸井線跡に残る構築物において、地域の人々に遺産として認めてもらうには時間がかかるでしょう。

写真35-7　蓬内橋解体工事の状況1(函館市土木部道路建設課提供、2013年2月撮影)

写真35-8　蓬内橋解体工事の状況2(函館市土木部道路建設課提供、2013年2月撮影)

写真35-9　蓬内橋解体工事の状況3(函館市土木部道路建設課提供、2013年2月撮影)

実物を遺構として保存し後世に伝えていくことが理想ですが、まずは住民の安全が第一です。やむなく残すことができず解体されたとしても、そこにあった歴史や史実が語り継がれていけば、それは「財産」になることと思います。

（小樽市総合博物館　佐藤卓司）

第8章

地域に残る先祖伝来の風習

36

お乳の出がよくなる「玉之江の乳母杉」

知内町郷土資料館の学芸員より

乳母杉の伝説

知内《しりうち》町元町地区にある知内公園。入り口から入ってすぐ左手に曲がり、杉林の合間を抜けていくと一本の杉の巨木があります。それが「姥杉《うばすぎ》」です(写真36－1)。

この姥杉には次のようないわれがあります。

雷公《らいこう》神社の初代宮司大野了徳院の妻玉之江《たまのえ》は、お乳が出ないで困っている人のことを案じていました。「私が死んだら墓の隣に杉の木を植えて欲しい」と言い残して死んだ玉之江の言う通り、見晴らしの良い丘の上に埋葬して祠《ほこら》を建て、側には一本の杉を植えました。するど杉が成長するにつれ、その根元にはまるで二つの大きな乳のようなコブが現れてきました。このコブに乳不足に悩む人が乳房を模した三角形の袋に洗米を入れて供え、コブをさすって祈願した後、米を持ち帰って粥《かゆ》にして食べると、玉之江が願っていた通り、その人のお乳の出がよくなりました。

なかには、子を持つ母が先に亡くなってしまい、その祖母が孫を育てるためにこの杉に祈願したところ、やはりお乳が出た、という話もあります。そうしたことからいつしかこの杉は「乳神《ちちがみ》さま」「乳母《うば》杉」と呼ばれるようになりました。

ところが、現在、杉のコブは一つしかありません。これは言い伝えを信じない男がいて、その男がコブを切り落としたためと言われています。その際、切った痕からはまるで血のように赤い樹液が流れ、男は狂い死にしたとも言われています。

樹齢七五〇年？

「神社明細並氏子取調帳」(一八七五年＝明治八年)によると、姥杉神社は一二六二年(弘長二年)の創建とされています。伝説の通りだとすると、樹齢約七五〇年ということになりますが、実際の調査から推定される樹齢はもう少し若いようです。

写真36-1　姥杉

それでもその巨大さには目を見張るものがあり、下から見上げると視界いっぱいに広がるその枝ぶりは、いかにも願いをかなえてくれそうな雰囲気があります。この姥杉は知内町の〝財産〟であるばかりでなく、北海道の「記念保護樹木」にも指定されています。

天保年間に始まったお祭り

姥杉に関係した行事として、毎年一月一七日に雷公神社で「十七夜講」という祭りが行なわれています（写真36－2）。天保年間（一八三〇～一八四四）に始まったと言われ、宮司以外の参加者はみな女性というお祭りです。明治の頃には遠くは札幌や青森、秋田などからも人が訪れたそうです（写真36－3）。

祭壇には乳房型にこしらえた「しとぎ」が供えられます。（「しとぎ」というのは水に浸けておいた生米を竪きね・竪臼でつき砕くか、すりつぶすかして粉にして、丸めたり平たくしたものです。）そのためかどうかはわかりませんが、この十七夜講は「おっぱい祭り」とも言われています。

ひき臼が発達してくると、うるち米を引いて新粉とし、それを丸めた物を団子と呼ぶよ

写真36-2　十七夜講の祭壇

写真36-3　昭和30年代の十七夜講

うになります。団子という言葉は平安時代以降に登場しますが、しとぎはそれよりも古くからある重要な神仏への捧げ物でした。なお、アイヌ語には日本からの単語も取り入れられています。「しとぎ」のことをアイヌ語で「シト」と言い、熊祭りなどの時に作られました。

女たちが夜通し唄い踊る

一九五五年（昭和三〇年）頃までは、この十七夜講の日だけは、普段の家事や育児から解放された女たちが集まり、姥杉に参拝し、神社で授乳や安産を祈願した後、十七「夜」講の名の通り夜通し唄い踊ったということです。しとぎはその際の夜食として暖炉で焼いて食べられたのです。（余談ですが、女たちの帰り道を狙って声をかけようと男たちが神社の外で待っていたとか……。要はナンパですね。）

一月一五日（もしくは一四日から一六日）を「小正月」と言いますが、「女正月」とも言われます。これは「大正月」に忙しく働いた女たちが一休みする期間という意味もあるようです。十七夜講が行なわれることと関係があるのかもしれません。

厄払いや家内安全の祭りとしても

生活様式の変化もあってか、現在の十七夜講は厄払いや家内安全などを祈願するお祭りになりました。そして夜通しではなく昼間に行なわれています。しかしやはり今でも参拝者の中に妊婦さんや小さな子どものいる母親の姿が見られます。また、遠くに住んでいる人からの祈願の申し込みも絶えないそうです。
祭りでは神主が祝詞《のりと》をあげた後、参拝者が玉串を捧げてお参りします。それから神主がお供えしていたしとぎを手で触れずに箸で崩してお神酒にひたし、参拝者に配ります（写真36－4）。参拝者はそれを持ち帰って焼いて食べることで「姥杉の洗米」と同じような御利益が得られ、お乳の出が良くなると言われています。興味を持たれた方はぜひ一度参加してみてください。

（知内町郷土資料館　竹田聡）

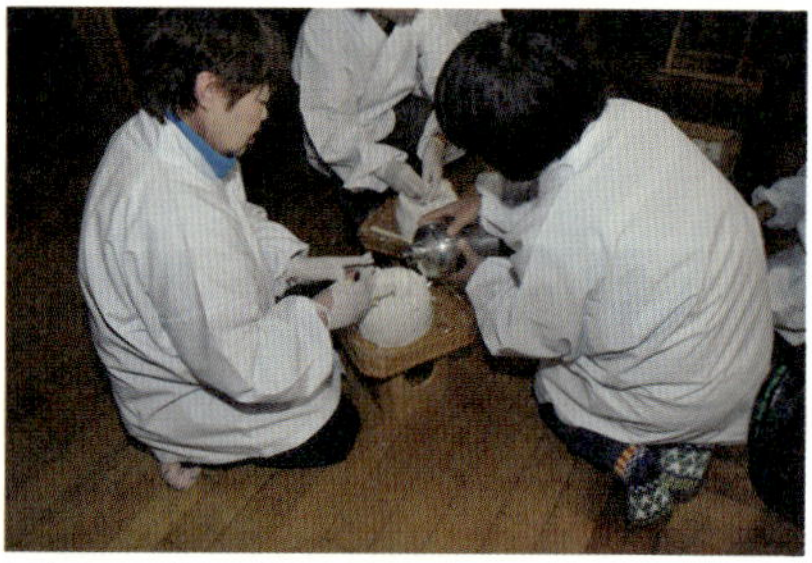

写真36-4　「しとぎ」にお神酒を注ぐ

37

開拓地でお葬式はどう行なわれたか？

三笠市立博物館の学芸員より

異なる文化で不定期に行なう儀式

北海道は移住者の多い土地です。明治時代から開拓のために本州から大勢人が入ってきました。移住者の出身地はそれぞれ異なっており、当然文化も異なりました。北海道の多くの地域では、そうした異なる文化を持つ者同士が町や村を形成していったという背景があります。

文化の異なる移住者たちの地域では、いったいどんなお葬式が行なわれていたのでしょう？「葬儀」はかつて、地域社会が手伝わなくては成り立たない儀式でした。地域社会がかかわる儀式としては他に「祭り」などがありますが、祭りは定期的に行なわれることから入念な準備期間がありました。しかし葬儀は死者が出なければ行なわれない不定期な儀式です。突然の準備に追われ、なおかつ地域社会の力を借りなければならない「葬儀」という儀式。様々な地域からやってきた人々が異なる葬儀文化を持ちながら一緒に生活していたのが北海道ですから、本州各地の葬儀文化とは相当に違うお葬式のあり方が予想されます。葬儀の、北海道での歴史的な変遷を追ってみました。

帯広市の別府墓地では

北海道における葬儀の変遷のなかで特に変化が著しいものに、まず「遺体の処理」が挙げられます。葬儀を行なうにあたっては遺体は何らかの方法で処理しなくてはなりません。帯広市（旧川西村）別府《べっぷ》町の別府墓地では、昭和一〇年代まで「土葬」が行なわれていたと言います（写真37－1）。かつて青年団の一員として土葬を担当したことのある宮城県にルーツを持つWさん（一九一八年＝大正七年生まれ）にその方法を聞いてみました。

Wさんによると、土葬では、穴掘り役を青年団に加入している若者二人が担当します。その担当者は青年団のなかで順番に回すそうです。穴を掘る深さは六～七尺（一八〇～二一〇センチ余り）くらい。三尺（九〇センチ余り）くらい掘ると、水が出てくるのですが、それをさらに

写真37-1　別府墓地。かつて土葬が行なわれていた場所

掘り進めたと言います。棺が到着する前に穴を掘るのか、棺と一緒に行動して墓地で穴を掘るのか、そこまではWさんは覚えていませんでした。

穴を掘ると、鉋《かんな》をかけない四分板で作った遺体の入った棺を、青年団の二人が穴に入れ、土をかけて埋めました。家族が土をかぶせたりはしませんでした。当時は、自分の肉親に土をかぶせるなんて、悲しいことはできないという考えがあったわけです。

省略された葬儀の部分も

このように、別府町では移住者が持ち込んだ伝統的な方法で葬儀が行なわれていたようです。一方で、省略された部分もありました。Wさんは宮城県の出身ですが、本家のある仙台や、親戚のいる山形県で葬儀が行なわれたときの土葬では、掘った穴の中から地上へ向かって「息継ぎ棒」がつけられていたことを知っていました。知識としては知っていましたが、別府町で土葬を行なう時には「そこまでしなくてもよいだろう」ということで行なわれなかったということを記憶していました。移住先の別府町で、葬儀の変化が起こった一つの事例です。その後、別府町では昭和一〇年代から遺体の処理が野焼きに変化し、昭和三〇年代には公営火葬場での火葬に変化したということです。なお、様々な地域からの移住者が混淆《こんこう》している三笠市でも、これと同様の変化がありました(写真37－2)。

一九六〇年代と一九九〇年代の葬儀の全国的な様子を記述した国立歴史民俗博物館『死・

葬送・墓制資料集成』（東日本編一・二、西日本編一・二）を整理してみると、遺体の処理の方法は、一九六〇年代には土葬が多く、一九九〇年代には公営火葬場が多いことがわかります。帯広市の別府町や三笠市では全国的な傾向よりも早く儀礼が変化していることが確認できます。他にも、遺体の墓地や火葬場への搬送における「野辺《のべ》送り」の方法にも変化が見られます。一九二八年（昭和三年）の三笠市本郷町の葬儀の野辺送り前の「出立《でた》ち」を写真で見てみましょう。喪家の人間であることを示す白い喪服を着た人たちが、棺から伸びる綱を持ち「出立ち」をしています。棺も「座棺《ざかん》」用のものですね。

写真37-2　三笠市本郷町の1928年（昭和3年）の「野辺送り」の様子

馬車・馬橇からマイクロバスへ

一方で、三笠市本郷町のAさん（一九三八年＝昭和一三年生まれ）によると、三笠では昭和二〇年代には、馬車や馬橇《ばそり》による運搬だったのが、昭和四〇年代後半には、マイクロバスや霊柩《れいきゅう》車が使用されるようになってきたということです。なお、帯広の場合は、昭和三〇年代から、マイクロバスなどに乗って火葬場へ向かうようになったと言います。徒歩で、様々な装具を持ちながら歩く「野辺送り」から、そうした装具を省略し、マイクロバスや霊柩車など運搬しやすい方法で遺体を火葬場まで運ぶ形に変化したということです。帯広市域のほうが三笠と比べて変化はわずかに早いのですが、ほぼ同様の変化を示していると言ってよいでしょう。

『死・葬送・墓制資料集成』で確認してみた「野辺送り」の全国的な傾向は、一九六〇年代には徒歩が多く、一九九〇年代に霊柩車へ移行する傾向にあることが確認できるものの、それでもまだ徒歩のほうが多い傾向になっています。帯広市域や三笠では、全国的な傾向と比べて野辺送りも遺体の処理の方法も変化が早かった傾向にあるということが確認できました(写真37-3)。

以上のことから言える北海道の葬儀の特徴は次の二点です。

(1)移住先の地に持ち込まれた習俗は、省略化・簡略化の傾向が顕著。

(2)異なる習俗を持つ地域の人々が混ざり合って構成されている北海道では、習俗の変化が著しい。

開拓地では儀式が変化する

ここまで、葬儀の変化を述べてきました。また、全国的な傾向とも比較してみました。その結果、北海道の葬儀は変化が激しいことがわかりました。移住開拓地として、様々な文化の混ざり合った北海道のお葬式では、本州の出身母村での儀礼が受け継がれにくく、省略化されたり簡略化され

写真37-3　帯広市域の昭和30年代の「野辺送り」の様子

たり、新しい要素を加えられたりしてきていることが確認できました。こうした変化の理由は、様々な地域の出身者が集まってできている土地である北海道で、土地の人たちみんなが儀礼を共有できるようにしようとしたことであると考えられます。

お葬式は不定期に行なわれる儀式です。北海道の葬儀を研究することは、入念な準備のできない儀式が、様々な文化の混ざり合いのなかでどのように変化するのか、を考えていくうえでとても有効なことなのです。

（元三笠市立博物館 高橋史弥）

38

〈シシ踊り〉をめぐる冒険
厚沢部川流域のヒノキ山開発

厚沢部町教育委員会の学芸員より

厚沢部には四団体の〈シシ踊り〉が

北海道南部の厚沢部《あっさぶ》町周辺には、風流獅子舞《ふうりゅうししまい》や三匹獅子舞《さんびきししまい》として知られる芸能が伝わっています。地元では「シシマイ」「シシオドリ」と呼ばれ、お盆や神社の例祭で踊られています。現在、厚沢部川流域には、四団体の〈シシ踊り〉が保存されており、後継者不足に悩まされながらも活動を続けています。

俗に「三匹鹿子舞《ししまい》」と呼ばれる鹿子舞は、神奈川県、山梨県、長野県、新潟県を西限として、それ以東に分布しています。なぜか東日本・北日本に濃密に分布しています。厚沢部川流域の〈シシ踊り〉は最北限の三匹獅子舞です（写真38－1、図38－1）。

史料から見る幕府領時代の〈シシ踊り〉

松田伝十郎の著した『北夷談』に記述されている〈シシ踊り〉の様子を紹介します。

「一、七月盆踊と号し市中に踊り有り」（七月に盆踊りと称して市中で踊りがあった）

写真38-1　上俄虫鹿子舞演舞

図38-1　シシ踊り全国分布図（今村威「南予地方の鹿踊りの史的価値」『伊豫史談』286号4頁）。

「厚沢部の村々より鹿子踊りと称し、百姓ども手前拵えの獅子面を被り、江指へ来て踊をなすに何か唱ふる事有り」（厚沢部の村々から鹿子踊りと称して、百姓たちが自作の獅子面をかぶり江差市中へやってきて何かを唱えながら踊っている）

「びんざさらを以て拍子をとり、もっとも笛・太鼓も有り、至て古風の事にて、私領の節は役所へ入って踊りしと云」（〈びんざさら〉で拍子をとるが、笛や太鼓などもある。いたって古風の風習で、松前藩領時代には役所で踊っていたという）

「御領に成りては入れず会所において踊らせ、御役所より鳥目弐百銅、白米壱升を出す事仕来と云」（幕府領になってからは役所には入れず会所で踊らせた。役所からは銅銭二〇〇文と白米一升を出すことがしきたりになっているという）

以上は、第一次蝦夷地幕領化（一八〇七―一八二一）に伴い、幕府の役所となった檜山《ひやま》番所に、厚沢部の村々から〈シシ踊り〉がやってきた際の描写です。松前藩領の頃は役所の中で踊っていたようですが、幕府領になってからは役所内で踊らせず会所で踊らせたということでした。踊る場所こそ会所に変更されていますが、幕府領となってからも、例に従って銅銭や米などが下賜《かし》されたことが記されています。

〈シシ踊り〉では「ヤンコホメ」という唄があります。引用した『北夷談』の二行目に「何か唱ふる事有り」とあります。これはその「ヤンコホメ」を指しているのでしょうか。もう一つの史料を紹介します。増田家文書「江差御役所年中行司」(『江差町史』資料編巻二)です。

「七月十五日　一、例年之通泊村・田沢村・五勝手村・厚沢部村より獅子踊罷出候ニ付、壱ヶ村米壱升・銭弐百銅つつ初穂として被下候」(例年の通り、泊村、田沢村、五勝手村、厚沢部村から〈シシ踊り〉がやってきたので、一カ村につき米一升と銭二〇〇文を初穂として下賜した)

この記録の年代ははっきりしませんが、「江差御役所」の年中行事として〈シシ踊り〉が踊られていたこと、江差とその周辺の集落から〈シシ踊り〉が集まってきていたことがこの史料からも裏付けられます。

史料から厚沢部の記録を探る

厚沢部川周辺で松前藩はヒノキアスナロの伐採を行ないました。史料「福山秘府年歴部」によると、一六七八年(延宝六年)の出来事として、厚沢部川流域でのヒノキアスナロ伐採の始まりが記されています。

「是歳始、令山人伐西部阿津佐不山中之檜樹」(この年初めて、山人をして、西部厚沢部山中の檜樹を伐

らしむ）

また、「赤石家系譜略伝（抄）」（『江差町史』第五巻通説二）によると、

「官府（世人番所と称するは非なる）、始は上国に有る。延宝六戊年冬あつさぶ山中の檜樹始て開発依つて官府を江差に移す」（官府ははじめは上ノ国にあった。延宝六年の冬に厚沢部山中で檜樹が初めて開発されたので、官府を江差に移した）

とあります。厚沢部山中でのヒノキアスナロ伐採開始を受けて、上国（現上ノ国《かみのくに》町）にあった「官府」（檜山番所）が江差に移されたという記録です。厚沢部川流域の山々でヒノキアスナロの伐採が開始されたこと、それによって檜山番所が江差に移された経緯が記されているのです。

厚沢部川流域の山々でのヒノキアスナロ伐採の開始によって、厚沢部川流域では杣夫《そまふ》（木こり）をはじめとした本州からの移住者が増加したと考えられます。〈シシ踊り〉が檜山番所の年中行事として踊られるようになったのは、松前藩のヒノキ山開発と関係していたのかもしれません。

ヒノキアスナロの分布と〈シシ踊り〉の分布

ヒノキアスナロの分布と〈シシ踊り〉の分布を見てみましょう。赤の範囲がヒノキアスナロの分布範囲です。緑のドットが〈シシ踊り〉が伝わっている集落、または、かつて伝わっていたとされる集落です。ヒノキアスナロ分布域の西側と北側に〈シシ踊り〉が伝わる集落が分布しています(図38－2)。

ヒノキアスナロは、厚沢部川と上ノ国町天の川に挟まれた日本海側に分布域が限定されています。厚沢部町、江差町、上ノ国町の町域にまたがる狭い範囲にヒノキアスナロが分布し、その周辺に〈シシ踊り〉を伝える集落がある、という地理的関係を見て取ることができます。厚沢部川周辺でのヒノキアスナロの伐採と集落の成立、〈シシ踊り〉の伝播は密接に関わっているのではないかという推測も成り立ちそうです。

〈シシ踊り〉で使われる笛

〈シシ踊り〉で使われる笛は「獅子田流《ししたりゅう》」と呼ばれる篠笛《しのぶえ》です(写真38－2)。私が加わっている上俄虫《かみがむし》鹿子舞では六本調子の「六穴」の篠笛を使用していますが、同じ厚沢部川流域の〈シシ

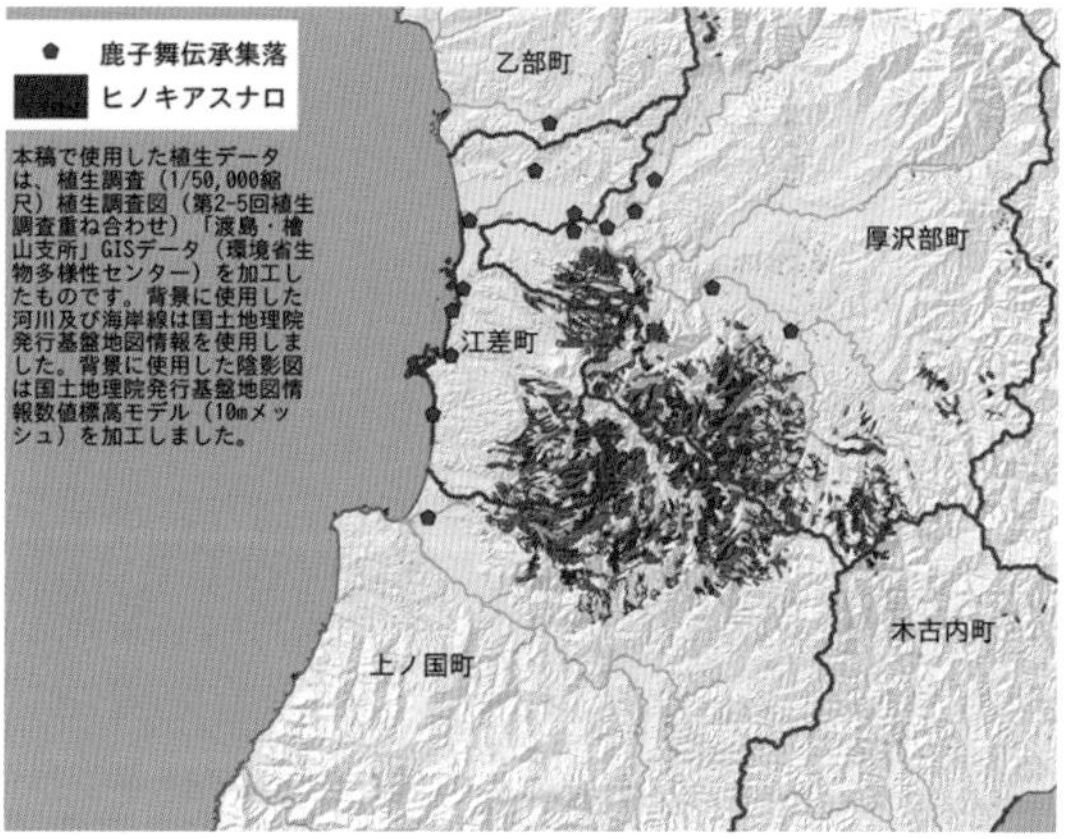

図38-2　鹿子舞伝承集落

踊り〉でも、五本調子を使っていたり「七穴」の笛を使っていたりするなど若干違いがあります。

また、使わない穴をビニールテープなどであらかじめふさいでしまうことも、よく行なわれていますが、ふさがないで指で押さえる人もおり、個人差があるようです。上俄虫では、吹孔に近い一穴目をビニールテープなどでふさいでいる人がほとんどです。私もこの方法で覚えましたが、一穴目を自分の指で押さえる運指にしておけばよかったと後悔しています。

（厚沢部町教育委員会　石井淳平）

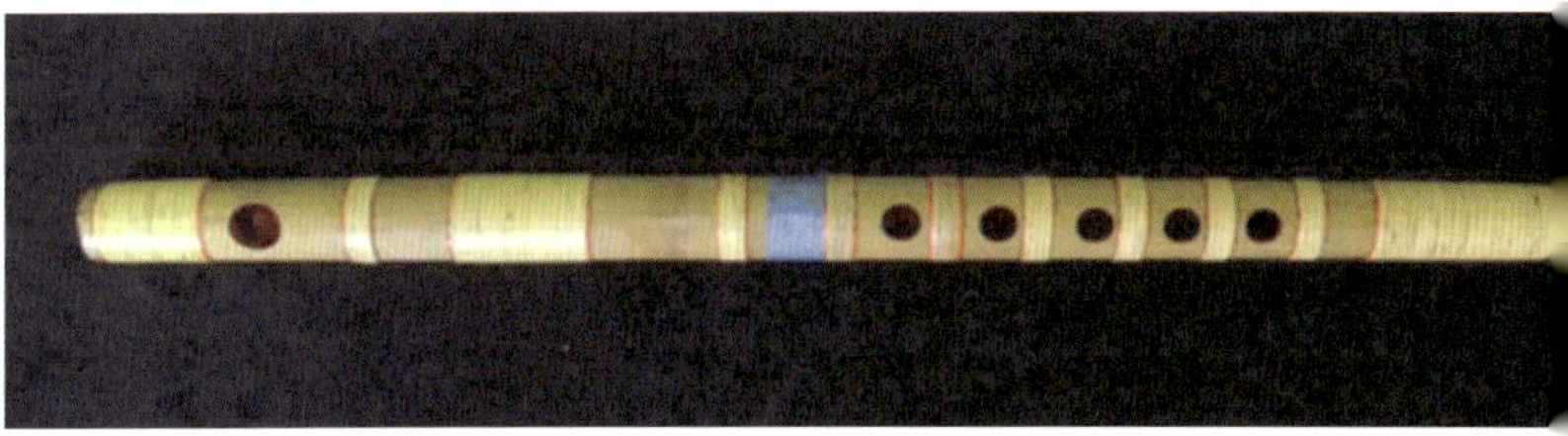

写真38-2　「獅子田流」篠笛

第9章

アイヌ語地名とアイヌ文化の伝承

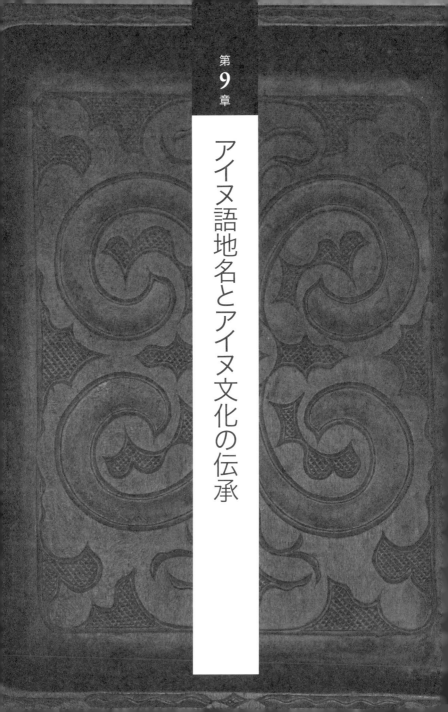

39 「北海道」の由来とアイヌ語地名

沙流川歴史館の学芸員より

北海道の名付け親・松浦武四郎

私たちの住むこの土地が「北海道」と名付けられたのは、ほんの一五〇年ほど前のことです。明治新政府になってまもない一八六九年（明治二年）八月一五日に「北海道」となりました。名付け親は松浦武四郎《まつうらたけしろう》という人です（写真39－1）。

この松浦武四郎はいったいどんな人だったのでしょうか。

武四郎は一八一八年（文化一五年）二月六日、伊勢の国の一志郡《いちしぐん》須川村（現在の三重県松坂市小野江《おのえ》町）の生まれで、後には探検家、画家、作家、地理学者として有名になりました。一三歳から の三年間、平松楽斎に付いて儒学を学び、一六歳の時から全国各地を旅して名所や旧跡を訪れ、その地の学者や文人を訪ねては幅広く学問を積みました。

そして二八歳の時、初めて蝦夷地《えぞち》（現在の北海道）に渡り探査を行なっています。その背景には、当時の蝦夷地がロシアをはじめとする外国からの侵略的危機にさらされていたことがありました。武四郎は一四年間で全六回にもわたって蝦夷地や樺太《からふと》（現在のサハリン）、国後《くなしり》島・択捉《えとろふ》島などを探検します。

アイヌの人々の協力を得て

武四郎は、探査の行程ではいつも道案内役としてアイヌの人々の協力を得て、寝食を共にしながら各地の調査を進めました。その結果、各地の地名についてもアイヌの人々から詳細に聞き取ることができました。ですから、武四郎にとってアイヌの人々は重要な恩人であり、一方のアイヌにとっても武四郎はもっとも信頼のできる和人となりました。

ちなみに、現在私の住む平取《びらとり》町に、松浦武四郎は、一八五六年（安政三年）一〇月三日と、一八五八年（安政五年）七月一～四日に訪れています。そしていつも持ち

写真39-1　松浦武四郎

歩いていた野帳《のちょう》と筆で、風景や和歌、集落ごとの世帯数などを記録していきました。

武四郎がスケッチした当時の蝦夷地の絵もあります。武四郎が安政三年に初めて平取のポロサルコタン（図39－1・2）とヌッケベツコタン（図39－3・4）を訪れた際に野帳にスケッチしたものと、それから二年後に再び同じ場所を訪れ以前より詳細にスケッチしたものです。

武四郎は、こうした長年の調査や探査で得た成果を『東西蝦夷山川取調日誌』や『東西蝦夷地理取調図』のほか、詳細な調査記録や地図を膨大に残しています。そして、それらはいずれも今もなお高く評価されています（図39－5・6・7・8・9・10）。

蝦夷地の名称、武四郎の六案

武四郎が最後の蝦夷地探検を終えてから一〇年後の一八六八年、江戸幕府は終焉を迎えます。明治新政府の始まりです。この時期、国内では北の国境線確定問題や

図39-1　ポロサルコタン（安政３年）

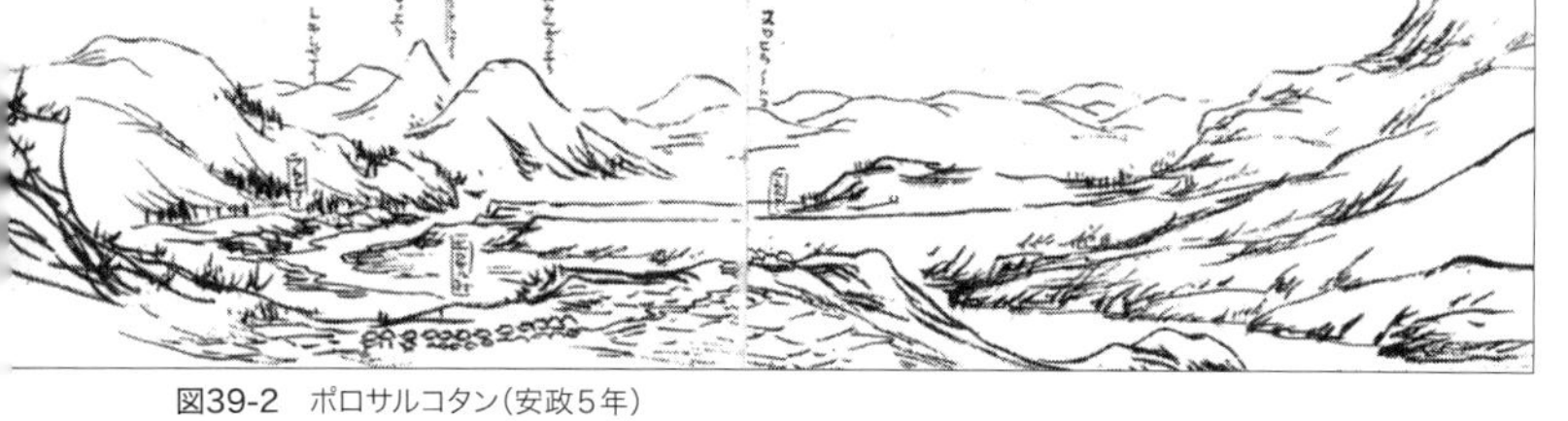

図39-2　ポロサルコタン（安政５年）

土地の開拓問題などによって、蝦夷地への関心がますます高まっていました。そこで蝦夷地にも行政を司る機関が設置されることになり、一八六八年(明治元年)七月に「箱館府」に代わり「開拓使」が新設され、武四郎はただちに「蝦夷地開拓御用掛《ごようがかり》」に任命されます。

そして武四郎は、開拓使発足後の九日目に「道名之儀につき意見書」を提出します。つまり、蝦夷地を改称するにあたり、新しい名称を提案したわけです。その名称案は「日高見道」「北加伊道」「海北道」「海島道」「東北道」「千島道」の六つです。ところが、この案の中に「北海道」はありません。「北海道」の名称は、明治新政府が「北加伊道」の「加伊」を「海」の文字に変えて決定したものだったのです。

武四郎がこの「加伊」という言葉を使ったのは、アイヌの人たちが蝦夷地やそこに住む人たちを「カイ」と呼んでいることから、「この土地はアイヌの人々が生活している国」という意味を込めたかったからに違いありません。

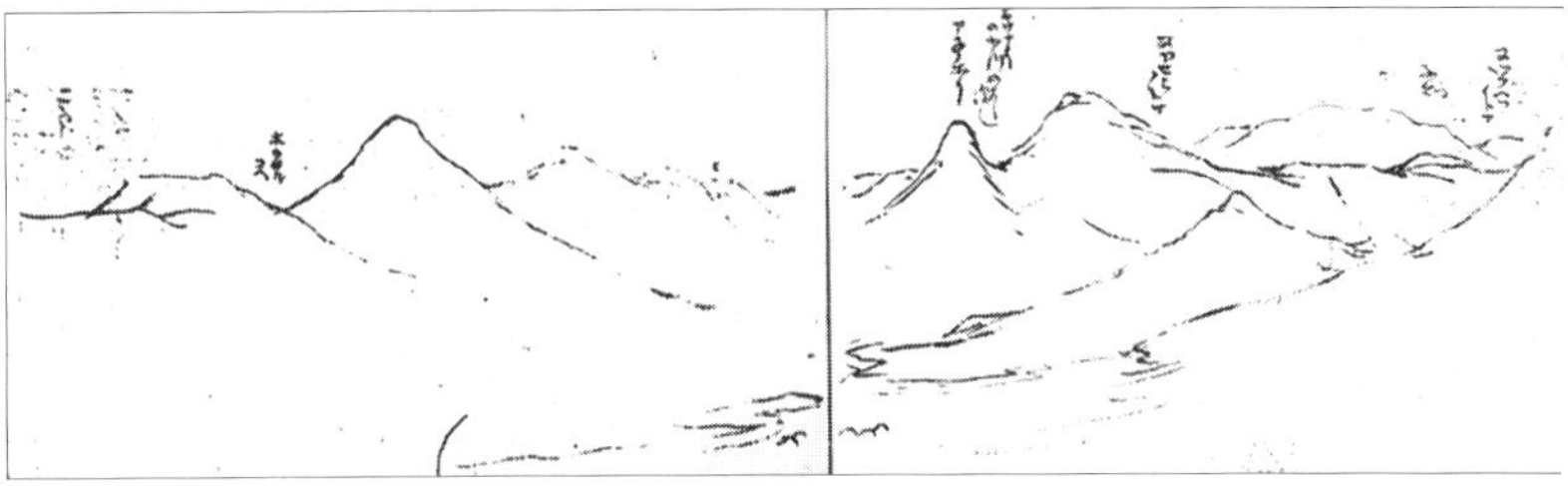

図39-3　ヌッケベツコタン(安政3年)

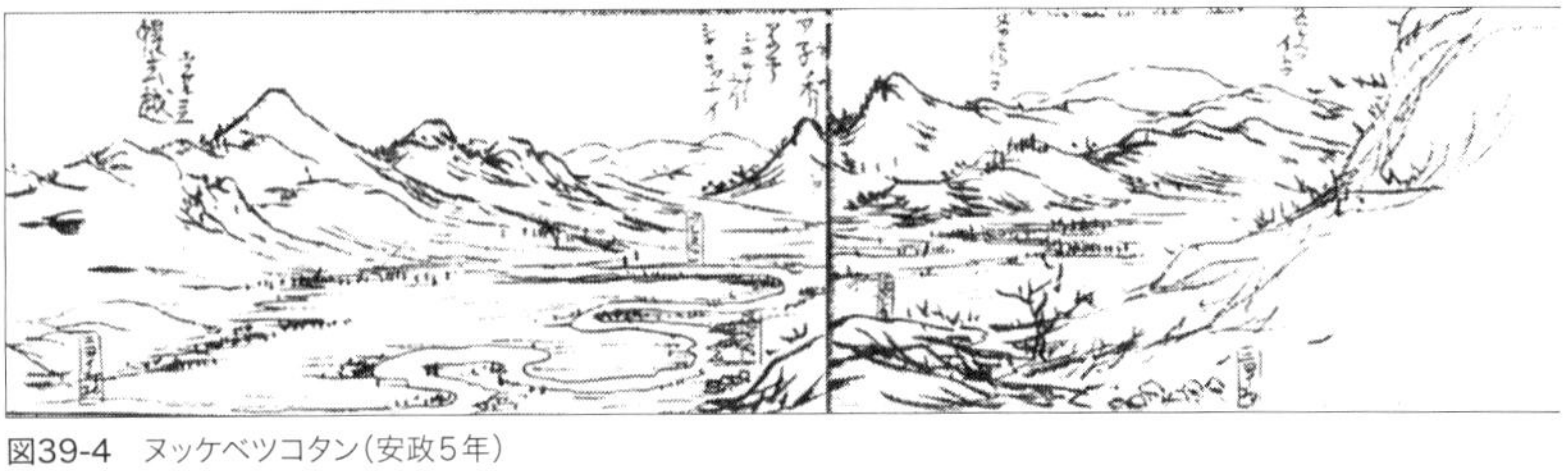

図39-4　ヌッケベツコタン(安政5年)

図39-5　踏査(1回目)

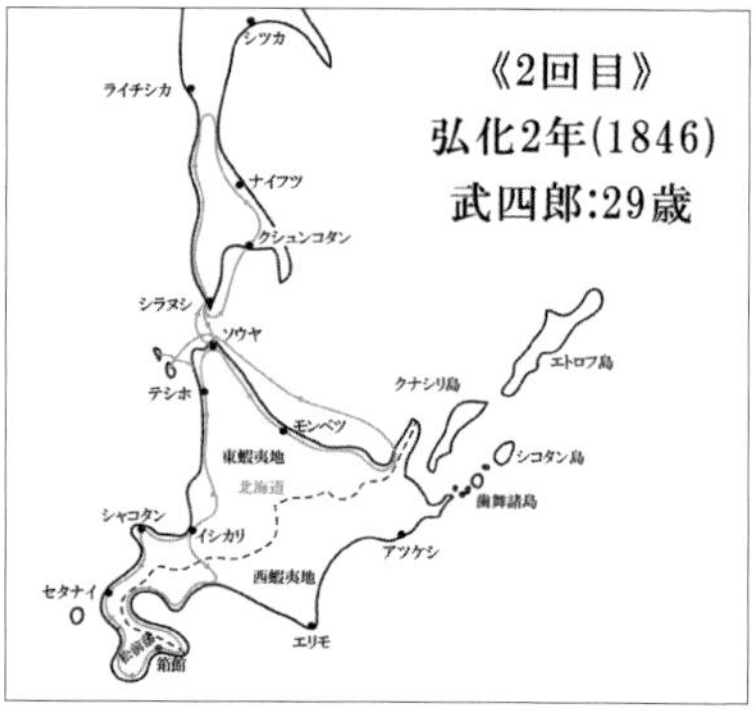

図39-6　踏査(2回目)

図39-7　踏査(3回目)

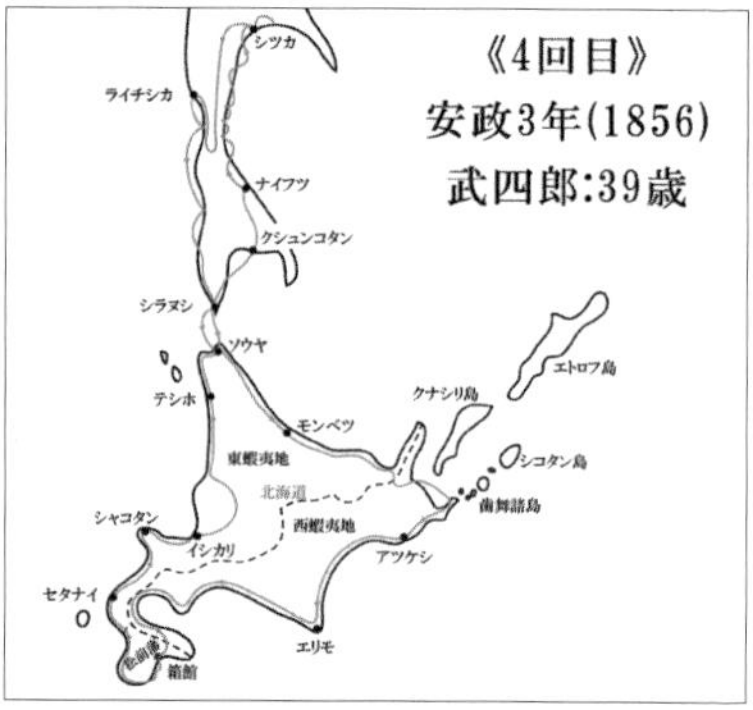

図39-8　踏査(4回目)

図39-9　踏査(5回目)

図39-10　踏査(6回目)

ところが、明治新政府は蝦夷地を日本の領土とし、アイヌ民族の同化政策を進めるためにも、武四郎の意思とは別に「北海道」としたのでした。

話は脇にそれますが、某電気通信会社のコマーシャルに登場する「白戸次郎」という白い犬は「アイヌ犬」（現在は「北海道犬」と呼ぶ）です。その白戸次郎の本名も「カイ」というそうです。

支庁名や郡名も武四郎が名付けた

話を戻します。武四郎は、「北海道」の名称のほか、支庁名や郡名などの選定と区画も以下のように提案し、一一国八六郡が決定されました。松浦武四郎が「北海道の名付け親」と呼ばれるゆえんです。

〈渡島国〉：亀田郡・茅部郡・上磯郡・福島郡・津軽郡・檜山郡・爾志郡
〈後志国〉：久遠郡・奥尻郡・太櫓郡・瀬棚郡・島牧郡・寿都郡・歌棄郡・磯屋郡・岩内郡・古宇郡・積丹郡・美国郡・古平郡・余市郡・忍路郡・高島郡・小樽郡
〈石狩国〉：石狩郡・札幌郡・夕張郡・樺戸郡・空知郡・雨龍郡・上川郡・厚田郡・浜益郡
〈天塩国〉：増毛郡・留萌郡・苫前郡・天塩郡・中川郡・上川郡
〈北見国〉：宗谷郡・利尻郡・礼文郡・枝幸郡・紋別郡・常呂郡・網走郡・斜里郡
〈胆振国〉：山越郡・虻田郡・有珠郡・室蘭郡・幌別郡・白老郡・勇払郡・千歳郡

〈日高国〉：沙留郡・新冠郡・静内郡・三石郡・浦河郡・様似郡・幌泉郡
〈十勝国〉：広尾郡・当縁郡・上川郡・中川郡・河東郡・河西郡・十勝郡
〈久摺国〉：足寄郡・白糠郡・久摺郡・阿寒郡・網尻郡・川上郡・厚岸郡
〈根室国〉：花咲郡・根室郡・野付郡・標津郡・目梨郡
〈千島国〉：国後郡・択捉郡・振別郡・紗那郡・蘂取郡

市町村名のほとんどはアイヌ語地名が由来

さて、このほかの北海道地名にも少しだけ触れておきます。北海道の市町村名や地域の名称のほとんどはアイヌ語名からきています。そしてアイヌ語を起源とする名称の多くには当時の地形や特徴などが反映されています。たとえば道都「札幌」は「サッ（乾く）・ポロ（大きい）」という意味で、もともとは「豊平川」の扇状地を思わせる地名だったと考えられます。

また、最北の地「稚内」はというと、「ヤム（冷たい）・ワッカ（水）・ナイ（川）」の意味で、いつしか「ヤム」が省略されて呼ばれるようになったようです。私が住む「平取」は「ピラ（崖）・ウトゥル（間）」という「崖に挟まれたところ」を意味しています。さらに、隣町の日高町門別は「モ（静かな）・ペッ（川）」という意味です。白老町にある「ポロト湖」も「ポロ（大きい）・トゥ（沼）」という意味です。つまり、北海道内のほとんどの場所には、「北海道」という名がつけられる以前からアイヌ語由来の地名がありました。

近年、平成の大合併により北海道の市町村数は二一二から一七九に減少しました。そして、残念ながらアイヌ語由来とは関係ない自治体名も増えてきています。しかし一方で、現在でも無意識にアイヌ語由来の名称を使用しているものもあります。たとえば、むかわ町の特産品で有名な「ししゃも」や、数年前に〝クーちゃん〟の愛称で親しまれた「ラッコ」もアイヌ語なのです。アイヌ語地名は「北海道遺産」でもあります。目には見えないこうした「遺産」も私たちは大切に守っていきたいものです。

（沙流川歴史館 森岡健治）

40 蝦夷地に渡った源義経の伝説
各地に残された絵馬から

北海道博物館の学芸員より

義経は生きていた!?

阿部敏夫編『北海道義経伝説序説』によると、北海道では一一〇以上の場所で源義経（一一五九―一一八九）にまつわる伝説が存在しています。「義経山」や「義経岩」「義経神社」に加え、北海道最初の機関車の一台は「義経」と名付けられました。源義経と言えば、平安末期、機知に富んだ戦術で平氏を追討しながらも、兄頼朝との不和から都を追放され、逃亡した先の奥州平泉で自害し、三一歳でこの世を去った人物です。その悲劇的な生涯は人々の同情を集め、彼を英雄視する数多くの伝説を生み出しました（写真40－1）。

北海道と義経を結び付けたのも、そうした伝説の一つです。「義経蝦夷渡伝説」と呼ばれ、義経は平泉で死なずに蝦夷地に渡り、その地で大王と仰がれ、神としてまつられたというこの物語は、義経の死にまつわる伝説のなかでも最も広く流布したものとされています。江戸時代中頃から急速に広まったこの「義経伝説」は、江戸で出版された書籍の挿絵や錦絵にも盛んに描かれます。そして北海道にもこの伝説を描いた絵馬が存在します。

義経とアイヌ

北海道に残る絵馬で「義経蝦夷渡伝説」を見て行きましょう。市立函館博物館には「アイヌ風俗絵馬」が所蔵されています(**写真40－2**)。絵馬の記述によると、奉納されたのは一七七五年(安永四年)。道内に残る絵馬の中ではかなり古い年代のものです。

写真40－2の画面左では、甲冑姿の武者が床几《しょうぎ》に腰かけています。鎧《よろい》には笹竜胆《ささりんどう》の紋が入っており、兜《かぶと》には鍬形《くわがた》と龍の飾りがついています。笹竜胆は、歌舞伎や錦絵において、源氏の登場人物が衣装に必ずと言っていいほどつけている紋です。なかでも義経は、鍬形と龍の飾りがついた兜がトレードマークになっています。この武者は義経を描いたものと考えて良さそうです。

写真40-1　絵馬に描かれた源義経

一方、画面右には五人の人物が描かれています。それぞれの衣装には、直線や曲線の幾何学的な文様が華やかに施されています。男性は、みな豊かな口髭、顎髭をたくわえており、女性の唇や手の甲には刺青が施されているようです。また、男女とも耳飾りをつけ、肌の色は黒っぽく描かれています。これらの特徴は、江戸時代中頃から明治にかけてアイヌを描く際に必ず描き込んだ特徴です。また、男性三人は義経に向かって身をかがめ、指を軽く曲げて掌を上に向けるポーズをしています。これはアイヌの儀礼の場面で、礼拝する様子を描く際に用いられるポーズです。

彼らと義経との間には、漆器の台に載った三本の巻物と、木彫りの台に載った鯛があります。これらはアイヌから義経に捧げられているように見えます。また、右奥の男性は、女性の頭をなでながら顔を覗き込み、何やら慰めている様子です。

はじめに北海道には多くの「義経伝説」が存在すると述べました。北海道内では、地域により様々に異なる「義経蝦夷渡伝説」のエピソードが伝えられています。この絵馬を手掛かりに、絵馬を描いた絵師がいったいどんな「義経伝説」を下敷きにしているのか、推測してみます。

写真40-2　アイヌ風俗絵馬（市立函館博物館所蔵）

描かれた「義経伝説」

まず注目したいのは、義経とアイヌの間にある三本の巻物（写真40－3）。実は、この巻物が登場する「義経伝説」が道内のあちこちに伝承されています。例えば増毛《ましけ》には、義経がアイヌの女性が持っていた魔法の巻物を取り上げてしまい、その女性は魔法を使えなくなってしまったという話があります。また、白老《しらおい》や平取《びらとり》には、義経がアイヌの巻物を持って逃げ去り、そのためにアイヌからは文字がなくなってしまったという話が伝わっています。

次に、頭をなでられている右奥の女性に注目します（写真40－4）。男性に慰められている様子ですが、何か悲しいことがあったのでしょうか。彼女の姿は、道内各地に残る、義経に心を寄せたアイヌ女性の悲恋の物語を想起させます。アイヌの女性と恋仲になった義経は、次の目的地へ向かうため、女性を置いて旅立ってしまいます。女性は義経との別れを悲しむあまり身を投げ、岩になってしまった——。積丹《しゃこたん》岬の「女郎子《じょろっこ》岩」

写真40-3　アイヌ風俗絵馬部分、三本の巻物

写真40-4　アイヌ風俗絵馬部分、右奥の女性

や、神威《かむい》岬の「メノコ岩」にまつわるエピソードですが、類似の話がいくつもあります。

「義経伝説」に込められた願い――病の治療

ところで、この絵に非常によく似た絵馬が上ノ国《かみのくに》町の上ノ国八幡宮で所蔵されています（写真40－5）。先の絵馬が奉納されて一〇〇年以上経過した後、一八八二年（明治一五年）に奉納されたものです。一見するとほとんど同じように見える二つの絵馬。大きな違いは、右奥の男女の姿が、子どもに取って替わっていることと、鯛がなくなっていること。その他は、彩色や文様などに細かな違いがあるものの、人物のポーズや面貌などにかなりの共通点が見られます。奉納年の差を考えると同一の絵師の手によるものとは考え難いですが、少なくとも、同じ手本を用いて作成しているなど、なんらかのつながりがあることがうかがえます。

この絵馬の裏には、「為病気平癒納／久末平蔵／本年五十九才」という書き込みがあり、病気が治った感謝の気持ちを込めて奉納されたものであることがわかりました。奉納者の久末平蔵は、この地で鰊《にしん》漁に従事していた人物のようです。病気平癒の報告に、義経とアイヌという画題を選んだ理由は不明です。ですが、絵馬に強い武者を描いて奉納するという慣習は古くからあり、病魔を追い払ってほしいという願いが込められていたと思われます。

「義経伝説」に込められた願い——開拓の発展

また、同じ明治年間には、三笠市の幌内《ほろない》神社にもこの伝説を描いた絵馬が奉納されています(写真40-6)。現在は美唄《びばい》市の峰延《みねのぶ》神社で保管されているこの「義経蝦夷渡伝説図絵馬」は、日本画家・北條玉洞(一八五二〜一九二三)が手がけたもので、一八八六年(明治一九年)に齋藤善太郎という人によって奉納されたことが記されています。海を背景にした海岸で、義経らしき人物が毛皮の敷物に座っています。そして向かい合うように座る三人のアイヌ男性。アイヌと義経の間には、食物や飲み物が入った木彫りの器が置かれています。アイヌ男性の一人は、その器を指差し、義経に何事かを語りかけている様子です。

この様子は、義経が、「オキクルミ」というアイヌの神の一人と同一視されて、アイヌの信仰を集めていたという話を想起させます。オキクルミは、地域によってその位置づけは異なりますが、アイヌの始祖であるとか、アイヌに生活文化を教えた神であるとされています。このオキクルミが天上に稗《ひえ》をもらいに行って地上に持ち帰ったという話があり、アイヌに穀物を与えた神ともされています。

そういった伝承を念頭に置くと、この絵馬が、オキクルミ(=義経)から穀物を与えられたアイヌの様子を描いたものに見えてきます。この

写真40-5　武者とアイヌ絵馬(上ノ国町上ノ国八幡宮所蔵)

「義経＝オキクルミ説」は、一八世紀末以降、アイヌを日本人に帰属させる政策のために、幕府が利用し、広く流布したものだろうとの指摘がなされています。幕末から明治にかけての北海道開拓において、この画題はそうした政治的な役割を担っていた可能性があります。

この絵馬が奉納された幌内神社は、幌内炭山の鎮守の山神として建立され、炭鉱関係者の信仰を集めた神社です。そしてこの絵馬の奉納者の齋藤善太郎は、鉄道の敷設を行なっていた北海道炭礦鉄道事務所から材木伐採の仕事を請け負っていた人物です。開拓使は、幌内炭山で産出された石炭の積み出しを目的に鉄道の建設を開始しました。幌内における鉄道と炭鉱の開発は、北海道開拓における重要な事業の一つでした。鉄道の建設に関わっていた齋藤善太郎は、幌内の鉄道や炭鉱の発展、つまりは開拓の発展を願って、この画題を選んだのかもしれません。

写真40-6　義経蝦夷渡伝説図絵馬（北條玉洞作、三笠市幌内神社奉納、現美唄市峰延神社所蔵）

「義経蝦夷渡伝説」と蝦夷地／北海道

さて、「義経伝説」を描いた絵馬から「義経蝦夷渡伝説」と北海道との関係を見てきました。江戸時代中頃から明治にかけて、この伝説の様々なエピソードが道内に広く浸透していたこと、そして幕府の蝦夷地政策や開拓使による北海道開拓とこの伝説が密接な関係を持っていたことが見てきました。

この伝説をテーマにした、江戸で出版された書籍の挿絵や錦絵には、今回紹介した絵馬とはまったく違う表現が見られ、この伝説が時代により地域により、様々に受け止められていたことを伝えます。「義経蝦夷渡伝説」受容の様相をさらに明らかにするためには、今後より多くの関係資料を集める必要があります。「義経蝦夷渡伝説」を描いた絵について、現在地道に捜索しているところですので、お心あたりのある方は是非ご一報くださいますようお願いいたします。

（北海道博物館　春木晶子）

41 アイヌ工芸技術の継承

二風谷における〈イタ制作〉の取り組み

平取町二風谷アイヌ文化博物館の学芸員より

沙流川のアイヌ工芸技術を読み解く

アイヌの実用品にみるものづくりの美しさは、江戸時代後半以降、あらゆる場で注目され続けてきました。アイヌ工芸品が贈与・交換あるいは販売用に制作され始める年代は、少なくとも一八世紀（一七〇〇年代）まで遡《さかのぼ》ることができます。その後、明治・大正・昭和と移り変わるなかで、農閑期の収入手段、博覧会への出品（一八七三年のウィーン万国博覧会など）、道内各地の観光地形成などといった経済活動とも結びついていきました。

沙流《さる》川流域はとりわけ、名工を数多く輩出している地域として知られています。イザベラ・バード（一八七八年）、吉田巌（一九一一年）らによるアイヌ工芸の称賛や、ハインリッヒ・フォン・シーボルト（一八七八年）、ハイラム・ヒラー（一九〇一年）ら欧米の人類学者による収集民具など、一世紀以上前からの実証資料が今に伝えられています。

培われてきた技と「イタ」の魅力

「イタ」は「盆」と訳されることからもわかるように、物をのせて運ぶために用いられるアイヌの生活用具です。日常生活で使う道具である一方、近世後半以降は次第に販売・交換用として制作される工芸品にもなっていきました。また、萱野茂著『アイヌの民具』によれば、ウエペケレの中で皿として使われる表現もあることから、もともとは盆というよりも「直接その上に食べ物を盛って出すもの」とも解釈されています。

工芸品としての「イタ」の魅力は、木彫によるアイヌ文様が一面で完結していることにあります。そこには、マキリ（小刀）やトゥキパスイ（捧酒箸）とは異なる、施文の面的な広がりがダイナミックに表現されています。制作にあたっては、彫刻技術もさることながら、デザインのバランス感覚が問われます。北海道・樺太《からふと》・千島《ちしま》を含む広大なアイヌ文化圏のなかで、それぞれ規則的な文様配置が見られることから、アイヌ文様の地域性を考えるうえで非常に興味深い民具であるとも言えます。

「イタ」の文様と地域性

今日的な〈イタ制作〉の標本となるアイヌ民具の多くに、沙流川流域に来歴を持つ資料が残されています。彫刻される文様のうち最も共通的なものはモレウ（渦巻き文様）で、アイウシ（とげの文様）やラムラム（ウロコ文様）などが組み合わされます（写真41-1）。その一方で、樺太や千島の盆は、からみ文やいくつかの直線による交差、三角形の列点など、北海道（特に日高地方）とは異なる表現法によって彫刻されています。

写真41-1　二風谷アイヌ文化博物館所蔵の「イタ」（重要有形民俗文化財、貝澤ウエサナシ作）

写真41-2　貝澤ウトレントクの「イタ」（複製品、貝澤徹作）

正しく伝えることに意義

貝澤ウトレントク（一八六二―一九一四）は、明治・大正期の二風谷《にぶたに》を代表するアイヌ工芸師です。現在でも子孫にあたる方が地元でアイヌ工芸品店を営み、受け継いできた技術を守り伝えています。ウトレントクは、同時代に活躍した貝澤ウエサナシと共に、一八九三年（明治二六年）に「イタ」や「茶托」を制作し、札幌で販売を始めたとされています。

二風谷における工芸品販売の先駆けとも言えるウトレントクの「イタ」は、アイヌ工芸師の貝澤徹さんが所有しているほか、一九一二年（大正元年）にロシアの民族学者ヴァシーリエフによっても収集され、現在ロシア民族学博物館に収蔵されています（写真41−2）。

時代を経ても変わらない技巧は、手づくりの品に一層の深みを与えます。「イタ」の一面に彫刻されるアイヌ文様のデザインは、工芸師が育んできた創意の賜物と言えます。工芸品としての美的感覚が高まっていくなかで、時間をかけて沙流川らしさが編み出されていったものと考えられます。

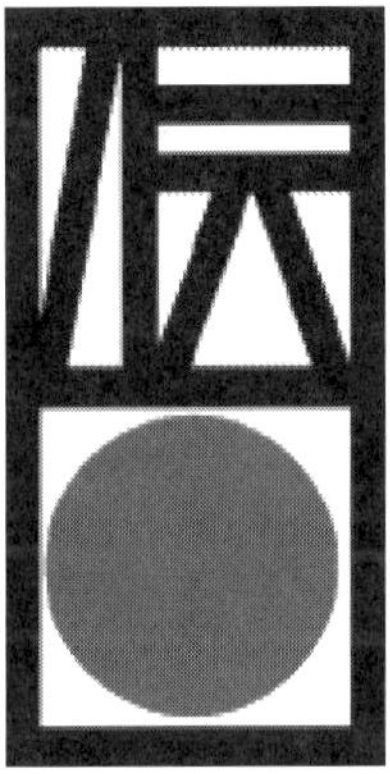

写真41-3　伝統的工芸品指定の証「伝統マーク」

伝統的工芸品の指定

二〇一三年（平成二五年）三月八日の「官報告示」により、「二風谷イタ」と「二風谷アットゥシ」が伝統的工芸品になりました（経済産業大臣指定）。全国で二二五品目ある中の二品（当時）として、北海道初の指定となります。今後は「伝統マーク」を使用した地域ブランドとして、幅広く展開していくことが可能になります（写真41−3）。また、このことは北海道の深い歴史を伝えていくための付加価値にもなっていきます。工芸品の歴史をさらに探求していくことで新たな魅力の発見も期待できます。

（平取町二風谷アイヌ文化博物館　長田佳宏）

第10章

遺跡から見えてくる古代の文化・風習

42 〈シカ塚〉と〈鹿肉缶詰〉が語る人とエゾシカの関係

厚真町教育委員会の学芸員より

遺跡からわかった人とエゾシカの関係

北海道にはエゾシカが数多く生息しています。遺跡の発掘調査によって、約五一〇〇年前に遡《さかのぼ》る縄文時代前期から人とエゾシカは深い関わりがあることがわかりました。厚真《あつま》町では二〇〇二年（平成一四年）から「厚幌《あっぽろ》ダム建設に伴う発掘事業」として、厚真川上流域の幌内《ほろない》地区で遺跡発掘調査が続けられています。遺跡群は河口から約三二キロメートル、市街地から一五キロメートル内陸に位置しているので、海よりも山の恩恵を授かっていた人々が暮らしていたことがわかります。

ヲチャラセナイ遺跡では縄文時代前期後半（約五一〇〇年前）の竪穴式《たてあなしき》住居跡が一三軒と、同じ時期のシカの骨が大量に見つかりました（写真42－1）。シカの骨は一七メートル×一〇メートルの範囲内に、焼けたものと焼けていないものが一部重なるように分布して、周りに縄文時代前期後半の土器が散らばっていました。

この大量のシカの骨は、縄文人が骨を同じところに捨て続けた結果出来上がった、貝塚ならぬ「シカ塚」なのです。普通、骨は何千年も経つと溶けて無くなってしまいますが、骨や歯が幾重にもなることで腐食が防がれたものだと考えられます。この〈シカ塚〉にはいったい何匹のシカがいたのでしょうか？　専門家の先生にシカ歯の残存数から個体数を導き出してもらうと、最低でも二一五頭いたことがわかりました。エゾシカは縄文人の貴重な食料源となっていたことがよくわかります。

ニタップナイ遺跡からも

厚真川中流域のアイヌ文化期（約三五〇年前）のニタップナイ遺跡でもたくさんのシカの骨が見つかりました（ほとんどが焼けていない骨）。こうした調査例からアイヌ民族も昔からシカを食料や交易品としていたことがわかりました。そのなかでもシカの頭、しかも上顎だけまとまって発見された地点があります。このシカの頭が集中する地点は六メートル×

写真42-1　厚真町ヲチャラセナイ遺跡「シカ塚」

三メートルの範囲内に、雄一一頭、雌六頭、雌雄不明六頭の合計二三頭がまとまって、しかも、写真42－2のように雄が四段重なっていました。このような検出状態から、適当に置いたわけではなく、意図的に置いたことがわかりました。アイヌ民族の送り儀礼でよく知られているのは熊送り＝「イヨマンテ」ですが、こうした発掘によってシカも「送り」の対象になっていたということがわかってきたのです。

明治時代に設立されたシカ肉缶詰工場

開拓使は北海道の豊富な資源を利用し、道内自給や輸出工業に向けて様々な政策を行ないました。その中の一つが一八七八年（明治一一年）、現在の苫小牧市（勇払《ゆうふつ》郡植苗《うえなえ》村美々《びび》）に設立された「美々鹿肉かん詰所」です（写真42－3）。

夏には全道的に分布するシカも、冬には日本海側に大雪が降るため、降雪量の少ない太平洋側、特に日高、胆振《いぶり》、十勝に南下しました。北海道は資源に恵まれた土地でしたが、シカの濫獲《らんかく》と一八七九年（明治一二年）の大雪によって、エゾシカが激減し、資源回復を待つため一八八〇年（明治一三年）から工場は操業停止となります。そして一八八四年（明治一七年）に廃止され、この地域初の近代工業が幕を閉じました。その後エゾシカ対策は禁猟になった

写真42-2　厚真町ニタップナイ遺跡「獣骨集中6」

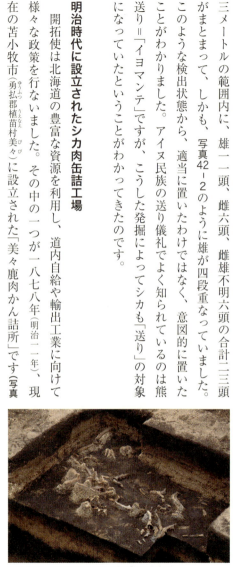

り解禁になったりを繰り返しています。

大切にしたいエゾシカという資源

大昔から大切な食料源とされてきたエゾシカは、現在は道路に飛び出したり、農作物を食べたりとマイナスイメージが強くなっています。写真42－4のように「シカ柵」を設置している自治体も多く見られます。しかし、これまでエゾシカと歩んできた道のりを振り返ると、エゾシカの恩恵を授かってきた大地とも言えるのです。こうした歴史を後世に伝え、これからもエゾシカときちんと向き合っていけば北海道はまだまだ魅力的な土地になっていくと思います。

最近ではよく新聞記事で、シカ肉の食べ方や本州方面への売り込みについて目にします(写真42－5)。北海道の大切な資源である「鹿肉」の美味しさが全国に発信されてい

写真42-3　美々鹿肉かん詰所(苫小牧市史上巻より)

写真42-4　厚真町内のシカ柵の設置

根室産シカ肉 東京、大阪で好評

海霧がスパイス？

【根室】根室産のエゾシカ肉が東京や大阪の高級ホテルで人気を集めている。提供するのは根室市内唯一のエゾシカ専門の食肉加工会社「ユック」（西尾裕司社長）。海霧に含まれるミネラル分たっぷりの草を食べることで、肉質がフランス料理に合うなど、高く評価されているからだ。

（根室支局　笠原悠里）

草にミネラル豊富

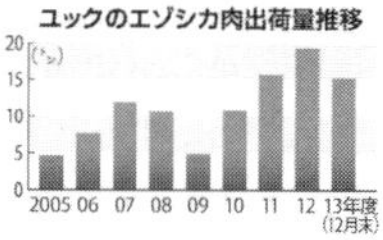

㊤夏の間、根室市西部の東和田にある養鹿場で飼育されるエゾシカ＝2013年8月（ユック提供）
㊦1万6千円のコースの中心料理として提供されている根室産エゾシカ肉を使った料理（手前）＝リーガロイヤルホテル大阪提供

西尾裕司社長

西尾社長(51)がユックを創業したのは2005年秋。道の補助も活用して加工工場を建設した。創業当初を振り返り、西尾社長は「ノウハウもないし販路もない。周りからは笑われ、建設会社ごと駄目になるのではないかと何度も思った」。

根室管内1市4町ではエゾシカによる食害や交通事故が深刻で、「厄介もの」のイメージが強い。根室振興局のまとめによると、12年度の農林被害額は9億3100万円と過去最高を記録。被害は根室市だけでも1億6300万円に上る。

しかしユックは根室産にこだわり、シーズンの10月～翌1月はハンターからの受け入れのほか、囲いわなで捕獲したシカを中心に生肉で出荷。夏場は冬に捕獲したシカを根室市内の養鹿《ようろく》場で飼育する。

ユックの肉の卸値は最高級のロースで1㌔4500円で、他社より2～3割高め。初年度は4・7㌧の出荷にとどまったが、食品衛生管理の国際規格「HACCP（ハサップ）」を取得していることなどが評判を呼び、「食の安全」を求める専門業者を中心に需要が拡大した。出荷量は09年度以降、右肩上がりで推移している。

味わいも深いようだ。「臭みがなくて、他の地域のものより風味豊か。フランス料理で使う子羊『プレ・サレ』のよう」。大阪市の高級ホテル「リーガロイヤルホテル」のフランス料理レストランのシェフ、豊田光浩さん(47)はユックのシカ肉を絶賛する。ユックの創業当初からの顧客の一つだ。

ユックのシカ肉を扱う精肉卸業「野村商店」（東京）の加藤正俊社長(51)は「肉自体に力強さがあり、色や風味が別格。現在は80軒のレストランにユックの肉を卸しているが、悪い評判は一つも出ない」と評価する。

13年度は800頭近いシカを加工する予定で、昨年12月末時点で11年度に並ぶ15・3㌧を出荷。年度末には過去最高となる見通し。

シカ肉普及への貢献が認められ、ユックの親会社である西尾建設（西尾裕司社長）には、2月に道の「新分野進出優良建設企業表彰」が贈られる。

西尾社長は「本当は年間千頭以上が必要で、全然量が足りない」としながらも、「これだけ販路を拡大できたのも根室の大地のおかげ。今後も品質にこだわった良質の商品を提供し続けたい」と話している。

プレ・サレ フランス語で「塩分を含んだ牧草地」の意味で、干潮時に沿岸部と陸続きとなるフランス北西部の小島、モンサンミシェル付近で育った羊肉のこと。潮風を浴び、ミネラル分豊富な牧草を食べて育った肉質は「世界最高峰」とされる。三方を海に囲まれた根室市は夏場に海霧の発生が多く、モンサンミシェルと自然環境が似ているとされる。そのためか、根室産の牛乳も「独特のうま味がある」と人気が高い。

写真42-5　シカ肉料理を紹介する記事（北海道新聞2014年1月19日）

ます。エゾシカに限らず限りある資源は大切に、そして有効に使いたいものですね。

（厚真町教育委員会　奈良智法）

43 北海道のちょっと変わった縄文土器　押型文土器

士別市立博物館の学芸員より

特徴的な文様「押型文」

縄文土器には時期や地域によっていろいろな形・文様が見られます。縄文時代の前期末～中期前半の北海道北東部では、彫刻を施した丸棒を土器表面に押し付け回転させることで、「押型文」と呼ばれる特徴的な文様がつけられた「押型文土器《おしがたもん》」を見ることができます(写真43－1・2)。

縄文土器に見られる一般的な「縄文」は、繊維を撚《よ》ってつくった縄を土器表面に押し付けながら縦横に回転させることでつけられています(写真43－3)。これに比べると、彫刻を施した丸棒でつけられる押型文は極めて変わった文様に見えます(写真43－4)。北海道における考古学研究の比較的早い段階から注目されてきたゆえんです。

そして、この見た目の奇妙さと北海道北東部で多く発見されるという分布の特徴から（図43－1）、この「押型文土器」をつくり使った人々は、大陸・沿海州に出自を持つ集団ではなかったか、あるいはそのような集団と北海道の人々との交流があったのではないか、という解釈がされてきました。

しかし一九八〇年代以降、大規模な発掘調査が多く実施されるようになり研究が進展してくると、「押型文土器」は北海道で見られる縄文土器群の一連の変遷に無理なく位置づけ

写真43-1　押型文土器（士別市多寄遺跡出土）

写真43-2　押型文土器（名寄市日進33遺跡出土）

ることができる、という見方がなされるようになりました。

土器の材料となる粘土に多量の砂を混入する土器づくりの方法、器の形、文様をつける木製道具（施文具）を回転させて文様をつける手法――そうした「押型文土器」に見られる特徴は、前後する時期に見つかっている北海道の縄文土器と共通する一方で、大陸の土器との共通性は見出しがたい、というのが主な論拠です。

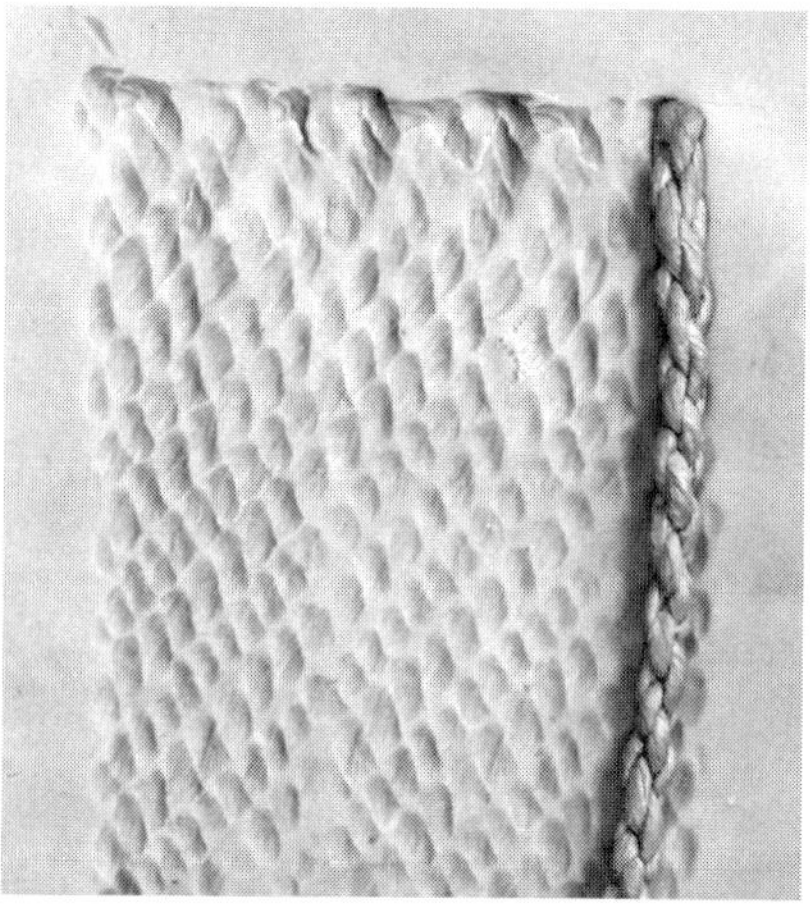
写真43-3　縄文と縄文原体

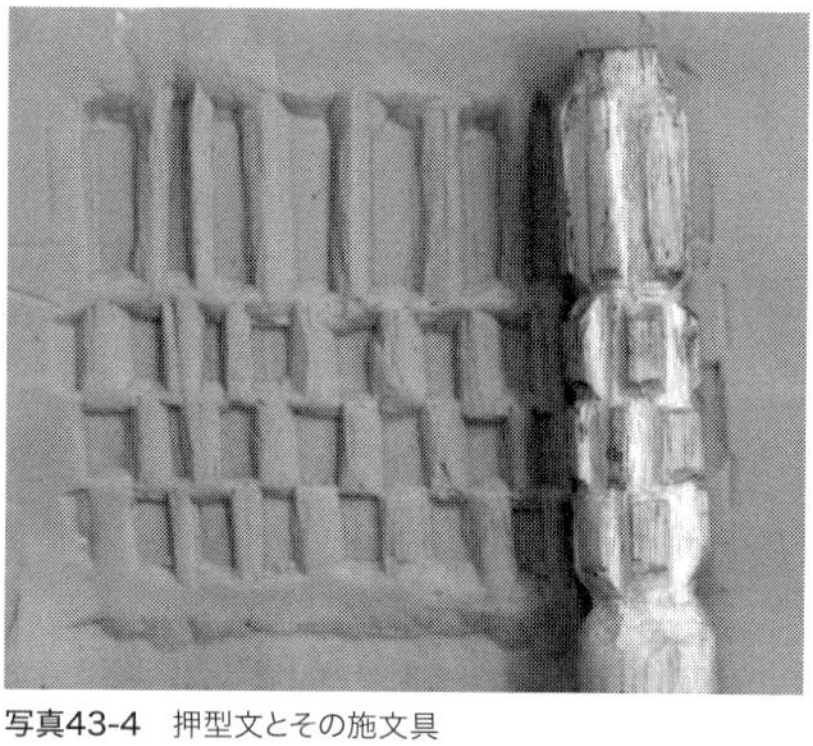
写真43-4　押型文とその施文具

「押型文土器」の出現を、大陸からの集団の移動あるいは彼らとの交流による結果と位置づけるのか、あるいは北海道内での一連の変化によるものと位置づけるのか――。今日までの研究と資料状況から見て、後者のほうにより説得力があるように思われます。

「押型文土器」をつくるための道具とは？

土器という考古学資料から、それをつくり使った人々の社会の様子や集団関係を読み解こうとする時、土器の製作技術に注目することが有効です。土器の製作技術は、単なる器の形や文様の見た目といった外面的な情報よりも模倣がされにくく、集団の技術伝統を示す可能性が高いのです。そこで、北海道北東部で見つかっている「押型文土器」の文様を付けるために使われた道具がいったいどういったものであったのかを推測し復元してみました。

資料を丹念に観察すると、凹みの部分(写真43-5の中のa~a')が土器の表面に一定の間隔をもって繰り返し現れていることがわかります。同じ凹みが一定の間隔で繰り返し現れるということは、その文様が施文具を回転させることで付けられていることを示します。この時、凹みと凹みの間隔の長さa~a'を円周率約三で割ること

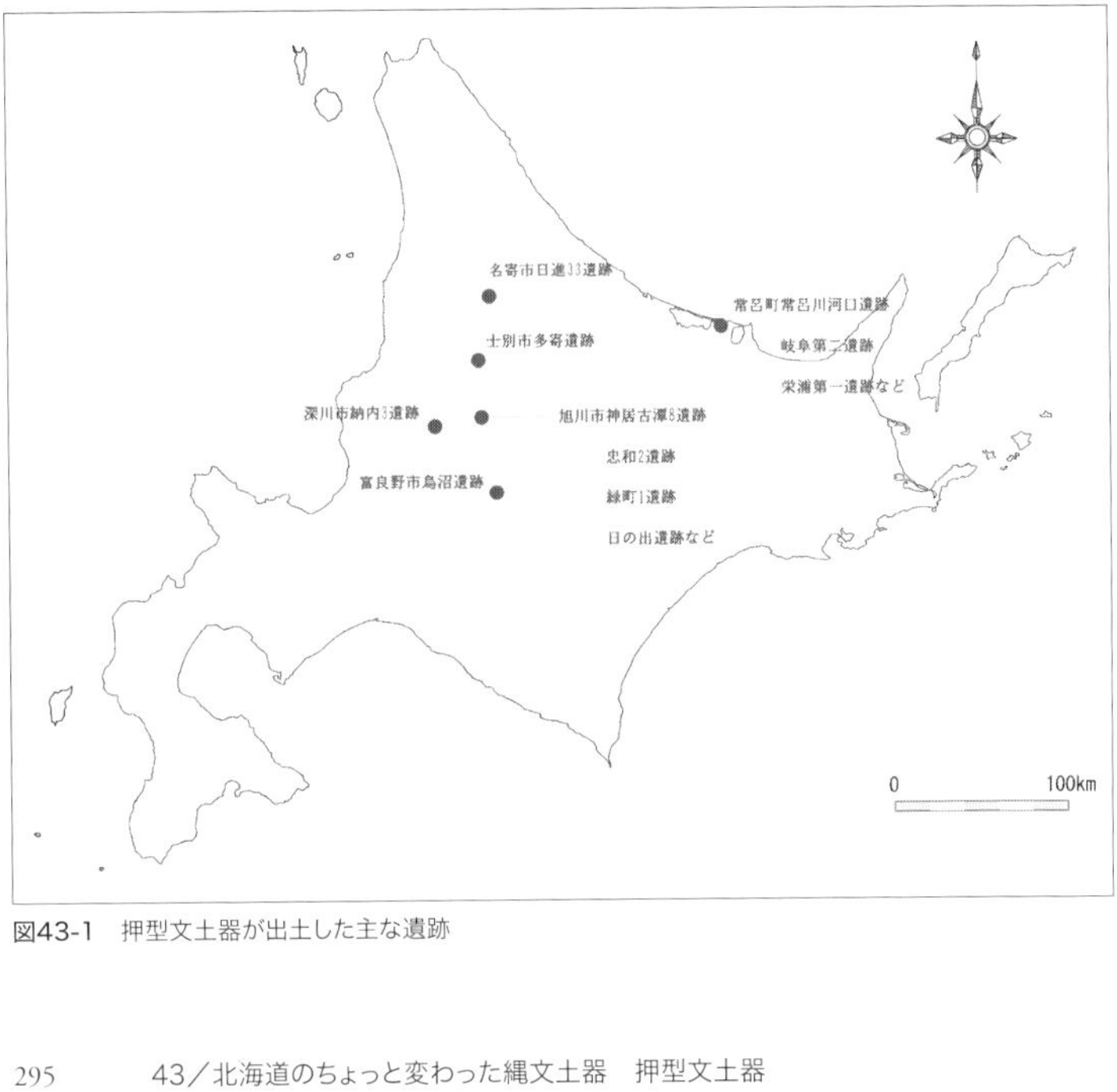

図43-1　押型文土器が出土した主な遺跡

によって道具のおおよその直径を割り出すことも可能です。さらに、文様と文様が重なり合っていない部分を探し出すことにより道具の長さも確認できます(写真43-5の中のb)。

このようにして割り出した直径・長さと同じ寸法の「丸棒」を用意し、木版画の要領で、土器表面に見られる文様の凹部を残し凸部を削ることで、施文具の復元を行ないました。北海道北東部の六つの遺跡から出土した七七個体の「押型文土器」について、それらの文様の道具を復元したのが図43-2・3です。

復元した道具を見ると、どの〝押型文の道具〟も直径はおよそ一~一・五センチメートルで共通する一方、一つの道具に彫刻された文様の種類の数と道具の長さには地域による顕著な違いが認められました。

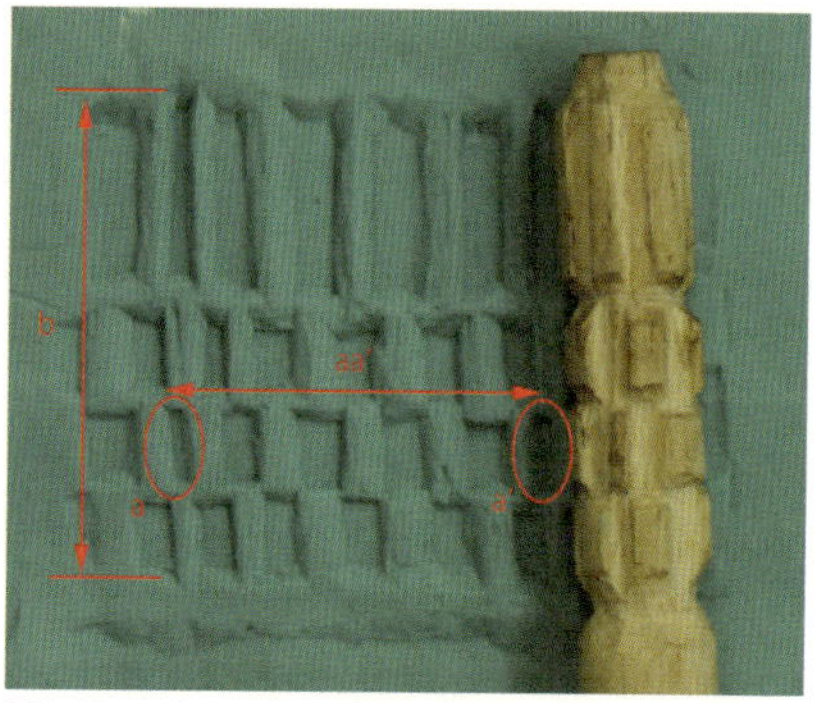

写真43-5　押型文施文具の復元

北海道北東部の土器の文様の特徴

道北地域(旭川市忠和《ちゅうわ》遺跡、深川市納内《おさむない》3遺跡、士別《しべつ》市多寄《たよろ》遺跡、名寄市日進《にっしん》33遺跡)から出土した資料では、「矢羽根文《やばねもん》」や「格子目文《こうしめもん》」など、一つの種類の文様だけを彫刻した道具を使っている例が多く見られます。そのことを反映してか、道具の長さは平均一・七センチメートルと短いものが目立ちます。

一方、道東地域（北見市常呂川《ところがわ》河口遺跡）で出土した資料からは、「矢羽根文」＋「格子目文」というように、二つ以上の種類の文様が一つの道具に彫刻された例が多く見られます。道具の長さは平均五・七センチメートルで、道北地域のものと比べると約三倍の長さがあります。一回の動作で二種類の文様を組み合わせた文様を付けることができます。

土器に模様を付ける道具に見られるこのような地域差からは、北海道北東部全域で同じ製作技術にのっとって押型文土器が作られていたわけではなく、それぞれの地域でそれぞれの土器製作技術をベースにしながら「押型文土器」が作られていた状況がうかがえます。少なくとも、「押型文土器」を携えた大陸に出自を持つ集団が北海道北東部に移住してきた、

図43-2　押型文の施文具1

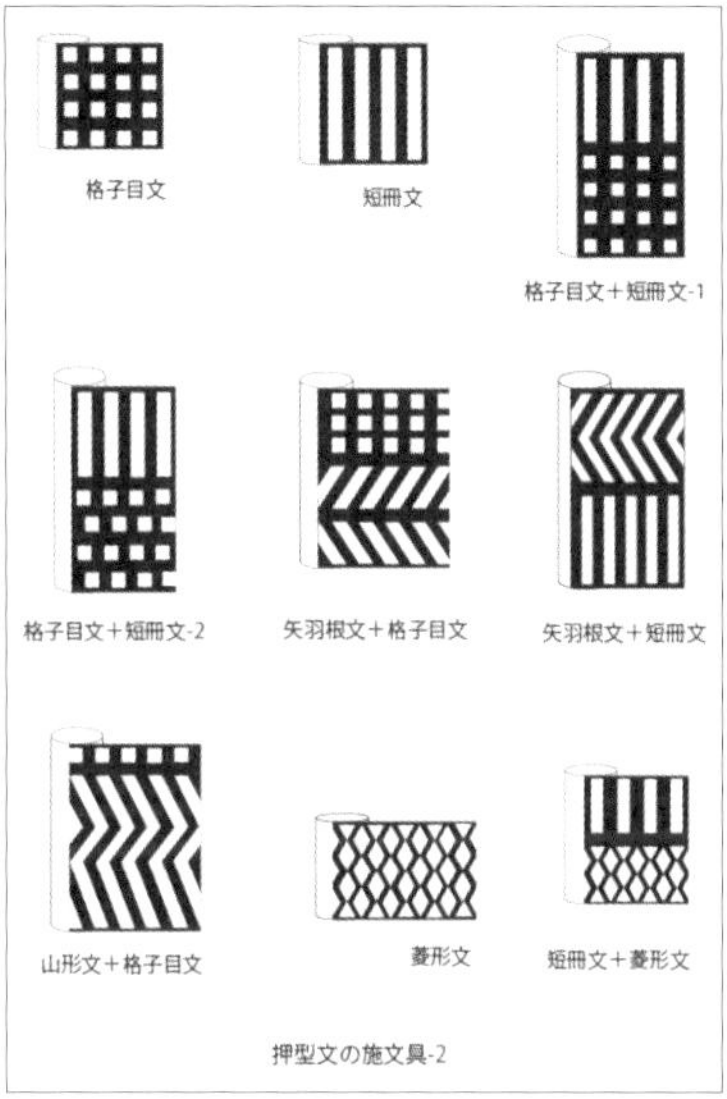

図43-3　押型文の施文具2

という状況は想定しづらいのです。

数千年前の人々の息づかい

やや引いた目線で土器の全体の形や文様を観察したり、時には視点をぐっと近づけてルーペを使いながら細部をじっくり観察したりしていると、その土器をつくったはるか数千年前の人々の息づかいが感じられ、彼らに対して妙な親近感を覚えます。

土器の表面をびっしりと文様で埋めていく過程で、つじつまが合わなくなったため(これがけっこう難しい)、その部分をスリ消して誤魔化した(ように見える)跡などを見つけると「あーこの人やっちゃったな」と思ったり、どのような方法で付けられたのかよくわからない痕跡を見つけた時には、親愛の情を込めながら「連中、なんかやってるな」と思ったりします。

そしてまた、今の私たちとは全く違った方法で北海道の自然環境に適応し、そこで生きた彼らの生活の仕方、文化、世界観とはいったいどんなものだったのだろうという思いにもかられます。このように地域の考古学資料は、はるか数千年前にここで暮らした先人たちと現在を生きる私たちとをつなぐ、かけがえのない〝地域の財産〟と言えるでしょう。

(士別市立博物館　森久大)

44

縄文時代の〈木の器〉石狩紅葉山49号遺跡から

いしかり砂丘の風資料館の学芸員より

遺跡に残りにくい「木の器」

「縄文時代の器」と言えば、粘土を焼いて作った縄文土器や石皿などがよく知られています。しかし木で作った「木の器」はあまり知られていません。なぜなら木は土中に埋もれている間に腐ってしまい、遺跡に残りにくいからです。

石狩市花川《はなかわ》に位置する石狩紅葉山《もみじやま》49号遺跡では、湿地の中から縄文時代中期後半頃(約四〇〇〇年前)の木製品が多数出土し、「木の器」も出土しました(写真44－1)。この時期の「木の器」は、全国的に見ても希少な出土品と言えます。

いろいろな「器」が出土

石狩紅葉山49号遺跡から出土した「木の器」を見ると、「舟形容器」が多く見られます。容器の形が細身のものや楕円形をしていることから、そのように呼ばれています。大きさは、長さが三〇センチメートル前後から一メートルを超えるものまであります（写真44－2）。

容器に柄《え》のある「柄付容器」も出土しました。液体などをすくうことができます。容器と柄を一つの木材から削って作りあげているのが特徴です。器の部分を見ると、深いものと浅いものとがあります。また、柄の部分に溝の一周するものがあり、そこに紐を巻いて吊るしていたのかもしれません。これらのほかに「漆塗容器」や「樹皮製容器」も出土しました。

木の種類

石狩紅葉山49号遺跡の器に用いられた木の種類（樹種）を調べると、特にハリギリ（別名：セン）が多く用いられていました。この遺跡から出土した木製品では、トネリコ属（ヤチダモなど）が最も多く、七九六点確認されていますが、容器ではわずか三点に留まります。逆に、ハリ

写真44-1　石狩紅葉山49号遺跡の発掘調査時の様子

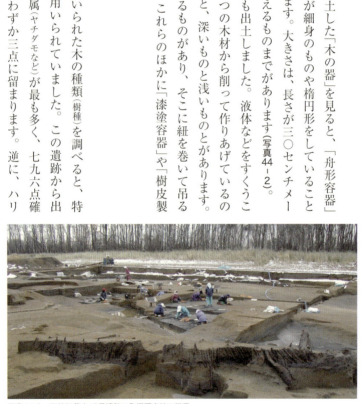

ギリは遺跡全体で一五点と少ないですが、そのうち一一点が容器に用いられています。このことから容器を製作する際に木の種類を選んでいたものと考えられます。

出土品を見てみる、復元品を触ってみる

いしかり砂丘の風資料館では、テーマ展「縄文の木の器」を開催(二〇一三年八月二八日〜一一月一一日)し、これまで常設展では未公開であった出土品を含めて紹介しました。これらの「木の器」を観察すると、細部にわたって丹念に作られており、それらが大小の石斧《せきふ》などで加工されていたことを考えると、その製作技術に驚かされます。展示の一部には現代の技術で作った実寸大の模型を手に取れるコーナーを設けました(写真44-3)。そこでは木のぬくもりを体感しながら、また木取りや製作工程について考えながらご覧いただきました。

遺跡に残りにくい木の道具の中から石狩紅葉山49号遺跡から出土した「木の器」について紹介してきました。これらの出土品は、当時の人々が木を利用した「ものづくり」の知恵や技術を今の私たちに教えてくれる貴重な資料です。モノ言わぬ遺物「木の器」からのメッセージ――今まであまり知られてこなかった縄文文化の一面が見え

写真44-2　いろいろな「木の器」――石狩紅葉山49号遺跡出土(いしかり砂丘の風資料館所蔵)

てくるかもしれません。

（いしかり砂丘の風資料館　荒山千恵）

写真44-3　柄付容器の触れる復元模型（テーマ展「縄文の木の器」より）

第11章 まちの記憶と文化を刻む古い建物や資料

45 古い写真から見えてくる「町のその時」写真を読み解く

帯広百年記念館の学芸員より

時代を知るための重要なツール「写真」

写真は時代を伝える客観的で具体的な資料であり、博物館にとっては歴史を知るための重要なツールの一つとなっています。帯広百年記念館ではそのような写真の収集に力を入れており、現在、数万点の写真資料を収蔵しています。古い写真をよく観察すると思わぬ発見があったり、被写体から写真の撮影時期がわかったりします。ここではそんな写真のおもしろさを知っていただこうと思います。

昭和初期の二枚の写真から

まずは帯広の中心街を撮影した二枚の写真(写真45－1・2)です。撮影場所は、現在、道東唯一のデパートである「藤丸デパート」から駅方向(西二条通)を撮影したものです。撮影時期は「昭和初期」としかわかっていません。この二枚の写真は一見、連続写真に見えますが、よく見ると……お店の看板が違います。写真45－1には中央付近に「山下ふとん店」という看板が、道路を挟んで右側に「至誠堂」という看板が見えますが、写真45－2にはそれらがありません。一九三五年(昭和一〇年)の図45－1を見ると、「山下ふとん店」は「江口食堂」というお店

写真45-1　帯広の中心街1

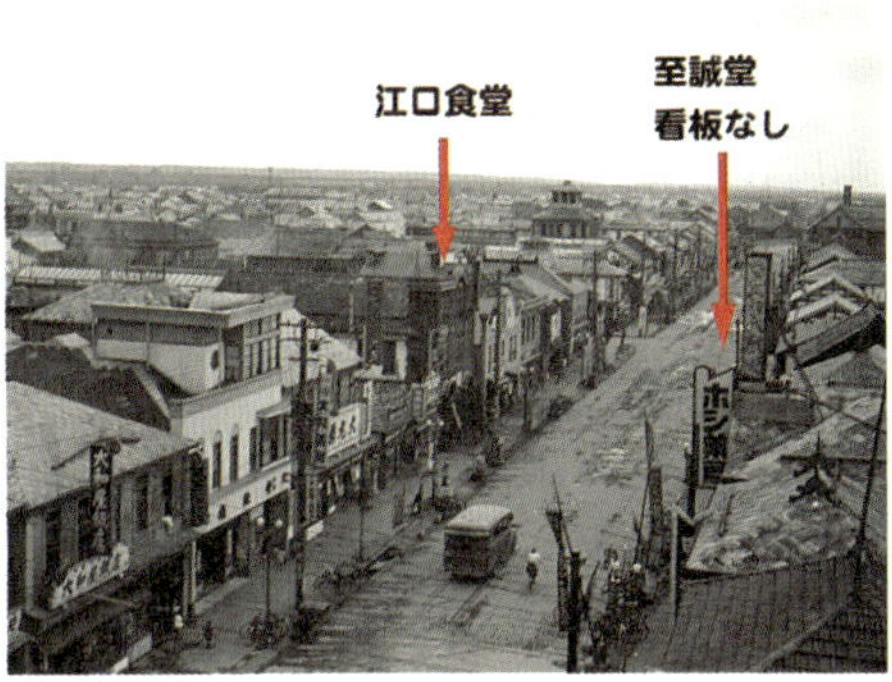

写真45-2　帯広の中心街2

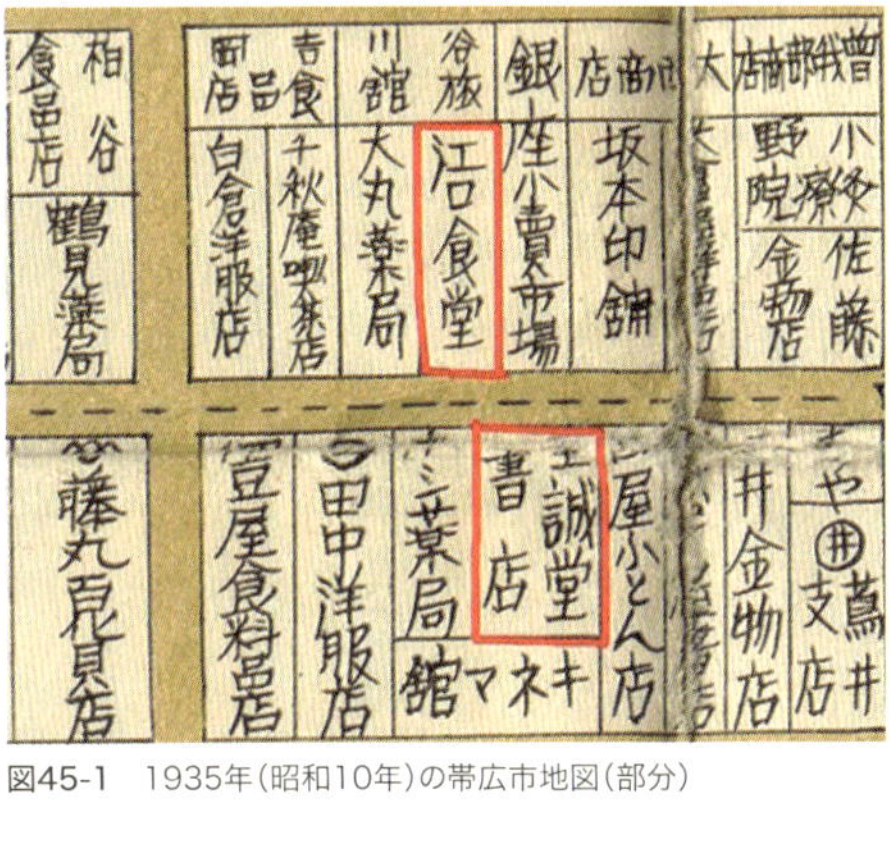

図45-1　1935年(昭和10年)の帯広市地図(部分)

で、「至誠堂」はすでにその場所にあるのがわかります。

調べたところ一九三一年（昭和六年）の地図では「江口食堂」となっていました。加えて、この両方の写真の道路は舗装されていますが、この西二条通が舗装されたのは一九三二年（昭和七年）です。これらのことから写真45－1は写真45－2より新しく、一九三五年（昭和一〇年）以降の写真であることがわかります。

また、町並み写真二枚目は一九三二年（昭和七年）以降となります。ちなみに左から二軒目の白い建物は「千秋庵《せんしゅうあん》」で、みなさんご存じの現在の「六花亭《ろっかてい》」です。

撮影された年月日を推理してみる

続いて帯広の西二条九丁目から西二条通の北方向を写した写真45－3です。さて、いつの時代の写真でしょうか？　中央のビルが当時の「藤丸デパート」で、一九三〇年（昭和五年）一二月にオープンしました。道路は未舗装です。しかもよく見ると、右側の屋根上に吹き流し、それに左端には国旗の掲揚が見られます。また、キリンビールの看板は「江口食堂」です（写真45－3(A)クローズアップ）。

これらから推測するに、おそらく「五月五日」の撮影ではないでしょうか。また、一九三一年（昭和六年）秋までには「江口食堂」の手前隣に「銀座小売市場」が建てられますが、ここには写っていません。これらのことを考えると、この写真は一九三〇年（昭和五年）（この年であれば藤丸はオープン前）か、翌年の五月五日撮影かな？　ということになります。

さて、中央左に二名の学生がいますが、学生服や背格好から帯広中学（現在の帯広柏陽《はくよう》高校）の学生と思われます（写真45-3(B)クローズアップ）。乗っている自転車を見てください。手元にブレーキレバーがないように見えます。これはおそらく「コースターブレーキ」タイプの自転車でしょう。このタイプの自転車は、ペダルを逆回転させることでブレーキがかかるようになっているので、手元にレバーが付いていません。その右側には人力車も見えます。ま

写真45-3　帯広の中心街3

写真45-3(A)

写真45-3(B)

た写真45－2とは「街路灯」が異なっています。この街路灯の変更時期についてはまだわかっていませんが、個人的には道路舗装の際の一九三二年（昭和七年）に更新したのではないかと考えています。

古い写真を楽しみながら解読する

最後の写真45－4です。藤丸デパート、江口食堂、舗装道路、それにこの写真の大きさではわかりませんが、実は中央左の「ホシ薬局」のとなりに「至誠堂」の名前がちょっとだけ見えます。でも屋根に看板は見えません。これらのことから、この写真は写真45－2と同じ頃と考えられます。この写真をもっと細かく見ていきましょう。

【A】店中にドーム状のものがいくつも下がっていますが、これは？（写真45－4（A）クローズアップ）

どうも「蠅帳《はいちょう》」のようです。このように開けたまま売ってたんですね（これって閉じないのでしょうか？）。こんなに場所を取っては売るのも買うのも大変でしょうね。

【B】当時の子どもたちが三人写っています（写真45－4（B）クローズアップ）。

左の男の子は赤ん坊を背負っていて、真ん中は女の子、そして右の子は小さな自転車に乗っています。当時はこんな小さな子どもも子守りをしていたことがわかります。

写真45-4　帯広の中心街4

【C】「江口食堂」の看板ですが、この写真では「サッポロビール」となっています（写真45－4（C）クローズアップ）。

　ところがこの時代よりも古い時代の写真45－3（A）（一九三〇年～三一年＝昭和五～六年）を見てください。「キリンビール」です。当時のサッポロビールの営業の方ががんばった結果、キリンからサッポロに扱いが変わったのでしょうか。それともキリンが撤退したのか。まあ、どっちにしても頑張りましたね。サッポロビール！

写真45-4（A）

写真45-4（B）

写真45-4（C）

　このように写真からいろいろなことがわかります。みなさんも古い写真を調べて当時の暮らしに思いを馳せてみてはいかがでしょうか。ちなみに写真を調べるには、ルーペなどで見るよりも高解像度でスキャンしてパソコンの画面で見ることをお勧めします。

（元帯広百年記念館　内田祐一）

46 「ニシン釜」はどこで作られていた？

北海道博物館の学芸員より

沿岸部の博物館・資料館によくある「ニシン釜」

「ニシン釜」ってなんでしょう？　北海道の沿岸部（特に日本海側）にある博物館・資料館の多くには、「ニシン釜」と呼ばれる大きな鉄釜が展示されています（写真46－1）。これはいったい何に使われた道具でしょう？「お風呂？」「たくさんのご飯を炊く釜？」「魚の水槽？」……。正解は、「ニシン粕《かす》」という肥料を作るために使われた大きな鉄釜なのです。昔はニシンという魚を一度で大量に煮るために、とても大きな鉄釜が必要だったのです。

全漁獲金高の七〇パーセントを占めたニシン

北海道を代表する魚「ニシン」。明治期の北海道産業を支えていたのは、漁業・水産業です。当時の統計資料を見ていると「ニシン」「サケ」「マス」「コンブ」で全漁獲金高のおよそ九〇パーセントを占めています。なかでも「ニシン」はけた違いで、ニシンだけで全漁獲金高の七〇パーセント前後になるほどでした。文字通り北海道を代表する魚だったのです。もちろん食用として「身欠きニシン」や「塩カズノコ」も生産されましたが、それ以上に、大量に獲れたニシンは肥料（「しめ粕」、いわゆる「ニシン粕」）に加工されて、北陸、大阪、徳島など「内地」方面に出荷されました。

米や綿花、藍《あい》などを栽培する道外の農業地域で、質の良い肥料を大量に必要としていたからです。豊富な資源量を背景に、ニシン粕の需用と供給のバランスをうまくとりながら、北海道のニシン漁場経営は展開します。それではニシン粕の製造方法を見ていきましょう（写真46－2）。

ニシン粕の製造方法と「ニシン釜」の謎

大きな鉄釜に生ニシンを数百から約

写真46-1　ニシン釜（北海道博物館所蔵）

写真46-2　ニシン粕製造風景

一〇〇〇尾入れ、充分煮ます。煮えたぎる鉄釜から煮ニシンを圧搾器《あっさくき》に移してフタを置き、上から圧力を加えてフタを押し下げると、圧搾器のすき間から水分・油がしみ出てきます。煮ニシンを圧搾する際に生じる油分も、魚油として商品になるので捨てずに貯めておきます。こうして圧搾が終わると、内部に残った粕塊を取り出します。あとは塊を砕いて充分に乾燥させればニシン粕の完成です。

　ところで、この「ニシン釜」には謎があります。というのは「ニシン釜」の多くは北海道で製造されたものではないのです。ニシン粕の製造には必ず大きな鉄釜が必要でしたから、ニシン漁場の経営者は本州のどこかから鉄釜を買っていたということです。しかも、「ニシン釜」は消耗品なので、定期的に買いそろえておく必要がありました。ではその「ニシン釜」のふるさととは、いったいどこ？　ヒントは写真46-3をご覧ください。

写真46-3　ニシン釜の銘

　この「ニシン釜」は、直径一三九〇ミリメートル×深さ七一五ミリメートル。釜の縁に「高岡カネソウ(┐に宗)特製四六」の銘が施されています。そう、「ニシン釜」のふるさとは富山県高岡市でした。「カネソウ」は屋号で、この「ニシン釜」を製造した家(工場)の印。「四六」は鉄釜の大きさで、直径が四尺六寸＝約一三九〇ミリメートルを意味します。この「ニシン釜」は、札幌市の中心部にある北海道庁赤れんが庁舎二階の「赤れんがサテライト」でご覧いただけます。

「鋳物の町」で作られていた「ニシン釜」

富山県高岡市は、江戸時代から続く鋳物の町。調査でお世話になったのは、旧富田鋳造所（旧富田宗左右衛門商店）です。この鋳造所は、高岡市を流れる千保《せんぼ》川の左岸、金屋町という地区で昭和五〇年代の中頃まで操業していました（写真46-4）。屋号は「カネソウ（「に宗」）」。写真で紹介した「ニシン釜」の製造元で、北海道へ鉄釜を出荷していた高岡を代表する鋳造所の一つでした。

富田鋳造所で製造された鉄釜などの取引きを探るうえで興味深いのが、大正末期～昭和初期に作成された帳簿です（高岡市内個人所蔵）。全部で一九二冊現存し、表紙には「顧客名（個人名、商店名）」「所在地」「印（屋号）」が記されています。帳簿には「取引年月日」「商品名」「大きさ」「個数」「単価」「売上金額」「荷作料金」「返品」「入金」「値引き」などが記録されています。

富田鋳造所の主力商品は「ニシン釜」のような大型鉄釜でした（写真46-5）。この帳簿からは、「ニシン釜」だけでなく、ハッカ製造用としての

写真46-4　旧富田鋳造所（富山県高岡市）

「ハッカ釜」、ヨード精製用の「ヨード釜」などの大きな鉄釜を取引きしていること、一般家庭用の鉄釜（飯炊き釜、風呂釜）なども多数扱っていることもわかりました。しかも取引先が北海道日本海側だけでなく、オホーツク・太平洋側、内陸部、さらには樺太《からふと》との販売ネットワークを持っていたことも判明しました。

「ニシン釜」に代表される高岡産の鉄釜は、天保年間（一八三〇〜四四年）には喜多万右衛門が北海道に販路を開いたと言われています。高岡から北海道への「ニシン釜」の販売は、昭和三〇年代まで続きました。

「ニシン粕」「ニシン釜」を事例に、北海道・樺太と「内地」とのモノのつながりを紹介しました。今では過去の物語となってしまったニシン漁業・ニシン粕製造の歴史をより深く理解するためには、北海道と「内地」の双方における調査成果をこれまで以上に蓄積していくことが不可欠です。

（北海道博物館　会田理人）

写真46-5　鉄釜の外型

47

「移住」してきた〈古文書〉は語る

北海道博物館の学芸員より

〈古文書〉にも様々なものがある

〈古文書〉と一口に言っても、手紙や日記、証文類といった私的な〈古文書〉から、松前藩や開拓使、北海道庁が作成した公的な〈古文書〉まで、その種類は様々です。〈古文書〉からは、〈古文書〉が作られた地域における出来事や、〈古文書〉を記した人物の意見や感想などを読み取ることができます。その意味で〈古文書〉は、その地域の歴史や文化を理解するうえでとても貴重な史料になると言えます。

北海道内にも、道内それぞれの地域の歴史や文化を物語る様々な〈古文書〉が残されています。ところが道内で〈古文書〉の調査をしていると、しばしば本来の意味での〈古文書〉とは少し性格の異なる〈古文書〉が残されていることに気がつきます。では、この「少し性格の異なる〈古文書〉」とは、どのような〈古文書〉のことなのでしょうか？

「移住」してきた武士の〈古文書〉

その一例として、北海道博物館が所蔵する、「安斎」という家にゆかりの〈古文書〉（以下「安斎家文書」と表記）を紹介したいと思います。安斎家は、代々、仙台藩の重臣であった片倉家に仕えた武士の家柄です。仙台藩主から見れば、家臣の家臣、つまりは「陪臣《ばいしん》」という位置付けです。

安斎家の由緒書によると、安斎家の元祖満右衛門義守は、独眼竜政宗として有名な仙台藩の藩祖伊達政宗の側近であった片倉景綱と、戦国時代の一五七六年（天正四年）に君臣の契りを交わしています。そして、たびたび片倉景綱と共に伊達政宗による合戦に出陣したことが知られます。江戸時代になってからも安斎家は引き続き、仙台藩白石領の城主となった片倉家に家臣として仕えました。

しかし明治維新の際、戊辰《ぼしん》戦争で仙台藩が新政府軍に敗れ、大幅に領地を削減されると、その他の片倉家の家臣と共に北海道への移住を余儀なくされました。一八七一年（明治四年）、安斎家の第一〇代惣十郎真延の代のことで、移住地は郷里にちなんで「白石村《しろいしむら》」（現札幌市白石区）と名付けられた地域でした。安斎家文書には例えば次のような〈古文書〉が含まれています（写真47－1）。

これは、伊達政宗が安斎義守に与えた〈古文書〉です。一六一二年（慶長一七年）二月一〇日という日付の下に伊達政宗の黒い印章が押されていることから、「伊達政宗黒印状」と呼ばれています。安斎義守は、少なくとも一六〇八年（慶長一三年）～一六一三年（慶長一八年）にかけて、片倉景綱の家臣という立場ながら、伊達政宗から仙台藩領内の金山の管理を任せられており、この黒印状は、その役務に伴う権利を保障した文書と言えます。またこれ以外にも、安斎家文書には直接の主君であった片倉家が歴代の安斎家当主に与えた「知行宛行状」（主君が家臣に与えた知行（武士の給料）の権利を保障した文書）が含まれています。

これらの〈古文書〉に記されている内容は、北海道の歴史とは全く関係がありません。むしろ、仙台藩に関わる歴史の一コマを物語る史料と言えます。しかし「安斎家文書」は、北海道博物館に寄贈されるまで札幌在住の安斎家の子孫宅に伝えられてきました。なぜこのような

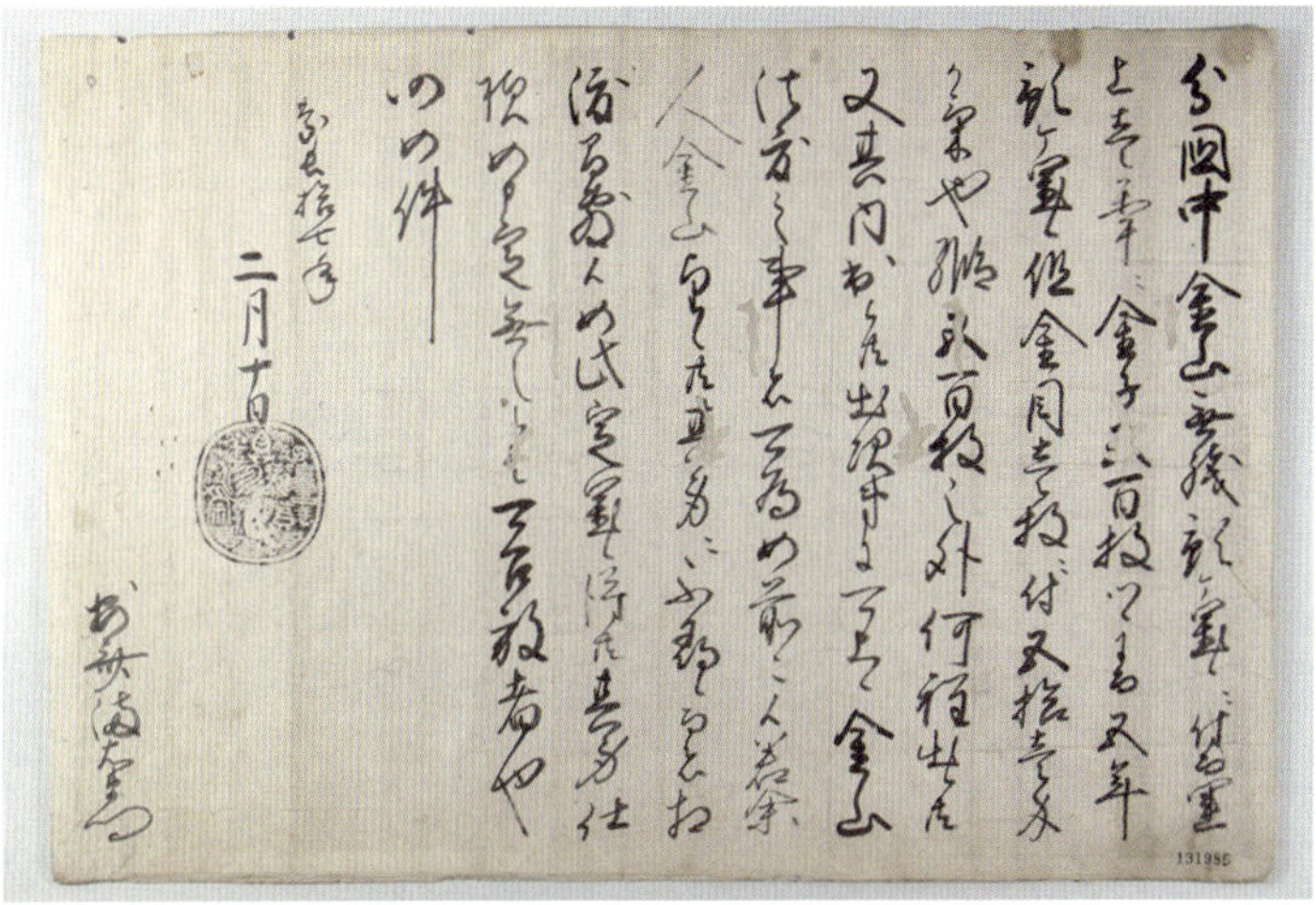

写真47-1　伊達政宗黒印状（北海道博物館所蔵 安斎家文書）

〈古文書〉が道内に伝えられてきたのでしょうか？

「北海道移住」の決意の証しとしての〈古文書〉

その答えは、「北海道移住」という歴史的な出来事と深い関わりがあると考えられます（写真47－2）。戊辰戦争で敗れた仙台藩は、新政府によって大幅に領地を削減されました。そして安斎家のような仙台藩の陪臣は、知行を召し上げられて武士としての身分を奪われることになりました。そのような状況の下、先祖代々の土地を離れ、生活のために北海道への移住を余儀なくされたのです。おそらく「安斎家文書」は、安斎家の第一〇代真延が一八七一年（明治四年）に北海道へ移住する際に携えてきたと推測されます。「伊達政宗黒印状」や「知行宛行状」は安斎家にとって、戦国時代以来の武士としての由緒を証明してくれる大切な〈古文書〉です。そのような〈古文書〉を携えて移住し、かつ保管し続けるという行為には、「先祖

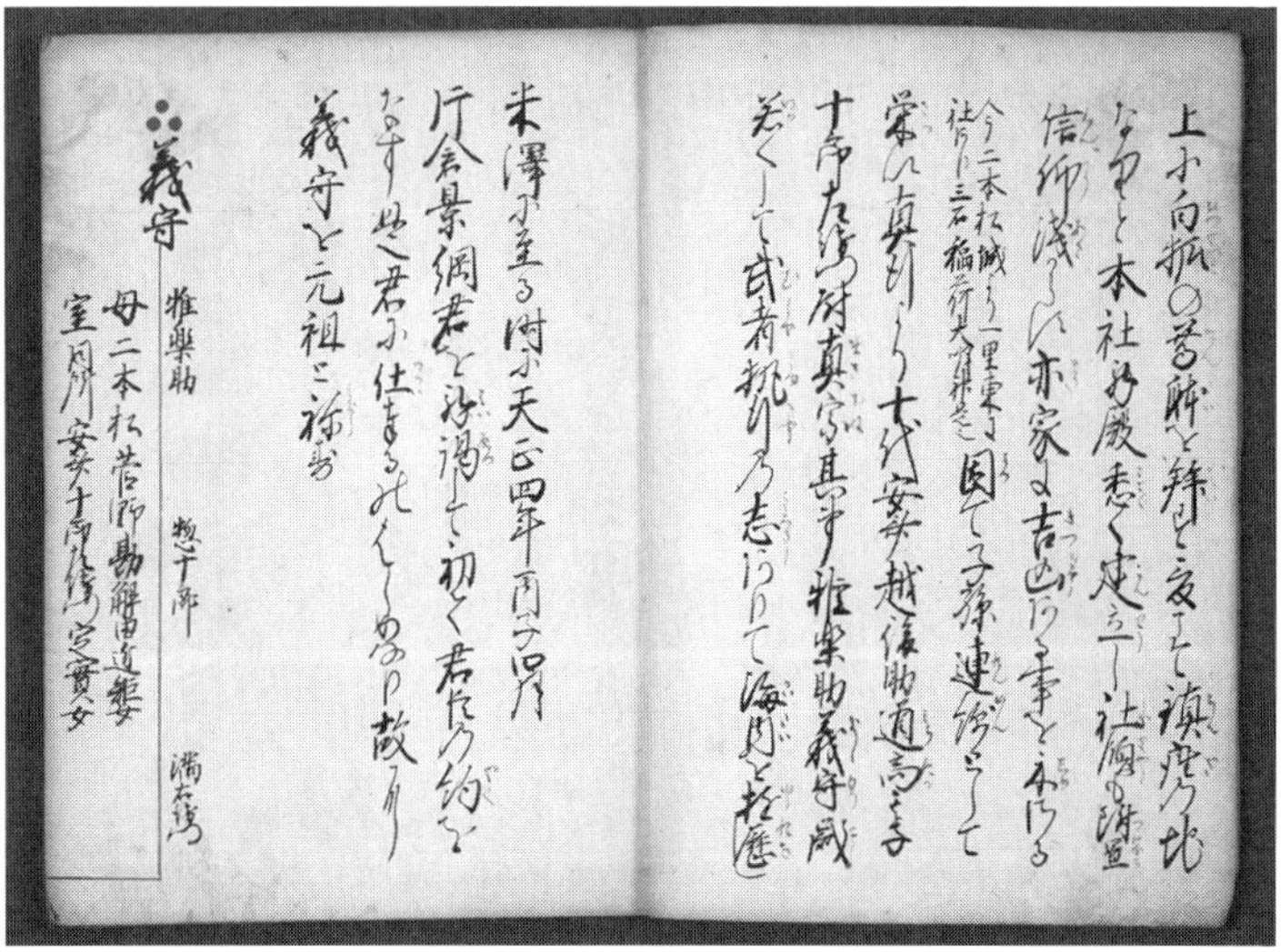

写真47-2　安斎家の由緒書（北海道博物館所蔵 安斎家文書）

代々の土地を離れ、北海道への移住を余儀なくされたが、自らの家は、戦国時代以来、片倉家に仕えてきた由緒ある武士の家柄なのだ」という思い、つまりは自らの由緒に対する「誇り」を移住先でも失わないで保ち続けていくという決意が反映されていたのではないかと考えられるのです。その意味で「安斎家文書」に含まれている「伊達政宗黒印状」や「知行宛行状」は、内容的には北海道の歴史や文化と無関係でも、そのような文書が道内に伝えられてきたということ自体において、「北海道移住」という北海道の歴史の一コマを雄弁に物語っていると言えるのではないでしょうか。

もっと注目されてよい貴重な文化財

このように「安斎家文書」のような「移住」してきた〈古文書〉は、内容的には北海道の歴史や文化を直接物語る史料ではないせいか、これまでまとまった形で調査・研究は行なわれてこなかったように思います。しかしその存在自体において「北海道移住」という歴史の一コマを物語るものですから、「移住」してきた〈古文書〉はもっと注目されてもよい北海道の貴重な文化財です。

果たして、道内の博物館や図書館、さらには個人宅などに、どれくらいの「移住」してきた〈古文書〉が残されているのでしょうか。そして、そうした〈古文書〉はどんな「歴史」を物語ってくれるのでしょうか。

（北海道博物館　三浦泰之）

コラム

北海道の開拓に縁の深い仙台藩伊達家

仙台藩一門・岩出山《いわでやま》伊達家当主伊達邦直は、戊辰戦争の際、奥羽越列藩同盟《おうえつれっぱんどうめい》に参加した宗藩の命により官軍と戦いましたが、降伏。戦後、知行を大幅に減封されたうえ、城は押収。家臣は侍の身分を剥奪されました。

そこで邦直は家臣たちが路頭に迷うことを憂い、私財を処分して得た資金で北海道開拓を志願します。志願は許可されたのですが、開拓を命じられた場所は石狩国空知郡ナヱイ（現奈井江町）。邦直は家臣に命じ現地を調査させましたが要領を得ず、自ら北海道に渡り調査しました（**写真A**）。その結果、ナヱイの地は肥沃ではあるが石狩川河口より100キロメートル以上も遡った奥地で、物資の輸送等が困難であったことから、海岸近くへの移転を申し入れました。

開拓使との交渉の末、厚田郡繋富《しっぷ》（現石狩市厚田区聚富）の荷揚場を借用することが認められました（**写真B**）。しかし、繋富は砂地で土質が悪く、しかも強風が吹きつける場所だったため作物は育ちませんでした。邦直一同は困窮を極め、再び開拓使に嘆願。開拓使から代替地として当別への入植の許可を得、当別の開拓に当たりました。現在、当別町の伊達邸別館や伊達記念館では、伊達家ゆかりの品々や当別開拓の歴史資料が収集展示され、開拓の苦労を偲ぶことができます（**写真C**）。

この伊達家の移住については、元佐賀藩士の子息で当別町太美《ふとみ》ビトエに生まれた本庄陸男が『石狩川』という小説にしています。本庄陸男文学碑「石狩川」が国道337号の札幌大橋付近に立っています。文学碑と合わせて小説も読んでみることをお勧めします。開拓の苦労が偲ばれると思います（**写真D**）。

伊達邦直の弟、仙台藩一門・亘理《わたり》伊達家当主伊達邦成もまた、兄邦直と同様、戊辰戦争では奥羽越列藩同盟として出兵し降伏。やはり知行を大幅に減封され、多くの家臣団を養うことが不可能になりました。このため家臣等を率いて北海道に移住、胆振《いぶり》国有珠《うす》郡（現在の伊達市）の開拓に入りました。

（斎藤和範）

写真A　伊達邦直上陸の碑（奈井江町）

写真B　伊達邦直主従北海道移住の地（石狩市厚田区聚富）

写真C　伊達邸別館（当別町元町）

写真D　本庄陸男文学碑「石狩川」（国道337号の札幌大橋付近）

48

〈遺跡〉は地域の大先輩

湧別町ふるさと館・郷土館の学芸員より

〈遺跡〉と〈発掘〉と〈現代人の生活〉と

湧別《ゆうべつ》町には北海道指定史跡「シブノツナイ竪穴住居跡」をはじめとし、五五カ所で遺跡が確認されています（写真48－1）。大昔の人々の生活が現在まで遺されたものが「遺跡」ですが、遺跡はいわば地域の大先輩の生活情報がつまったタイムカプセルです。そんなタイムカプセルには現代や未来の人類にとって参考になる情報が眠っているでしょうし、なにより地域の成り立ちを知るうえで欠かせないものだと言えます。そんな地域にとって〝大先輩〟のタイムカプセルは、〈地域の財産〉としてこの先の世代にもきちんと引き継がれなければならないものです。

さて、遺跡は日々失われていま す。なぜか？　現代人の生活に必要な工事などが、遺跡のある土地で行なわれるからです。もちろん、現代人の生活を快適にするため工事は必要です。この場所での工事を全面禁止にすることはできません。遺跡のある場所で工事を行なう場合、「文化財保護法」という法律にのっとり、記録を残して情報を後世に残すことになっています。それが「発掘調査」なのです(写真48－2)。

発掘調査では土器や石器を取り上げる時、写真や図面をとって記録を残すのですが、情報の全てを残すことはできないので失われるものが多くあります。そう考えると、発掘調査も完璧とは言えず、やはり遺跡は手をつけず保護して残すことが最善と言えます。

では、どうしたら工事による発掘調査が減るのでしょうか。行なわれる工事(現代生活の快適化)と遺跡の破壊を天秤にかけた時、遺跡破壊の損失のほうが大きいと思う人々を増やす

写真48-1　シブノツナイ竪穴住居跡(4月の雪どけ時期)。白い塊は竪穴住居跡のくぼみに残っている雪。雪の塊の数だけ家の跡がある

写真48-2　シブノツナイ2遺跡の発掘調査の様子(2014年)

ことは一つの方法です。

湧別町の粘土層を生かして

湧別町はその中心部に湧別川が流れ、その土地は湧別川氾濫による土壌の運搬堆積で形成された平野です。表土(足元の土)の下層に礫《れき》層(砂利等の層)が広がる上湧別地区では畑作が、粘土層が広がる湧別地区は酪農が盛んに行なわれています。そのうち注目されるのは、湧別地区が「粘土の土地」であるという点です。そのことは現在も町内で行なわれている粘土産業につながってきます。

現在湧別町では「興農セラミック」という会社が煉瓦《れんが》や土管の製造を行なっていますが、その歴史は古く、湧別町の煉瓦製造は一九一八年(大正七年)の「中湧別煉瓦工場」の創立に始まります。創業者の藤島倉蔵は町内が重粘土地帯であることに注目し、野幌《のっぽろ》から煉瓦職人の熊倉栄松を呼び寄せて経営を引き継がせます。一九四一年(昭和一六年)には渡辺亀助が工場を買い取り「渡辺煉瓦工場」を設立し、一九六〇年(昭和三五年)まで製造を続け、「興農セラミック」へと引き継がれていきます(写真48-3)。

写真48-3　昭和30年頃の渡辺煉瓦工場

粘土を生かした「煉瓦」と「素焼き土管」

粘土を使って製造されてきたものは、煉瓦と素焼き土管の大きく二種類です。煉瓦が重宝されたのは「サイロ」と「蔵」の材料としてです。サイロは、酪農の盛んな湧別では牛の干草の製造と貯蔵のために不可欠なものでした。現在ではサイロの役割が他のものに置き換わり使われなくなったものの、現在でも町内のあちこちで見ることができます。蔵というのは、主にリンゴの貯蔵用です。湧別は昭和四〇～五〇年代にかけてリンゴの栽培が盛んでした。上湧別では「空間積み」と呼ばれる積み方で蔵が作られており、積み方によって作られる空気の層が断熱層となり重宝されていたようです。また、現在は住宅用にも使われ、そこに住む方からは「夏涼しく、冬は暖か」という声も聞かれます。

以前、煉瓦に注目した町民有志の活動として「かみゆうべつ二〇世紀メモリープロジェクト」がありました。自分たちの住む町の魅力は何か、それを発見する活動としてレンガ建築が注目され、〈レンガマップ〉が作成されました(図48-1)。

現役で製造されているもう一つの粘土製品は「素焼き土管」です。先ほど紹介したように、湧別は粘土が多く排水の良い土地ばかりではありません。その排水の手助けをするため、耕作地に細い溝を掘り、排水用の管を埋設する暗渠《あんきょ》と呼ばれるものが作られます。その暗渠用として、素焼き土管が注目を浴びています。現在は多くのものが合成樹脂製ですが、素焼き土管は素材に保水性があることや、ヘドロや水あかが付きにくい特徴があります。また環境に優しいため、農業が盛んな湧別だけでなくオホーツク管内でも需要は多いようです。

粘土は今も産業資源

現在も産業資源として使われている粘土と、町の魅力として注目される煉瓦。その活用の原点は何かを考えていくと、「土器」と「遺跡」にたどりつきます。湧別町では縄文時代早期（約九〇〇〇～七〇〇〇年前）の遺跡が最も古く、その遺跡からは多くの土器が発掘されています。その土器の原料は粘土。湧別町では古くから粘土が活用されていたことがそんな遺跡の発掘調査からわかっています。そんな貴重な〝地域の財産〟である土器や遺跡ですが、それのみ注目してその大切さなどを訴えてもなかなか人に伝わりま

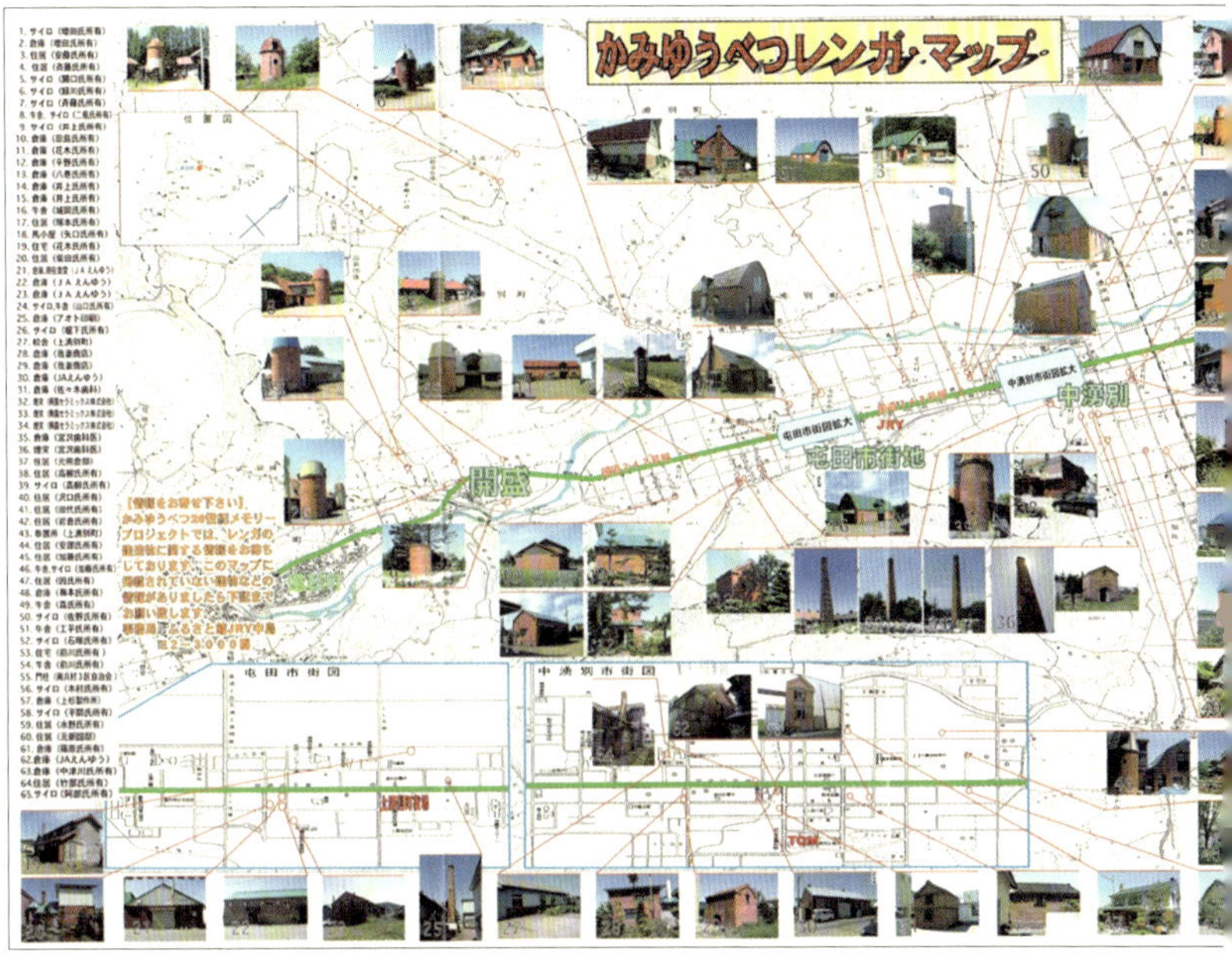

図48-1 〈レンガマップ〉

せん。それらは現在の生活とあまりにかけ離れ、身近に感じにくいからです。

しかし、湧別町で現在でも確認できる粘土との関係を粘土産業・レンガマップを通して見ていくと、その見え方が大きく変わってきます。そうした視点で湧別町の博物館では、粘土と土器を活用した「郷土学習」を実践しており、少しずつですが遺跡の存在と理解は広まってきています（写真48－4・5・6）。現在でも活用されている〈地域の財産〉をよく知り、そこから遺跡との共通項を見出して情報発信することで、町内外の人にももっともっと遺跡に対する関心を持ってもらえるようになるのではないでしょうか。

（湧別町ふるさと館・郷土館　林勇介）

写真48-4　地元小学校の授業1。地層で粘土の有無を確認

写真48-5　地元小学校の授業2。土器づくり

写真48-6　町内教員研修での遺跡散策。竪穴住居跡を囲んで

49 町の記憶と文化を刻む古い建物たち

富良野市博物館の学芸員より

古い町並みと建物を遺す試み

函館、小樽などの歴史ある港町では古い建物を活用した町並みの整備が積極的に行なわれています。ニシン漁で栄えた余市《よいち》や留萌《るもい》などでは漁業関連の歴史的建造物が、また札幌市の北海道開拓の村では開拓のあゆみや商工業の発展にまつわる様々な建物が保存・公開されています。

明治後半以降に開拓された富良野地方をはじめとする内陸部では歴史が浅いためか、歴史的建造物への関心は希薄なようです。そのため歴史的建造物を保存・活用する動きも鈍く、古い建物は次々と姿を消しつつあります。ここで紹介する建物の多くは、どちらかと言えば地味で、決して豪華な建物とは言えません。しかし、その歴史を紐解くと富良野のあゆみを体現するとても大切な建物なのです。

富良野のもう一つの素顔

さて富良野と言えば、倉本聰《くらもとそう》さんのテレビドラマ「北の国から」「優しい時間」「風のガーデン」のロケ地としても知られ、ここで紹介する建物のなかにはロケ現場に使われた例もあります。富良野は道内でも有数の観光地。観光ついでに歴史的建造物をふらっと訪れてみるのも一興です。ラベンダーやグルメ、農産物だけではない、富良野のもう一つの素顔をぜひ知ってもらいたいと思います。

旧河村合名酒造酒蔵（炭火焼肉やまどり）（写真49－1）

鉄道が交通の主役だった時代、市街地は駅を中心に発達しました。大規模な駅前再開発が行なわれていない限り、どこの町にも歴史ある建物が駅の周辺にある程度遺されているはずです。富良野駅前には、玉葱《たまねぎ》や馬鈴薯《ばれいしょ》などの農産物や塩、米などを保管するための倉庫が数多く遺されています。市街地には築五〇年以上の倉庫が一〇数棟現存し、その大半は今も現役です。

写真49-1　旧河村合名酒造酒蔵（朝日町4－22）

数ある倉庫のうち、最古の例は一九一一年（明治四四年）に建築された石造の旧河村合名酒造酒蔵です。造り酒屋の酒蔵として利用されたのはごくわずかな期間で、第一次大戦後の不況のあおりで酒造業から撤退した後、酒問屋の倉庫となりました。戦時中は塩や煙草の配給所に、また昭和三〇年代には北海道酒類販売株式会社の倉庫に転用されました。時を経て、一九九一年（平成三年）、焼肉店「炭火焼肉やまどり」にリノベーションされて現在に至りますが、外観は往時の姿をほぼ留めています。

外壁に積み上げられた軟石は、近在の「美瑛軟石《びえいなんせき》」が有力と考えますが、まだ調べられていません。店内は天井が高いので開放感にあふれ、小屋組みをあえてそのまま剥き出しにしたことで洒落《しゃれ》た空間が演出されています。「ふらの和牛」をはじめ、おススメの新鮮な焼肉メニューが目白押し。歴史の重みを感じながら、お食事を楽しむことができます。また裏手にある「燻煙工房 YAMADORI」では、ご当地グルメのオムカレーを頂くこともできます。

小玉邸（写真49－2）

「炭火焼肉やまどり」の隣に人目を惹く洒落た煉瓦造《れんがづくり》の建物があります。一九五一年（昭和二六年）に建築された二階建ての民家で、テレビドラマ「北の国から」では喫茶店として登場しました。戦後の昭和二〇年代に建築された一般民家とは思えないほど、趣きのある洋風建築で、その外観は喫茶店のように見えても不思議ではありません。

　人目をひく要因の一つは、美しい曲線を描くアーチ型の屋根にあります。鉄骨アングルを繋いで合掌材《がっしょうざい》とし、これによってアーチ状の屋根が作り出されています。屋根には半円状の庇《ひさし》を持つ出窓が五カ所設けられ、どこかメルヘンチックな雰囲気も感じられます。壁面は煉瓦の色調とマッチしたアイビーの蔦《つた》で覆い尽くされ、レトロな雰囲気も演出します。小玉邸の前を通ると、時折カメラや絵筆を構える方を見かけることがあります。今でも衆目を集める可愛らしい建物です。

写真49-2　新築当時の小玉邸（朝日町）

旧本間農場倉庫（北印倉庫）（写真49－3）
　富良野市は今も昔も、農業が基幹産業の町です。市街地には大正期から昭和三〇年代に建築された農産物保管用の倉庫が多数残されています。当時、富良野地方では馬鈴薯の生産が盛んに行なわれていました。この馬鈴薯を集出荷するための保管用倉庫が今も現役で使用されています。

富良野駅前の五条通沿いに「株式会社北印」が管理する石造の大型倉庫があります。大正時代に富良野地方最大規模の私設農場だった本間農場の馬鈴薯貯蔵倉庫として建築されました。そもそもは純石造りでしたが、馬鈴薯のバラ貯蔵による内圧が原因で壁面が歪み、昭和三〇年代に基礎と内外壁の補強改修工事が行なわれたので、外観の一部が建築当時と若干変わっています。富良野では極めて稀《まれ》ですが、建築当時は瓦《かわら》屋根だったそうです。

一九四五年(昭和二〇年)七月一五日、米軍の艦載機により富良野駅周辺が空襲を受け、五名の尊い命が失われました。一見しただけではよく判別できませんが、このときの弾痕が外壁に残っているそうです。

旧福田医院(つるや金物店)(写真49－4・5)

駅前の五条通沿いに金物店があります。金物屋らしからぬ外観に見えますが、そもそも福田医院という洋風建築の病院でした。一九二九年(昭和四年)発行の『下富良野市街図』に「福田医院」と記されていますが、詳細はよくわかっていません。昭和初期に建築され、戦時中か戦後直後の短期間のうちに閉院したと推測されます。閉院後、この建物は一時、富良野町農協の寮となりましたが、一九六三年(昭和三八年)に当時駅前で店を構えた「寺西商店」が農協と土地・建物を等

写真49-3　旧本間農場倉庫(日の出町4−24)

値交換して金物屋の店舗に改装、「鶴屋金物店」を開業しました。

木造二階建ての寄棟《よせむね》屋根で、建築当時の窓は笠木《かさぎ》付き、組子《くみこ》の上げ下げ窓でした。一階はすっかり様変わりしていますが、二階の天井板やドア、窓枠などに洋風の病院建築らしい面影が残されています。この建物はテレビドラマ「北の国から'95秘密」に登場します。宮沢リエが演じるシュウが勤めた金物店でした。

写真49-4　旧福田医院（日の出町4－18）

写真49-5　旧福田医院の2階内部

渡部医院（写真49－6）

テレビドラマ「風のガーデン」では、緒形拳《おがたけん》が演じる白鳥貞三が営む白鳥医院で、また「北の国から」では財津病院として登場しました。一九二三年（大正一二年）、初代院長の出身地・福島県で親戚が経営する病院を模倣して建てられました。

木造二階建てで、寄棟屋根には屋根飾りを持ち、外壁は水平の目地を装飾的に見せるドイツ下見です。窓は笠木付き、組子の上げ下げ窓で、窓台下には小さなブラケットが付いています。現在は見られませんが、写真のようにかつては玄関ポーチの上にバルコニーがありました。全体的には大正期の洋風建築らしい建物ですが、寺院建築に見られる擬宝珠《ぎぼうじゅ》様の窓枠飾りが付けられ、和の要素も部分的に見られます。市内では最も上質な大正期の洋風建築物です。

島田邸（写真49－7）

国道三八号線にほど近い、本通りに面して門を構える島田邸は、市内では最も上質な純和風建築物です。入母屋《いりもや》屋根の木造

写真49-6　往時の渡部医院（本町1－10）

平屋建てで、南側に縁側を持ちます。建物の周囲に板塀が巡るので、全体像は見えにくいですが、小まめな手入れが隅々まで行き届き、敷地全体に純和風建築らしい凛《りん》とした美しさ、清潔感、厳格さを感じさせます。

一九四一年（昭和一六年）に相田木材株式会社の帳場を勤めた先代が、建材に強いこだわりを持って建てたそうです。板壁は押し縁下見で、エゾマツの柾目板《まさめいた》がふんだんに用いられ、また室内も壁や柱、梁《はり》、天井板など目につくところは、ほとんどがアカエゾマツやエゾマツの柾目板が使用されています。

当然ですが、この島田邸や小玉邸は民家なので、敷地内に勝手に足を踏み入れたり、見学することはできません。

富良野神社旧拝殿（富良野神社神輿庫）（写真49－8）

富良野神社は一九〇二年（明治三五年）、東四条南二丁目に小さな祠《ほこら》を創建したのが始まりです。五年後には国道三八号線沿いにある富良野小学校向かいの現在地へ移転、一九一四年（大正三年）に威容を整えるべく社殿造営がなされました。現在、神社本殿の西側に建つ「神輿庫」は一九二〇年（大正九年）に建築されたかつての拝殿です。一九三六年（昭和一一年）、現在

写真49-7　島田邸（若松町）

の壮麗な本殿が造営され、旧拝殿は役目を終えて脇へ移設、神輿《みこし》庫として再利用されることとなりました。屋根は入母屋屋根、外壁は下見板張りですが、古写真を見ると、かつては縦張りだったようです。外壁上部と内部は漆喰《しっくい》で仕上げられています。

境内には、樹齢三百数十年を経過した御神木のハルニレをはじめ、二八種もの在来外来の樹木が植栽されています。市街地ではありますが、野鳥を観察することができ、チゴハヤブサの営巣地として知られています。近年、観光スポットとして有名になった「ふらのマルシェ」から徒歩五分。買い物の後、ちょっと参拝に訪れてみてはいかがでしょうか。

山部駅危険品庫一号(写真49-9)

最後に、富良野駅から根室本線に乗車、帯広方面に二駅南下した山部《やまべ》駅の建物を紹介します。

下り線のプラットホームに煉瓦造《れんがぞう》の「危険品庫」と呼ばれる小さな建物があります。いかにも危なげな名称のこの建物は「ランプ小屋」「油倉庫」などとも呼ばれます。これはかつて汽車の尾灯や客車の室内灯などに使用した燃料油を保管した倉庫でした。そのため、明治期に開業した主要な駅には、不燃性の煉瓦や軟石を用

写真49-8　富良野神社旧拝殿(若松町17－10)

いた危険品庫が置かれたものでした。その後の電化普及で油類の保管がそれほど重要ではなくなり、また駅の増改築などを経て、多くのランプ小屋はその姿を消していきました。富良野駅にも設置されていましたが、一九四五年(昭和二〇年)七月一五日の富良野空襲で破壊されてしまったそうです。

山部駅の危険品庫一号は、一九一一年(明治四四年)の建築で、市内では極めて希少な明治期の煉瓦建築物です。床面積はわずか九・九平方メートルと小さく、切妻《きりづま》形状の屋根は菱葺《ひしぶ》きのトタンで葺かれています。明治期の煉瓦建築らしく、現代より一回り大きな煉瓦が使われ、長手と小口の段を交互に積み重ねるイギリス積みです。軒下には、渋みのある紫色をした「焼き過ぎ煉瓦」が、また扉上部には御影石《みかげいし》を用いたアーチ状の庇《ひさし》を配置して、装飾的に仕上げられています。極めて小さく、実用的な「倉庫」でありながら、外観のデザインにも気配りがなされるところは、いかにも明治時代の建築物と感心させられます。南富良野町の金山《かなやま》駅にも同年建築、同様式のランプ小屋があり、これも現役です。

ちなみに、危険品庫に隣接する木造倉庫と旧駅舎の一部と思われる「富良野タクシー山部営業所」は一九三五年(昭和一〇年)の建築、また一九線の踏切脇にある「旅客詰所一号」と呼

写真49-9　山部駅危険品庫1号(山部中町1)

ばれる小さな小屋(写真49-10)は、一九〇〇年(明治三三年)に十勝線の下富良野—鹿越《しかごえ》間が開通し、山部信号停車場が設置された当時の建物で、調べた限りでは市内最古の現存建築物です。山部駅は今ではごくごく小さな無人駅ですが、富良野地方の鉄道史を伝える記念碑的な建物群と言えるでしょう。

建物に凝縮された多様なエッセンス

普段の生活のなかで何気なく見ている建物にも、町の歴史、産業、文化、建築技術などの多様なエッセンスがギュッと凝縮されています。私が残したいモノ。それは決してスペシャルではないけれども、私たちの日常生活のなかに当たり前のようにある身近な建物です。しかし「当たり前」のようにあった建物がある日忽然と姿を消してしまうのも「当たり前」な現実であり、一抹の寂しさも感じます。すでに失われた建物は数多に上りますが、そ

写真49-10　山部駅旅客詰所1号(山部中町1)

図49-1　富良野ぶらり歴史散歩マップ

れでも現時点で遺されている建物やその建物にまつわる歴史を記録し、後世に伝えることはとても重要なことです。みなさんの町にもまだまだ歴史ある建物は遺されているはずです。町のあゆみと人々の営みが刻まれた歴史ある建物をあらためて掘り起こし、再評価してみてはいかがでしょうか。

（富良野市博物館　澤田健）

あとがきに代えて

〈過去〉が〈未来〉を指し示す

温故知新《おんこちしん》（故きを温ねて新しきを知る）。「昔の物事を究めて新しい知識や見解を得ること」（広辞苑）。論語に出てくる孔子《こうし》の言葉で、私の大好きな言葉の一つです。

学芸員の重要な仕事の一つに、資料の収集とその保存があります。この場合の保存とは、単に資料を棚に入れて整理することだけを意味するのではなく、その資料の「価値」も一緒に保存するということまで含んでいます。そのため学芸員には高度な専門的知識が求めら

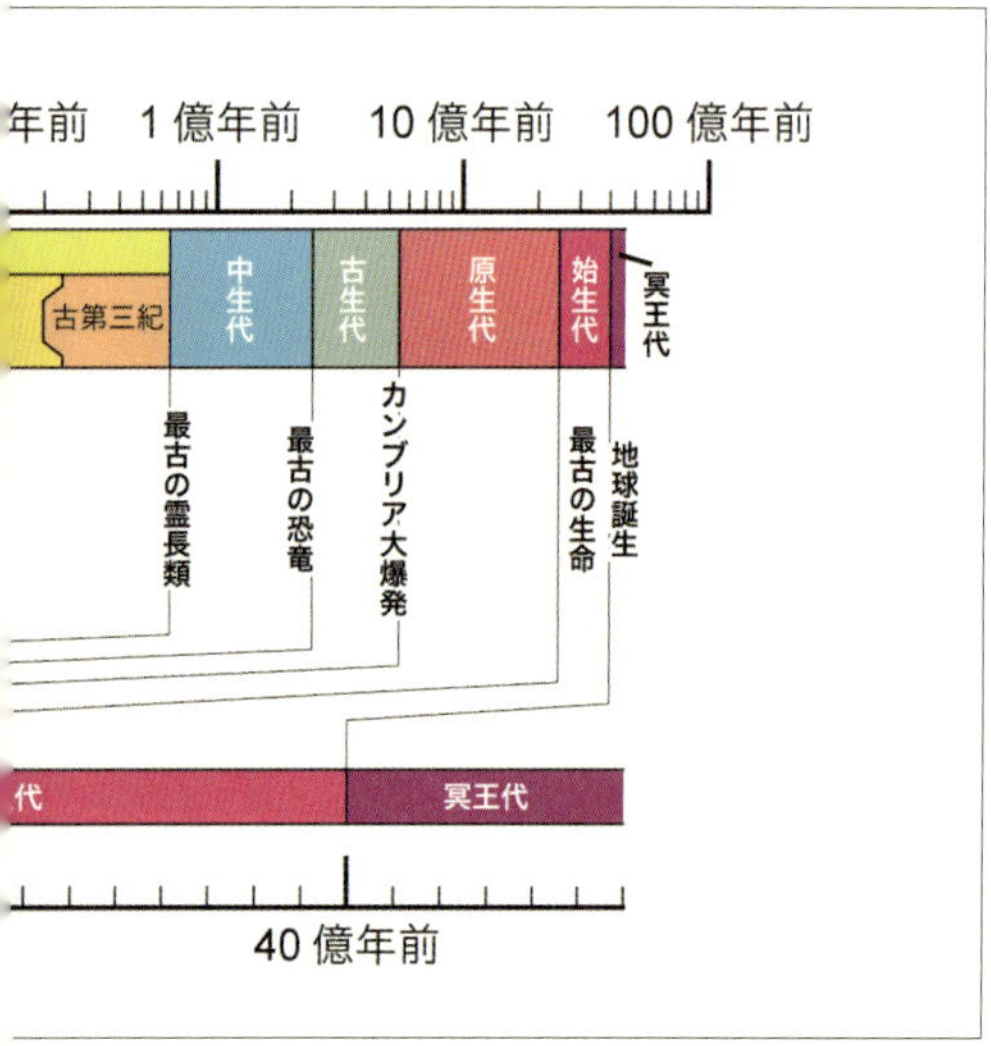

れます。学芸員には各々培ってきた専門分野があるのです。

そうした自分の専門分野を活かして、資料が何者であるのかを調べ、記録として残し、場合によっては学会誌などに論文として公表します。「学芸員」と一口に言っても、その専門分野は多種多様です。さらに、そこに「時間」という尺度が加わります。同じような専門分野でも、現在を含む「最近の過去」から、私のように一億年前の「遠い過去」の事象を扱っているものまで様々です(図1)。

それだけこの世界にある事物は多様だということなのでしょう。だからこそ「学芸員」という職業は難しいとも言えると思うのです。博物館は市民の厚意から資料を寄贈されることが多いのですが、いかんせん多種多様な資料が持ち込まれるため、一つ一つの資料につ

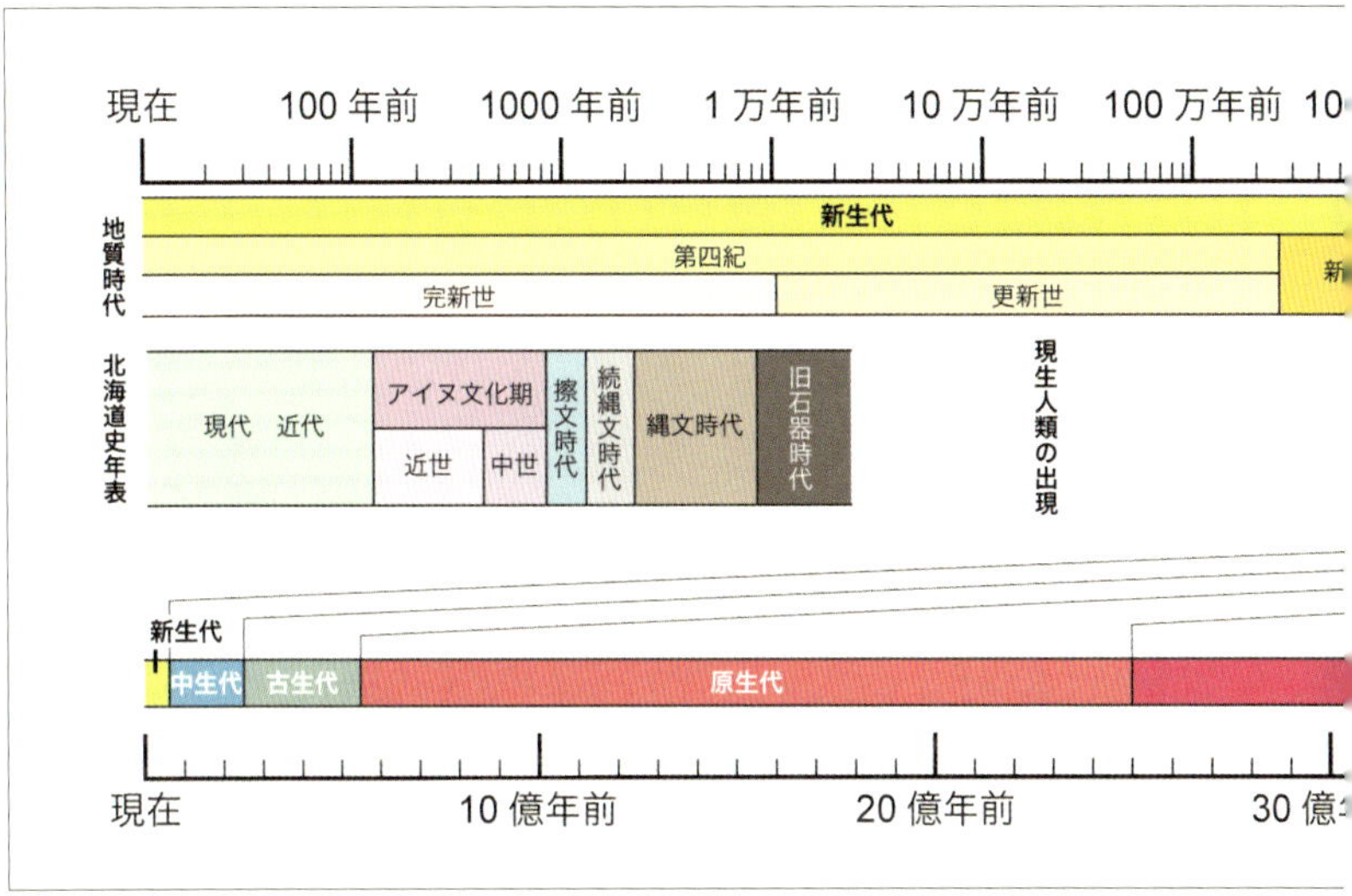

図1　地質時代と北海道史年表。地球は46億年という長大な時間スケールを持ちます。上側の時間軸は対数表記されています。下側の等間隔の時間スケールで見ると、地球の長い歴史からすれば人類の歴史はごく最近にすぎないことがわかります。それにもかかわらず、過去最大の生物の絶滅事件が起こっているのは現在であると揶揄されるように、人類が地球に及ぼす影響は決して小さくはありません

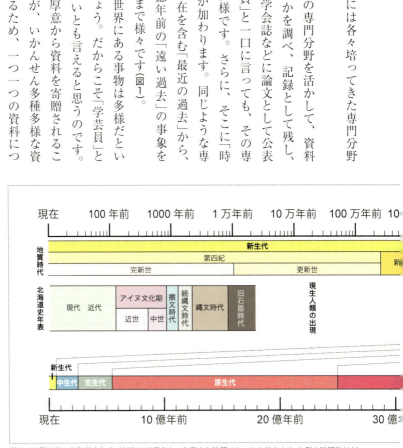

いて、その価値判断をすることは非常に難しいものです。学芸員が一人しかいない博物館ではなおさらです。また、収蔵できる空間は限られているので、すべての資料を保存することができないのも現実です。その時、私たちは資料を保存すべきか否かの判断を下さなければなりません。言い換えるならば、学芸員は資料価値を判断し保存する仕事をするからこそ、「資料を捨てる（保存しない）」という大きな権限を与えられているのです。

ここで考えなければならないことがあります。それは「捨てる」という最終判断は簡単に下すことができるのか、ということです。答えは「否」。特に私のように狭い範囲の知識しか持ち合わせていない未熟者は、そんな判断を簡単に下せるわけがありません。

では、どうすればよいのでしょうか。私は、学芸員同士が強力なスクラムを組んで、一つの大きな〝知能〟として機能することが重要ではないかと考えています（正直、これは私のずぼらな性格も関係していますが）。そうすれば、たとえ自分の博物館で保存することができなくても、他所でしっかり保存してくれる可能性が高まるからです。

そもそもなぜ私たちは資料を保存するのでしょうか。それは単に〈過去〉を記録するためだけではありません。学芸員たちの書いたコラムをもう一度読み返してみてください。実に様々な話題が提供されていますが、どの話題も〈未来〉へ向けたメッセージが含まれています。

温故知新――。学芸員は〈過去〉を保存しています。現在を含む限りなく今に近い〈過去〉から、人類の存在しない遠い「過去」まで。しかし、その〈過去〉を知ることが、きっと私たちの進むべき〈未来〉のヒントを教えてくれるのです。

❖

「北海道で残したいモノ、伝えたいコト」――それは北海道の学芸員たち。こんなことを言うと、自分たちの職業確保を主張しているかのように受け取られるかもしれないので言い換えますね。正確には、学芸員たちが行なっているような「〈過去〉を保存すること」と、「その〈過去〉を知ることの大切さ」を知ってほしいのです。

一方で、私たち学芸員にはもっと多くの方々へ自分たちの行なっている活動を知ってもらい、理解してもらい、そして活用してもらう努力も必要です。そのためには、やはり私たち学芸員同士がつながり、互いに持つ知識と技術を交換して〝学芸員力〟を高め、一つの力となって発信することが重要だと思います。きっとそれが〈未来〉へつながるものだと私は勝手に信じているのです。

北海道博物館　栗原憲一

北海道博物館協会学芸職員部会

北海道内各地の博物館・美術館・動物園・水族館等に勤務する
学芸員有志が集う専門職集団。
北海道博物館協会（1961年〜）に属し、
研修活動の場を通じて
学芸職員としてのスキルアップと情報共有に取り組むとともに、
学芸員それぞれの専門分野を生かして
博物館相互の交流・連携を推し進めている。
1977年の設立で2016年に40周年を迎えた。
会員数は約180名。

ウェブサイト
http://www.hk-curators.jp/

北《きた》の学芸員《がくげいいん》とっておきの《お宝《たから》ばなし》
北海道《ほっかいどう》で残《のこ》したいモノ 伝《つた》えたいコト

発　行　2016年(平成28年)11月30日　初版第一刷

編　者　北海道博物館協会学芸職員部会
[編集委員会　斎藤和範・澤田健・栗原憲一]

発行者　土肥寿郎

発行所　有限会社寿郎社
〒060-0807　北海道札幌市北区北7条西2丁目37山京ビル
電話011-708-8565　FAX011-708-8566
e-mail　doi@jurousha.com
URL　http://www.jurousha.com

ブックデザイン　タカハシヒロエ

印刷・製本　モリモト印刷株式会社

落丁・乱丁はお取り替えいたします。ISBN978-4-902269-92-5　C0039

[歴史・アイヌ民族]

月と蛇と縄文人
シンボリズムとレトリックから読み解く神話的世界観
大島直行著

四六判並製／定価 本体1800円＋税

縄文のタブーに挑む北海道考古学会会長のロングセラー。
縄文人はなぜ土器に模様を付けたのか？
心理学・宗教学・文化人類学などの手法をもちいて未解明の謎に迫る刺激に満ちた本

シャクシャインの戦い
平山裕人著

四六判上製／定価 本体2500円＋税［2016年12月刊行予定］

1669年6月に始まる〈アイヌの一斉蜂起〉——。
幕府を揺るがした近世最大の民族戦争〈シャクシャインの戦い〉について、
その全貌を初めて明らかにした大労作。図版・写真多数

まつろはぬもの
松岡洋右の密偵となったあるアイヌの半生
シクルシイ著

四六判並製／定価 本体2800円＋税

満鉄に売られたコタンの天才少年。
昭和13年、松岡の〈教育〉を受けた少年は憲兵となり、大陸に放たれた。
任務は“日本軍の非道の調査”——。近現代史の溝を埋める衝撃と感動の自伝

永久保秀二郎の『アイヌ語雑録』をひもとく
中村一枝著

A5判並製／定価 本体2600円＋税

100余年前、春採アイヌ学校の教師・伝道師の永久保秀二郎が
いきいきと記録した当時のアイヌの〈言葉〉と〈伝承〉を20年かけて読み解いた、
アイヌ語辞典としても活用できる本